无伤跑法

INJURY-FREE
RUNNING

戴剑松　郑家轩◎著

U0125943

人民邮电出版社

北　京

图书在版编目（CIP）数据

无伤跑法 / 戴剑松，郑家轩著. -- 北京：人民邮
电出版社，2018.12（2023.5重印）
（慧跑无伤跑法系列）
ISBN 978-7-115-49551-8

Ⅰ. ①无… Ⅱ. ①戴… ②郑… Ⅲ. ①跑—健身运动
—基本知识 Ⅳ. ①G822

中国版本图书馆CIP数据核字(2018)第227377号

免责声明

作者和出版商都已尽可能确保本书技术上的准确性以及合理性，并特别声明，不会承担由于使用本
出版物中的材料而遭受的任何损伤所直接或间接产生的与个人或团体相关的一切责任、损失或风险。

内 容 提 要

近年来，跑步引发了全民运动的热潮，成为大众参与度最高的运动之一。然而，除了健康、积
极的生活方式，跑步给人们带来的还有挥之不去的伤痛。如何跑步才能不受伤？

本书由慧跑联合创始人戴剑松、郑家轩倾心创作，是慧跑3年多以来针对中国跑者的跑步研究与
实践的结晶。本书以普通大众能看得懂的语言，图文并茂地讲解了科学、靠谱的跑步知识与技能，
为读者提供了可循证、体系化的无伤跑步解决方案。本书从跑步的基础知识与技能入手，分别介绍
了跑前热身、跑后拉伸的正确做法，以及什么才是合理的跑姿，跑者的柔韧性、力量训练该如何做，
跑后如何恢复，适合跑者的营养方案和如何跑步减肥最有效等跑者最关注的问题。此外，书中还提
供了马拉松赛前、赛中、赛后的详细的全流程参赛指导。

本书使用了328幅专业跑步教练真人实拍图片，并配有16集针对跑者的体能、康复训练视频，适
合已具有初步跑步经验，需要提升自我、渴望学习科学跑步知识与技能的进阶跑者阅读，同时也兼
顾了部分入门跑者和高级跑者的阅读需求。

◆ 著　　　　　　戴剑松　郑家轩
　　责任编辑　　裴　倩
　　责任印制　　周昇亮

◆ 人民邮电出版社出版发行　　北京市丰台区成寿寺路 11 号
　　邮编　100164　　电子邮件　315@ptpress.com.cn
　　网址　http://www.ptpress.com.cn
　　临西县阅读时光印刷有限公司印刷

◆ 开本：700×1000　1/16
　　印张：17　　　　　　　　　　2018 年 12 月第 1 版
　　字数：346 千字　　　　　　 2023 年 5 月河北第 23 次印刷

定价：88.00 元

读者服务热线：(010)81055296　印装质量热线：(010)81055316
反盗版热线：(010)81055315
广告经营许可证：京东市监广登字 20170147 号

　　说起跑步，人们总会想起在奥林匹亚阿尔菲斯河岸岩壁上刻的一段名言："如果你想聪明，跑步吧！如果你想强壮，跑步吧！如果你想健康，跑步吧！"如今在中国，跑步已成为发展最快、大众参与度最高、最受社会关注的运动之一，马拉松的火爆也代表着大众跑步潮流的兴起。

　　然而，当人们开始投入跑步运动时，通常会有两种情况出现。一种是认为跑步很简单，人人天生会跑，不需要学习，顺其自然；另一种是在具备一定的跑步经验后，盲目追求速度，过度追捧马拉松，缺乏科学跑步与训练的基本理念和方法，由此带来一系列问题，如减肥失败、伤痛高发、练得辛苦却进步缓慢等。

　　我的同仁戴剑松老师长期从事运动科学的教学和研究工作，具有丰富的指导高水平运动员体能训练和运动康复的实践经验，特别是近几年来又着力在大众跑步方面开展了探索研究，并将成果服务于社会，向大众传播科学的跑步知识、方法、技能，逐步构建起一整套适合大众跑步的专业体系，帮助大众实现科学、持久、健康地奔跑。

　　时下伴随跑步运动的兴起，跑步图书也越来越多，主要有两类：一类是以讲述情怀和"鸡汤"为主，另一类是从国外引进的。而对跑步深入研究的专业性、全面性、本土化、通俗化的著作则凤毛麟角。本书可以说是国内第一本由专业团队在深耕多年的基础上，紧紧抓住大众跑步的"痛点"，以理论为依据，以实操为重点，用授之以渔的方式和方法，用国人习惯的思维表达形式呈现的作品，是跑步知识、方法、技能的"干货"大全，令人耳目一新。这是一本上佳的、特别接地气的跑步著作，更是广大跑者科学跑步的"及时雨"和行动指南。

　　当前，我国正在大力推进"健康中国"宏伟蓝图的实现。开展全民健身运动，既是蓝图建设的重要内涵，也应是大众的自觉行为和生活方式。要想使体育运动真正成为强身健体、提高国民健康水平的基础和保障，就需要像戴剑松老师及他的团队这样的研究者，努力为大众传道、授业、解惑。我相信本书的出版可以达到这种效果。

中国生理学会体适能研究专业委员会主任委员

江苏省康复医学会运动康复专业委员会主任委员

南京体育学院运动健康学院教授

推荐序二

2016年4月，我在法国一个海湾小镇跑一场177公里的越野赛事。"你哪里不舒服吗？"我刚深深呼出一口气，就有医疗志愿者过来问我身体是否需要适当检查和处理。我注意到一个很特别的现象，在沿途及终点的每个检查点，最大的空间都是留给恢复师、治疗师和需要适当治疗的选手使用的，比给路过或者短暂休息的选手的空间还要大一些，而在当时，国内注重AED（"自动体外除颤器"的英文缩写，现更多指的是一种急救新观念）的赛事是很少的。

确实如此，要抓重点——跑步中最常见的伤痛。专业而及时的治疗会让选手们坚持得更远。

我清楚地记得，2013年我参加智利阿塔卡玛极地长征之前一个月时，髂胫束伤痛仍未恢复所带来的恐惧，以及2014年参加八百流沙赛测线赛前两个月时，足底筋膜炎仍然肆虐所带来的恐惧。遗憾的是，那个时候还没有与戴剑松教授相识，顾晓明先生也才刚刚开始慧跑的创业，我只能在担忧中自学和到处找医生。

感谢戴剑松教授和顾晓明先生多年的坚持，让中国的广大跑友在预防、治疗跑步损伤方面深深获益。无论是从预防还是治疗，或者是从跑步训练本身，我本人都获益颇多。

我跑过众多六大洲百公里以上的越野赛事，其中大多是250公里的赛事，也有400公里的赛事。在做赛前训练时，我深知无伤训练的重要性。无伤跑让我一路向上，达到完赛目标。

再次感谢戴剑松教授、家轩和晓明先生，他们集多年理论研究和实践，推出《无伤跑法》一书。我对此充满期待。

东软集团副总裁
八百流沙极限赛联合创始人
珠峰135英里超级越野赛发起人
极地长征全球四大荒漠挑战赛第一个完赛的中国选手

专家力荐

对于跑步这件事，"快"的反义词永远不是"慢"，而是"伤"。《无伤跑法》这本书极其扎实和诚恳，将跑者们最关心的问题一一列出，解答融合了科学、实验与实践，全是干货，行文完全符合中国人的阅读习惯。这是一本认真为中国跑者服务的佳作。必读。

陈明 《跑者世界》(*Runner's World*) 杂志主编

大众跑步健身热潮的兴起已有近十年的历史，目前仍在迅猛发展中。跑步运动深受广大中青年人的喜爱，已逐步成为一种社会时尚。但是由于对科学跑步知识与技能的缺乏，以及跑步训练安排的盲目性和不合理性，许多大众跑者面临着各种棘手的运动伤病问题。如何才能实现无伤、无痛、持久、健康地跑步已成为广大跑者最为关切的热点之一。《无伤跑法》系统地为我们讲解了科学跑步的基本原理、基本方法与技能，试图帮助大众跑者解决运动伤病频发这一问题。它具有很强的科学性和专业性，并且通俗易懂、可读性强，是一本不可多得的优秀跑步科普著作。我殷切希望这本书能帮助更多大众跑者，并期望所有跑者始终不忘跑步的初心，时刻牢记"为了健康"这一目标。

李国平 国际运动医学联合会副主席

作为一名在康复医学领域从业近50年的工作者和一名资深跑步爱好者，跑步已经成为我的生活中不可或缺的一部分。在健康中国建设以及体医融合的时代背景下，卫生事业关注的核心已经从医疗转向健康，主动健康的重要性日益凸显，运动恰恰是实现主动健康最重要的方法。跑步是大众最容易开展、对于条件和限制要求相对最少的运动项目之一，成为主动健康和体医融合当之无愧的首选运动。我们要鼓励大众积极运动，并且根据个人情况选择适合自己的跑步方式。然而由于缺乏科学指导，大众在跑步过程中难免会产生各种伤病。因此积极寻求主动运动康复，以期待早日重返跑步道路并且避免再次受伤也应当是大众跑步爱好者的正确做法。南京体育学院戴剑松老师结合多年从业经验所著的《无伤跑法》在指导大众科学跑步和避免伤痛等方面进行了很好的系统化阐述，相信能给大众跑者带来帮助。

励建安 美国医学科学院国际院士

跑步多年，很多时候自己也会去读一些关于如何跑或如何恢复的书。《无伤跑法》这本书值得大家静心去读，从选择装备到开始跑步，再到如何健康跑，这本书都说得很中肯，无伤健康地跑步需要建立在科学训练的基础上，循序渐进地达成，无法一蹴而就。科学、自律、坚持才是通往成功道路的必经之路，而无伤才是对身体满意的答复。

李子成 中国马拉松大满贯男子竞技组冠军

很高兴看到戴老师这本书的问世。做跑步这些年来，看到很多跑友因为不科学的训练方法或不重视营养、恢复手段而受伤，我非常痛心，一直在想应该有一本不那么心灵鸡汤、不那么鼓吹跑步治疗百病的权威图书来正本清源，告诉跑者怎样延长运动寿命和无伤愉悦地享受运动带来的快乐。经常听人说，幸福有两种：一种是来源于比较，这种物质性的幸福感短暂而不持久；另一种是不要比较，去除自我中心，这才是真正的幸福。跑步应更偏重于后者，不要执着于速度和超越了谁，我们不可能成为基普乔格，但是我们可以健康愉悦地跑到100岁，而这个也更吸引我。推荐大家认真阅读本书，无伤、无痛、科学地跑下去。

梁峰　悦跑圈创始人

跑步不仅是一项健身运动，更是一种阳光积极的生活方式，一种热爱健康的心灵归宿。当越来越多的人加入长跑行列，我希望大家能够意识到，跑步时纵然可以追求快，但其实这是普通跑者不应过于在意的事情，实现健康、无伤、持久地奔跑才应该是跑者的共同目标。我看过本书后，认为这是近年来跑步图书中的佳作，它以浅显的道理、科学的分析、具体可操作的方法，呈现给大众跑者如何才能实现科学无伤跑步，希望跑者能够认真阅读。

毛大庆　优客工场创始人兼董事长

我在十多年前发起的玄奘之路商学院戈壁挑战赛，如今大概算得上是国内竞争颇为激烈的业余赛事了。作为这个赛事的发起人，看着越来越多的创业者、企业家开始奔跑，我在欣喜之余，最担心的事就是运动损伤，因为这是一群最认真、最"较劲儿"的跑者。因此，我极力推荐《无伤跑法》这本书。奔跑应该是一种幸福，它不应该给我们留下伤痛。无伤跑法，是跑者对自己、对家庭、对社会应该承担的责任。

曲向东　行知探索创始人

如果你只是想遛遛腿，那么随你怎么跑。而如果你是想把跑步当成一种健康的生活方式，那么跑步就绝不是一件简单的事。这并不是说你需要参加什么比赛，而是仅仅指健康、有效果地跑步。要想跑得更好、更快、更健康，必须科学、系统地学习跑步知识，这才是实现安全跑步和自我提升的基础。这本书，可以助你解决这些问题。

珊瑚　中国女子越野跑第一人

近年来，在全民健身政策的推动下，跑步产业持续火爆。马拉松参赛人数逐年增加，各种马拉松、路跑赛事数量飞速增长，跑步APP、跑步训练营等平台上用户的活跃性也极高。跑步俨然已经成为一种时尚。但是如何正确、科学地跑步？如何在跑步中避免受伤？《无伤跑法》这本书会解决你所有的疑问。

申波　咕咚创始人

随着全民健身的推广，我们已经进入一个大众运动热潮爆发的时代，跑步就是其中最具代表性的、也是非常传统的运动项目之一。但是跑步人群数量的急剧增加也会带来一些潜在的问题，如跑步损伤。在我平时接诊的患者中，有不少就是跑步爱好者，他们或因为缺乏常识，或因为训练不科学，或因为没有充分准备就参加马拉松比赛而产生各种各样的伤病。因此，提升大众科学跑步的素养和减少伤病的发生，成为亟待解决的问题。本书比较全面地介绍了跑步所涉及的各方面科学知识和技能，实用性很强，相信会对众多跑者有所助益，并为解决大众跑步伤病频发这一问题发挥积极作用。

孙鲁宁　江苏省中医院运动医学中心主任

我觉得这本书最合适的书名应该是《你一直想知道却又不好意思问的关于跑步的知识大全》。不好意思问或者难以启齿的原因有二：一是你觉得这些问题太初级、太幼稚了；二是你根本不知道向谁问。好吧，这本书，就是一个可以回答你几乎所有跑步问题的万能的朋友。

谭杰　国家体育总局新体育网专职编委

本书全方位、多角度地对跑步运动进行了解析。运动带给我们的应该是健康而不是伤害，但当下我们很容易在运动中迷失方向，走向极端，导致伤病。从最基础的跑步姿势到装备的选择，乃至热身、拉伸等点滴细节，本书都给予了正确且科学的梳理。一个正确的方法，将引导我们走向一个正确的方向，拥有一个健康的生活方式。了解并掌握书中的内容，一生快乐、健康跑步。

王丽萍　悉尼奥运会女子20公里竞走冠军

"全民健身"这一概念的出现已有近四十年，在这期间国家体育产业飞速发展，全民健身基础设施不断完善，赛事活动日益丰富。跑步无疑是最受大众青睐的健身项目，但跑步造成的运动损伤在所难免。没有专业教练员、科研人员、医生团队"保驾护航"，大众跑者更需要掌握科学、正确的方法，最大限度地学会自我保护，避免运动损伤的发生。慧跑推出的"无伤跑法系列"，填补了这个领域的空白。

熊伟　江苏省体育局副局长

路跑运动的兴起激发了大众对跑步知识、技能学习的渴望，但良莠不齐的各类知识要么使大众跑者难以分辨，要么对他们造成很大的困扰，甚至最终使他们因伤病而放弃跑步。本书是由专业团队在深耕多年的基础上，所撰写的专业、科学的跑步知识和实用技能大全，并且以中国人习惯的思维表达方式呈现出来。相信本书能够帮助更多的跑者实现健康、持久、无伤奔跑。

杨国庆　南京体育学院院长

（以上推荐语按推荐人的姓氏音序排列）

自序

● P R E F A C E

作为一名运动科学研究者和运动爱好者，多年的教学、研究及实践，让我深深地热爱我所从事的工作——对运动展开深度探索。回顾自己以往的工作，无外乎聚焦于竞技体育与大众健身两大领域。在竞技领域，我一直从事高水平运动员体能训练与运动康复工作，常年与一线运动员摸爬滚打在一起，服务过包括奥运冠军在内的众多专业运动员。一方面，从运动员身上我学到了很多；另一方面，也让我不仅懂理论，更能动手实践。这是我服务运动员所获得的最为宝贵的人生财富。在大众健身领域，我主要从事教学、研究和科普工作，将自己所学的科学运动理念、知识和技能更多地服务大众，造福社会。

2013年和2014年，我已经留意到跑步运动开始呈现火爆之势，一个很明显的特征是马路上、公园里跑步的人越来越多；一些热门马拉松比赛报名报不上，需要抽签决定参赛名额，而这在之前是不可想象的。2014年年底，机缘巧合，我结识了一群热爱跑步的朋友，这其中也包括后来一起创立慧跑的CEO顾晓明先生和总教练郑家轩先生。当时的场景至今令人印象深刻。而让我颇感惊讶的是，就是这样一群跑者，伤痛发生率高得惊人，几乎每个人都受过伤或者正在经历伤痛，我用已有的运动科学和运动康复知识为大家做了一次讲座，大家恍然大悟，原来运动还有那么多窍门，原来运动也是一门科学，蛮干不仅不能带来健康，还会导致伤痛。

自此，为大众提供科学跑步知识与服务，就成为慧跑的使命。因为我们看到随着大众跑步运动的兴起，伤痛正在成为跑者跑步路上最大的敌人和障碍。国外文献研究显示，跑者伤痛发生率从19%到79%不等。而针对中国跑者的调查也显示，跑者伤痛发生率高达85%。一项看似简单、最容易上手、随时随地可以开展的大众运动，为什么会有如此高的伤痛发生率，引发了我们的深思。从事运动科学的我有责任、有义务去分析和研究这个问题，并且通过持续不断地传播科学的跑步知识，来提升大众的科学跑步素养，让大众掌握跑步技能，从而实现科学、持久、无伤地奔跑。科学和无伤容易理解，这里的持久并不是说跑马拉松或者跑几个小时，而是希望大家可以健康无伤地一直跑下去，跑一辈子，将积极健康的生活方式进行到底。

说起跑步的好处，可谓不胜枚举：有效减肥；提高心肺功能，从而帮助你长时间有效地工作而不会过度疲劳；预防肥胖症、高血压、冠心病、糖尿病、癌症等这些严重危害健康的慢性疾病；缓解伏案久坐带来的颈肩腰腿不适；消除焦虑和抑郁这两种最常见的不良情绪，改善心理健康和减压；有利于骨骼、关节、肌肉健康；改善睡眠质量等。这些都是跑步的生物学作用。另外，跑步除了带来健康，还能让你更有毅力，结识更多志同道合的朋友，并充满成就感（例如完成一场马拉松比赛）。通过坚持跑步，最终会成为一个对自己和他人负责，并且积极上进、拥有健康生活方式的人。

当然，跑步带给大众的上述益处都应当建立在科学无伤的基础之上，如果因为伤痛阻碍了你的跑步，那么跑步的益处恐怕也就无从谈起。为什么大众跑者在跑步过程中容易受到伤痛困扰？这看起来是一个并非三言两语就能说得清楚的话题。其实跑步过程中的急性受伤，例如崴脚、肌肉拉伤虽然有，却并不常见，绝大部分跑步伤痛都是慢性损伤，我们称之为"overuse injury"，中文翻译过来就是"过度使用"的意思。跑步是双脚腾空的运动，每一次着地，你都会受到地面的冲击力。如果只是跑几步，你不会受伤，因为这样的低频次、低强度的冲击力人体是完全可以承受的。但是，随着跑步时间和距离的延长，冲击力虽然仍是低强度的，却由于高频次运动，使冲击力不断累加，超出人体的承受能力或修复能力，从而可能引发伤痛。因此，一切伤痛，无论发生在膝关节、小腿，还是脚踝，都可以从运动生物力学上加以解释，可以说力学因素是导致伤痛的直接原因。除了直接原因，诱因或其他相关因素就很多了，例如体重较大、跑姿不佳、力量不足、柔韧性差、过量运动、下肢力线异常等，这些因素归根结底还是导致受力异常或者受力增加。

有跑者也许会问，马拉松运动员的跑量那么大，按照这个说法，应该受到积累性应力作用很大，很容易受伤啊。这个问题应该如何看待呢？首先，一些马拉松运动员，例如国际名将贝克勒也的确受到过伤病困扰。但总体而言，马拉松运动员跑得比大众多，伤痛却比大众少，因为合理的跑姿、良好的身体素质、科学的训练与恢复让他们可以承受大运动量的负荷。而大众往往在身体能力不足、缺乏足够科学知识的情况下，盲目跑步，这就容易造成伤痛高发。因此，可以说理念的混乱、知识的匮乏、技能的缺失是大众跑者面临的最主要的问题。我们的跑者离热情很近，但离科学较远。

经过几年的探索，我本人和慧跑团队，都已经深刻意识到在大众跑步运动蓬勃发展的今天，在"小白"跑者成长为成熟跑者的过程中，建立可循证的、科学的、面向大众的跑步知识体系，并且将跑步知识体系内化、提炼为一整套适合大众的跑步方法，是当下国内跑步领域特别需要的，我们将这套跑步方法定义为"无伤跑法"。我们的初心就是要尽最大努力降低跑者的伤痛发生概率，赋能大众跑者，让他们一步步在知识掌握和技能学习中成长，最终实现科学、持久、无伤奔跑。

本书紧密围绕如何才能实现无伤奔跑而展开。你需要掌握必备的跑步知识与基本技能（如正确的跑前热身和跑后拉伸）；理解合理、轻盈、低冲击的跑姿是怎样的；学会如何加强力量，出现伤痛怎样才能有效康复；了解科学训练的基本原理和方法，掌握无伤参赛的方法和技能。这绝对是一本集"跑步干货"之大成的好书。内容体系化、翔实、科学、可循证、可操作，是本书区别于其他跑步书的最大特点。

回望我和我的团队在过去几年的工作，不由感慨万千。我们走过的每一步或许步子都不大，但每一步都特别扎实，我们所做的工作具有很强的创新性，我们的所作所为都是在为奔跑中国、健康中国添砖加瓦。本书作为一项重要的成果，集中体现了我和我的团队的智慧，我们无愧于自己的初心。在此，我想感谢许多人。感谢慧跑CEO顾晓明先生和总教练郑家轩先生，我们三个人的组合战斗力非常强；感谢凌东胜先生、童宁先生、洪翔先生、刘胜先生、李淑君女士、俞慧洵女士、张爱娟女士等众多企业家一直以来对慧跑的支持和厚爱；感谢顾忠科老师对本书的特别帮助，他是本书图片和视频的拍摄者；感谢徐凯老师、杨旭晨老师、彭勇老师，以及我的学生孙蓓、赵华伟、蒋新月、陈钢锐对本书内容的贡献；感谢我的学生王沛珣参与本书的整理工作；感谢顾怡雯教练出镜担任本书的模特，同时一并感谢中长跑运动员王田参与本书跑姿章节的拍摄工作；感谢中长跑训练专家陈野对本书的指正；感谢我的家人尤其是我的太太对我工作的默默支持；感谢众多业内大咖撰写书评，推荐本书；感谢国家体育总局将本人主持的《科学跑步内容平台的建设与推广》项目立项为2017年科学健身指导内容重点项目；感谢江苏省运动与健康工程协同创新中心的大力支持；感谢所有曾经和正在帮助慧跑的人。因为有你们，慧跑一直在路上！

戴剑松

2018年10月31日于南京

目录

CONTENTS

第四章　科学训练实现无伤奔跑

第五章　没有伤痛才能轻盈奔跑

第六章　跑者的合理营养

第七章　人人关心的话题——如何跑步减肥

第八章　如何健康无伤地参加一场马拉松比赛

扫码立即领取
本书思维导图

第一章　无伤奔跑的基础知识与技能

◄◄◄ 第一节　为了健康，每周最低跑量应该是多少 ►►►

运动是健康生活方式最重要的组成部分，而跑步因其简单、不受场地限制、有足够锻炼强度而理所当然成为大众喜爱的运动。纵然朋友圈以晒跑量为荣、许多资深跑者以拼跑量和不断刷新个人最好成绩为目标，但是，对于绝大多数跑者而言，为了健康而跑步仍然是跑步的第一目标。

跑太少无法带来健康，过量跑步又会导致疲劳、伤病等问题。为了健康，跑步应该跑多长时间？跑多少距离？无数科学家们已经对这个问题进行了充分的实证和研究，并且已经形成了非常肯定的权威结论。

一、《美国身体活动指南》对于运动量的基本要求

2008年由美国政府发布的《美国身体活动指南》是迄今为止全球最全面、最客观、最科学的运动指南，该指南明确指出了人们为了健康所需要的基本运动量究竟是多少。

虽然该指南的标题是For American（针对美国人），但事实上，运动没有人种之分，这个指南现已成为全球各国指导大众运动的纲领性文件。该指南对成年人提出了如下4个基本建议。

1. 所有成年人应当避免长时间静坐不动。有活动比没有要好，成年人参加任何体育锻炼都能获得健康益处。

2. 为获得实质性的健康益处，成年人每周应该累计进行至少150分钟（2小时30分钟）的中等强度运动，或累计每周参加75分钟（1小时15分钟）的大强度运动。也可以将中等强度和大强度的运动相结合。至少持续10分钟的运动才算是有效运动并进行累加，也就是说每次跑步不足10分钟不是真正有效的运动。一次性进行中等强度运动150分钟可以接受，但建议大众最好还是将运动分散在一周内完成更佳。

3. 为了获得更多和更广泛的健康益处，成年人可以增加他们的活动量，活动量越

多，健康收益越大。如果每周能参加300分钟（5小时）的中等强度运动，或者每周参加150分钟（2小时30分钟）的大强度运动，你会比仅仅满足基本活动量，获得更多的健康提升。

4. 成年人除了参加跑步这一类有氧运动，也应该进行一些力量训练。力量性运动的频率建议一周2次或更多，因为这些活动能带来与有氧运动不一样的健康收益。

二、运动时间长短与运动强度相关

《美国身体活动指南》指出每周进行75分钟的大强度或150分钟的中等强度有氧运动就可以保持基本的健康。也就是说运动时间长短与运动强度有关，强度越大所需的运动时间越短，反之亦然。跑步作为有氧运动的典型代表，到底属于什么强度的运动？

三、评价强度的核心指标MET

先给大家科普一个评价强度的关键指标——梅脱（MET）。梅脱又称能量代谢当量，它是指运动时摄氧量与安静时摄氧量的比值。一般来说，成年人安静时摄氧量为3.5毫升/千克/分，如果一项活动摄氧量为21毫升/千克/分，那么这项活动MET=21/3.5= 6MET。MET是评价绝对运动强度的标准指标。不同MET值代表不同运动强度。

MET值	运动强度
<3MET	低强度活动
3~6MET	中等强度活动
6~9MET	大强度活动
>9MET	极大强度活动

国际上已经对几乎所有人类活动的强度进行了MET值界定，对应MET国际标准，我们就可以轻松了解不同活动的运动强度。

从下表中可以看到，普通步行（4~6千米/时）都属于中等强度活动，快走（7.2千米/时）已经是大强度活动。而只要是双脚离地的跑步，无论速度快慢，都属于大强度活动。跑得越快，强度越大，MET值越高。

步行/跑步运动强度国际标准

METs	主要活动内容	强度类型
2.0	走路，低于3.2千米/时	低强度活动
2.8	走路，3.2千米/时	低强度活动
3.0	走路，4千米/时（配速15:00）	中等强度活动

METs	主要活动内容	强度类型
3.5	走路，速度4.5~5.1千米/时	中等强度活动
4.3	走路，速度5.6千米/时（配速11:00）	中等强度活动
5.0	快走，速度6.4千米/时（配速9:20）	中等强度活动
7.0	快走，速度7.2千米/时（配速8:20）	大强度活动
8.3	快走，8.0千米/时（配速7:30）	大强度活动
6.0	跑步，6.4千米/时（配速9:20）	大强度活动
8.3	跑步，8.0千米/时（配速7:30）	大强度活动
9.0	跑步，8.4千米/时（配速7:00）	大强度活动
9.8	跑步，9.7千米/时（配速6:15）	极大强度活动
10.5	跑步，10.8千米/时（配速5:40）	极大强度活动
11.0	跑步，11.3千米/时（配速5:20）	极大强度活动
11.5	跑步，12.1千米/时（配速5:00）	极大强度活动
11.8	跑步，12.9千米/时（配速4:45）	极大强度活动
12.3	跑步，13.8千米/时（配速4:20）	极大强度活动
12.8	跑步，14.5千米/时（配速4:00）	极大强度活动
14.5	跑步，16千米/时（配速3:45）	极大强度活动
16	跑步，17.6千米/时（配速3:20）	极大强度活动
9.0	跑步，越野跑	大强度活动
15.0	跑步，垂直跑	极大强度活动
13.3	跑步，马拉松	极大强度活动

四、每周跑步75分钟是维持健康的最少跑量

只要你是跑步，无论快慢，都属于大强度活动，每周累计75分钟跑步就足以维持健康。你可以一次性跑步75分钟，也可以分成3次，每次20~25分钟。当然，进行更长时间的跑步，例如每周累计跑步150分钟，你获得的健康收益也将增加。

如果你的体力还不够，无法长时间维持跑步，你也可以采用快走方式健身。如果走的速度在6千米/时以下，你需要每周累计步行150分钟，才能维持健康；如果你的快走速度在7千米/时以上，那么这时的强度基本与6.5千米/时慢跑接近。所以慢跑与快走交替，是一种既增加能耗，又不至于心肺负担过重的非常值得推荐的健身方式。

距离并不重要，快慢也无须纠结，跑起来，每周累计75分钟跑步，你将开启健康人生！

◂◂◂ 第二节 跑步时该如何呼吸 ▸▸▸

我们每天无时无刻不在呼吸，不断从空气中摄取氧气，从体内排出二氧化碳，实现气体交换。这看起来是最简单、最寻常的事。可是在跑步中，大多数人仍会出现气喘吁吁、喘不上气、岔气的情况。要想更合理地"呼吸"，先简单了解"呼吸"的原理。

一、呼吸的基本原理

呼吸运动是胸廓有节奏地扩大和缩小，主要通过膈肌、肋间肌的收缩实现呼吸。

安静时，当你吸气时，膈肌和肋间肌收缩，推挤腹腔脏器向下，胸廓扩大，肺内气体压力小于大气压，气体自然被压入肺部，肚子就会鼓起来。当你呼气时，膈肌和肋间肌舒张，膈肌、肋骨回位，胸廓缩小，肺内气体压力大于大气压，气体从肺内被压入空气，肚子恢复平坦。

其实，安静时吸气是一个用力过程，而呼气只是一个放松过程，不需要刻意用力。但在运动时就不一样了，更多腹肌和肋间肌会参与到呼吸中，所以一定的腹肌训练，不仅可以增强核心力量，更有利于呼吸。而气体只是顺着肺内气体压力和大气压力差值被挤进挤出，而非呼吸的力量让气体进出。

一般而言，儿童和成年男性多为腹式呼吸（以膈肌活动为主的呼吸运动）；成年女性多为胸式呼吸（以肋间肌活动为主的呼吸运动）。当然，腹式呼吸和胸式呼吸一般都会混合参与，并不存在绝对的胸式呼吸或者腹式呼吸。

二、跑步过程中的呼吸，与什么因素有关

跑步时的呼吸调节其实主要与神经体液调节有关，神经调节为主导。当你跑步前开始热身时，呼吸已经开始加强，这是由于大脑皮质兴奋，增强呼吸。另外，体内二氧化碳浓度增加也会刺激呼吸加强，这属于体液调节。这一点在运动中表现尤为明显，呼吸不用刻意，自然会加强，这主要是由于运动时热量消耗会在体内产生大量二氧化碳。

三、跑步时如何合理呼吸

呼吸一般不是限制耐力的主要因素（限制耐力的主要因素是心脏机能），但合理的呼吸有利于保证氧气供应，避免出现岔气、上气不接下气等情况，为充分发挥人体机能，提高运动成绩打下基础。

1. 以口代鼻、口鼻并用呼吸

安静时，我们通常用鼻子进行呼吸（通气量在6~8升/分）。而在跑步中，为了增加通气量、减少呼吸道阻力，要采用以口代鼻、口鼻并用方式，此时通气量可增至100升/分，是安静时的十几倍。这种方式可以减少呼吸肌为克服阻力而带来的额外消耗，推迟疲劳

出现，同时增加散热。

在寒冷的冬季，运用以口代鼻、口鼻并用的呼吸方式时，启口不能太大，尽量保证吸入的空气由口腔加温后进入咽喉。

2. 控制呼吸频率

研究发现，随着跑步开始，呼吸频率在2~4分钟后稳定；呼吸深度在3~5分钟后稳定。跑步时，我们都希望可以吸入更多氧气、呼出更多二氧化碳，通过加强呼吸可以吸入更多的新鲜空气，那是不是呼吸频率越快越好？当然不是！

气体进出肺部还会经过呼吸道，也就是说你吸入的每一口气并非全部进入肺部，因为呼吸道会占用一部分气体容积，当呼吸频率过快时，这部分容积（专业术语叫解剖无效腔）就会显得比较大，也就是说气体老是在呼吸道来回徘徊，真正进出肺部的气体量反而是下降的。假如解剖无效腔是150毫升，下表显示了浅快呼吸效率是如何降低的。

深慢呼吸与浅快呼吸对比

	呼吸深度	呼吸频率	通气量	实际气体交换量
深慢呼吸	2400毫升	25/分	2400×25=60000	（2400−150）×25=56250
浅快呼吸	1500毫升	40/分	1500×40=60000	（1500−150）×40=54000

呼吸频率太快，通气效率降低，呼吸肌却很吃力，这是一种典型的费力不讨好的呼吸方式。很多跑者跑快之后岔气就跟呼吸频率太快，呼吸肌痉挛有关。但是过深过慢的呼吸也会限制通气量的进一步提高。因此，有意识地控制呼吸频率和加大呼吸深度非常有必要，建议呼吸频率每分钟不超过30次（呼吸1次用时2秒以上）。

3. 偏重深呼气

跑步时进行适宜频率的深呼吸，是偏重深吸气好？还是偏重深呼气好？跑者往往认为应当强调深吸气，因为吸气才能保证吸入足够的氧气。但恰恰相反，肺泡中新鲜气体的含量取决于呼气末或吸气前留在肺泡腔内的余气量。当余气量越少，吸入新鲜气体越多，也就是说，上一口气呼出得越充分，下一口气自然也就会吸入得更充分。气体是被压入肺部，而不是被吸入肺部，上一口气呼出气越多，此时肺内气体压力就越低，与大气压之间形成的压力差越大，自然下一口气就有更多气体在压力差作用之下被压入肺部。所以，其实呼气比吸气更重要。建议跑者在跑步过程中尽可能把呼吸重点放在深呼气上。

4. 与跑步动作配合，节奏很重要

跑步时通过周期性、有节奏的呼吸，会让我们感觉跑得更轻松、更协调。建议采用2~4步一吸气、2~4步一呼气的方法练习。具体来说，你可以采用2步一吸、2步一呼的方式，你也可以采用3步一吸、3步一呼的方式，只要自己觉得舒服就行。

《跑步时该如何呼吸》的作者创造了一种"3吸2呼"的呼吸技巧：3步吸气，2步

呼气。这种呼吸方式宣称呼气时交换左右脚落地可以降低受伤概率。正如前文所说，从运动生理学原理上来看，呼气的重要性要大过吸气，与其"3吸2呼"，还不如"3呼2吸"更为合理，并且该书作者说这种呼吸方法可以降低受伤概率，也没有文献研究支持，更多是为了吸引读者而做的一个噱头宣传而已。

我们并非在这强调"3吸2呼"有什么错误，但是把减少跑步伤痛，或者提高呼吸效率寄托于具体的呼吸次数上，仔细想想也太过简单了吧。重要的是呼吸要有节奏，呼吸要和跑步动作配合，不能乱，呼吸次数要依照运动强度以及个人感觉而定，任何刻意而为的呼吸都是不自然的。

四、总结

过于急促的呼吸不仅会让你疲惫不堪，还会导致吸入的氧气减少。因此，有意识地控制呼吸频率，加大呼吸深度，强化吐气是跑步呼吸的关键。至于采用2步呼2步吸，还是3步呼3步吸，抑或2步呼3步吸，3步呼2步吸，都是允许的，只要你自己觉得舒服就行；但如果是1步呼1步吸，这样的呼吸就太过急促了。

◀◀ 第三节　晨跑的真相 ▶▶

迎着晨曦的阳光，感受着早晨的清新，晨跑无疑是惬意和舒适的，但许多跑者仍然对于晨跑有着诸多疑问，而许多不靠谱的晨跑知识加剧了跑者对于晨跑的误解。本节从科学角度讲解晨跑话题。

一、不是晨跑让你养成早起的好习惯，而是晨跑让你养成早睡的好习惯

用运动开启一天的工作生活，会让你神采奕奕。许多跑者试图养成晨跑习惯，但往往无疾而终，原因很简单——早晨太困起不来。偶尔用闹钟强迫自己早起是可以的，但天天如此，恐怕就会在被闹钟闹醒和困意之间来回做思想斗争，有时斗志能战胜困意，但多数时候，是困意让斗志缴械投降。

所以，其实不是晨跑让你养成早起的好习惯，而恰恰是晨跑让你养成早睡的好习惯。真正要养成晨跑习惯，保证充足睡眠，清晨自然醒来才是王道。为什么老年人晨起没有任何困难？一方面是因为老年人往往比年轻人睡得更早，另一方面老年人睡眠时间相对短，所以他们清晨自然醒来更容易。

二、清晨空气究竟是好还是差

一种广泛流传的说法是早晨太阳出来前，大气二氧化碳浓度较高，因为植物的光合作用只有在太阳光作用之下才会发生吸收二氧化碳并释放氧气这一过程，所以在太阳还

没有出来前，植物不会释放氧气，因此清晨氧含量不足，二氧化碳浓度较高。这种说法貌似科学，但实则经不起推敲。

首先，大气中氧和二氧化碳浓度基本恒定，不可能发生大幅波动，二氧化碳浓度仅为0.03%，即使略有波动也是人体无法感知的，也不可能对运动构成什么不良影响。

清晨空气好还是不好，不能一概而论，最科学的说法应该是清晨空气质量对于运动不构成影响，那些认为清晨空气不如下午好，清晨二氧化碳浓度高的说法都是没有科学依据的。总体而言，对于没有雾霾的地区，清晨空气质量都可以，对于有雾霾的地区，秋冬季晨跑要关注空气质量问题。

三、晨跑前不吃东西会导致低血糖吗

这个问题也是跑者颇为担心的问题，也有不少文章说晨跑不当会诱发低血糖。要回答这个问题，我们做理性的数学计算让你彻底明白这其中的道理。

一般来说，普通人血液内大约有5克的血糖，肝脏中含有100克肝糖原，肌肉中含有400克肌糖原，人体内糖由这三部分组成，他们都可以为运动提供热量。

$$人体内糖含量=5+100+400=505克$$

当人体处于安静状态时，每小时每千克体重消耗1大卡（1大卡等于1千卡，约4186焦耳）热量，熟睡时能耗水平比这个标准其实还要更低一些。就算熟睡时能耗为每小时每千克体重1大卡，一位成年男性，如果体重为60千克，晚上8小时的睡眠时间所消耗能量为

$$一夜睡觉能消耗的热量=1×60×8=480大卡$$

假设这480大卡的热量全部由糖原分解供能（其实安静时脂肪供能比例较高，糖供能比例较低），1克糖分解能产生4大卡热量，那么：

$$一夜睡觉最多能消耗的糖=480/4=120克$$

经过一夜睡眠，

$$一夜睡觉后体内还剩余的糖=505–120=385克$$

385克糖可以进行多长时间运动？如果以6:00配速跑步，每小时每千克体重大约消耗10大卡热量，60千克体重的跑友跑步1小时大约消耗600大卡热量。1克糖分解能产生4大卡热量，就算跑步全部由糖提供能量（其实跑步时糖和脂肪是混合供能）

$$385克糖能提供的跑步时长=（385×4）/600，约为2.5小时$$

经过一整夜的休息，压根就不存在糖原消耗殆尽的情况，即使晨起空腹跑步，也至少可以维持2小时左右的运动而不发生低血糖。虽然上述计算是基于理论，实际情况可能只会比这个时间更长，但可以肯定的是晨起跑步1小时左右完全不会发生低血糖。

所以一般情况下，晨起空腹运动导致低血糖的概率极低，晨起空腹运动完全安全，担心空腹运动会导致低血糖那是杞人忧天。

四、晨起跑步吃不吃东西看个人，补水则人人需要

至于晨跑前，吃东西还是不吃东西，全看个人。晨跑前不一定要吃东西，但建议晨起喝点水再跑步。经过一夜睡眠，身体会以不显汗方式蒸发一部分水分，身体可能会轻度脱水，补水很正常。如果觉得饿，可以少量吃点东西，例如半根香蕉，一片吐司面包，但千万不要吃太多。

当然，对于很多跑者而言，习惯于双休日早晨进行LSD（long slow distance，长距离慢跑）拉练，这种情况下的跑步不属于晨跑范畴。如果你打算跑15~20千米甚至更长，那么建议吃一顿正规的早饭，饭后1~2小时再进行拉练。我们所说的晨跑一般是指大清早（7点前）起来进行3~5千米，不超过10千米的跑步，空腹晨跑没有任何问题。如果要进行更长距离晨跑，那么你应该吃过早饭后再跑。

五、晨跑更减脂

不少文章宣称空腹跑步可以燃烧更多脂肪。理由是，在一整夜的休息睡眠后，身体中的糖原已经被消耗殆尽，这个时候早起去跑步，身体只能直接调用脂肪来提供能量，所以有利于脂肪消耗，减肥效果当然也就更好。这个理由看上去说得头头是道，实则毫无依据。

前文已经通过数学计算解释得很清楚，经过一夜睡眠最多能消耗体内1/4的糖，所谓"在一整夜的休息睡眠后，身体中的糖原已经被消耗殆尽"完全没有科学依据。这还是假定睡眠时，完全靠糖分解供能计算出来的理想值，事实上，睡眠中这480大卡的热量消耗不可能全部由糖提供能量，大约糖和脂肪各占一半，也就是说一夜睡眠实际只能消耗约60克糖。所以说"由于睡了一夜糖原消耗殆尽，晨跑完全靠脂肪供能提供热量"的说法纯属以讹传讹。晨跑时仍然会是糖和脂肪混合供能，目前没有足够科学证据证明晨跑更有利于燃烧脂肪。

血糖是一项非常重要的生理指标，不可以随意波动，血糖浓度正常为80~120毫克/分升，血糖过低会引发低血糖症，血糖过高则是糖尿病。

六、晨跑时生理机能低下，状态不好

通过人体运动生物节律的研究发现，认为早上跑步状态比下午好，或者下午跑步状态比早上好的说法都没有科学依据。大家感觉不同时间运动，状态似乎有所不同，那也就是感觉而已。如果你愿意且有时间，你可以在自己认为状态最好的时候运动。跑前状态会影响到今天的跑步表现，涉及的因素很多，例如疲劳程度、精神状态、气压、湿度、风力等。

如果你早睡早起，清晨自然醒来，那么状态就不会有问题，而如果你晚睡又强迫自己早起，那么犯困的你怎么可能又有好状态呢？晨跑时提升状态的方法包括起床后用冷

水洗脸，做好充分的跑前热身。

七、总结

晨跑是一个不错的运动习惯，但是否采用晨跑，完全看个人以及生活作息。从运动科学角度来看，晨跑是安全健康的，没有任何潜在的对于健康的不利之处，也不存在晨跑更好还是下午跑更好的说法。

◂◂ 第四节　夜跑的真相 ▸▸

关于科学夜跑，很多跑者也有不少疑问。当然，我们指的夜跑一般是指天黑以后跑步，而不是傍晚的跑步。

一、如果无法做到早起，不如安心选择夜跑

对于大多数中青年跑者而言，如果他们总是夜里十一二点才睡觉，那么指望长期坚持早晨6点左右起来跑步是不现实的。根据成年人每天要保证8个小时睡眠这一基本要求，要确保清晨6点左右起床，晚上10点睡着，9点30分准备入睡是必需的。你能那么早睡吗？如果你无法保证早睡，那么夜跑更适合大家。

二、夜跑是消除一天工作疲劳的最佳方式

现代人发生的慢性疲劳综合征多数与伏案工作有关。伏案工作时，身体静止不动，几乎没有承受负荷，但大脑却在飞速运转，因此，脑力疲劳是慢性疲劳综合征的重要特征。而通过跑步，换一种方式，让你的身体疲劳，从而使大脑得到一定程度休息，这在专业术语上称为"交互抑制"。

有人说，下午下班时，感觉自己已经很累了，没有力气再跑步。伏案工作一天，身体几乎没有活动，怎么会感觉身体很累呢？**大家所说的累其实就是指大脑疲劳、心理疲劳，俗称"心累"**。这时你不妨夜跑三五千米，跑步能使人达到"忘我"的境界，而忘我其实就是让大脑得到休息，跑步也可以帮助"发泄"，排解负面情绪。从生理层面上来看，跑步可以帮助大脑分泌愉快因子（如多巴胺），从而改善情绪。也就是说，跑步可能会让你的身体略有疲劳，但会让你的心情变好。当然为了调节疲劳而进行的跑步不需要时间很长，一般慢跑三五千米就足以达到消除疲劳的作用。所以，夜跑是消除一天工作疲劳的最佳方式。

三、如果需要熬夜加班，加班前跑一跑工作效率更高

虽然我们并不主张和支持熬夜加班，但事实上，相当比例的职业人群时不时都需要

熬夜。在夜晚工作前跑一跑，通过肌肉运动让大脑得到一定程度休息，这样可以让大脑以最佳的状态再度开始工作，促进思维能力和阅读能力提高，并且可以让你更加专注地投入加班中。美国著名的"零点体育课"（引自《运动改造大脑》）发现，上文化课之前进行大量的体育锻炼大大提高了学生的阅读能力以及其他学科的学习能力。

四、夜跑有助于养成晚餐少吃一点的好习惯

几乎所有人都知道健康饮食的基本要求——"早上要吃好，中午要吃饱，晚上要吃少"。

但问题是，早餐我们往往匆忙应对，中餐在单位不管营养填饱肚子即可，只有晚餐才会正经吃上一顿，晚餐也是家人交流情感的重要时间，所以晚餐我们往往容易吃得偏多。如果晚餐吃太饱，即使你经过餐后一段时间休息再去跑步，胃胀仍然会让你跑起来十分难受，甚至引发腹痛。所以，为了夜跑时能感觉轻松一些，你就得限制晚餐时的食物摄入，只吃六至七成饱。这样就避免了热量摄入超标，也完全符合"晚上要吃少"这一要求。

五、是吃过晚饭夜跑还是夜跑后吃晚饭

关于这个问题，关键得看你的夜跑时间。如果你选择晚上6点夜跑，跑完休息半小时吃饭，这样可以在晚上8点前吃完晚饭，那么先夜跑后吃晚饭没有问题。但如果你夜跑是7点多，跑完回到家，休息一下再吃晚饭，那么吃完晚饭已经是夜里9、10点钟，这样距离睡觉时间太近，食物还没消化就得睡觉，容易造成"胃不和则卧不安"。另外，如果你是夜跑后才吃晚饭，很可能因为从午餐到夜跑的这么长时间内都没有进食，而感觉十分饥饿，这样的话这顿晚饭就容易吃得太多。

因此，尽量吃过晚饭再夜跑。例如6:30吃完饭，餐后休息1小时，8点出发夜跑，9点跑完做做拉伸回到家，基本10点前可以完成洗澡，并准备休息。当然，正如第四点所说，夜跑前不要吃太多。

六、吃过晚饭间隔1小时再夜跑最为合理

大家都知道吃过晚饭不能立即运动这一常识。因为，吃过晚饭后，胃体积明显增加且血液聚集于胃部进行消化。此时如果立即运动，一方面血液重新分配更多流向骨骼肌，不利于食物消化吸收；另一方面，跑步时的振动颠簸让膨胀的胃受到牵扯，胃表面神经受到刺激，非常容易引发运动性腹痛。

晚饭后究竟多长时间可以跑步？我们建议至少休息半小时，最好休息1小时。如果你吃了六七成饱，1小时后胃里面的食物基本消化了四五成，这时开始跑步，一般都是安全的。还有一个简单的判别方法，吃过晚饭后，等休息到感觉不到饱腹感时，就可以开始夜跑了。

七、晚上大吃一顿，餐后狂跑步减轻罪恶感可行吗

首先，暴饮暴食本身是不正确的，这时我们往往充满罪恶感，想立马通过跑步把摄入的过多热量消耗掉。但由于你大吃一顿后胃处于过饱状态，这时不管你餐后休息1个小时还是2个小时，都无法消化掉吃下的食物，胃还是感觉胀胀的，这时去跑步非常容易引发腹痛。

因此，如果一定要通过运动消除罪恶感，可以采用走路的方式，例如走上1~1.5小时，这样走完后你会感觉胃胀感得以减轻，罪恶感也消除了不少。

八、夜跑后需要加餐吗

夜跑后不需要额外加餐，多喝水就好。如果你感觉很饥饿，一小杯酸奶或少量水果都是可以的。当然，如果你夜跑时跑量惊人，达到15~20千米，那么跑后加餐或许是有必要的。

九、夜跑更减肥吗

夜跑更减肥的说法来源于晚上是身体新陈代谢最旺盛的时候，这时跑步有利于脂肪燃烧。按照生物节律，体温在晨起时相对最低，随着时间进程，白天体温会升高。到了晚上确实有可能新陈代谢相比早晨更旺盛。

但问题是：第一，晨起跑步前如果做了充分热身，体温照样会升高，晨跑的新陈代谢水平不会低于夜跑；第二，燃烧脂肪更多是靠一定强度的运动，运动可以使得代谢明显增强，从而促进脂肪消耗，靠体温略微升高、代谢增强一点所带来的脂肪燃烧相比运动是微不足道的。**目前，科学研究还无法给出夜跑减肥效果更好的证据。**

十、夜跑可能并不适合进行间歇跑等速度性练习

夜跑无论是在田径场上还是在马路上，光线都不会特别充足，进行慢跑是没问题的。但如果你想进行速度更快的抗乳酸跑、间歇跑、冲刺跑等练习，还是在白天光线充足时进行更为合适。因为一方面速度较快而路面看不清时，容易因为路面不平整而崴脚甚至摔倒；另一方面，也容易因为光线不佳而撞到行人或者被行人撞到。所以，从安全角度来看，夜跑适合进行LSD跑。

十一、夜跑时的空气质量问题

对于空气质量问题，只需要跑步前拿出手机看看空气质量播放的APP即可，符合要求，何时跑步都行，空气质量不佳，何时跑步都不好。

十二、夜跑会导致晚上兴奋影响睡眠吗

跑步后洗完澡，精神就已经彻底放松，不会影响睡眠。即使跑完步10点才回到家，

也不大会影响11点睡觉。运动后轻度疲劳感会有助于睡眠质量的提高，所以夜跑导致晚上兴奋睡不着觉是个伪命题。

十三、夜跑的安全法则

夜跑时更要重视安全。例如雨后不适合夜跑；夜跑不建议戴耳机；最好穿带反光条或者能发荧光的衣服和跑鞋，这样更容易被车辆或行人识别；夜间视线变差，路跑更要遵守交通规则，避免闯红灯。

十四、总结

夜跑对于大多数无法晨起跑步的人来说，是一个不错的选择。

◀◀ 第五节 跑前不要再用这套错误的热身方法 ▶▶

热身作为运动的标准组成，在任何运动前，包括跑前都需要进行。

一、典型的错误热身动作——绕膝

一些传统、没有意义，甚至是具有伤害性的热身动作仍然被跑者广泛采用，最典型的就是绕膝动作。

错误的热身动作——绕膝

膝关节主要功能是屈伸，即向后弯腿，向前伸腿，膝关节屈伸可以达到很大幅度。膝关节在伸直位具有锁定功能，所以膝关节在伸直位几乎不会发生任何运动。

而膝关节在屈膝位，具有少量向内旋转和向外旋转的功能。但即使旋转，幅度也非常有限。而绕膝动作是屈伸和旋转复合运动，有时用力程度还相当大，运动损伤的基本原理告诉我们，膝关节半月板、韧带损伤非常容易发生在膝关节旋转同时伴随伸直的过程中。而绕膝就是故意产生这种过程的动作模式。用力过猛就容易发生损伤，有些跑者在做绕膝动作时时常听到膝关节里面有关节摩擦音，这其实就有可能是研磨半月板或其他重要部位时发出的。

二、其他错误或没有意义的热身动作

对于颈椎不大好，特别是有颈椎骨质增生的人，这样的环转运动容易导致椎动脉受到挤压，反而加剧眩晕。更主要的是这样的颈部环绕运动没有任何实际热身价值。

错误的热身动作——脖颈环绕

腰部环绕会导致椎间盘受到不正常的剪切应力作用，除了研磨挤压椎间盘这一坏的作用，几乎找不到任何好的作用。

错误的热身动作——腰部环绕

弹震式弯腰属于典型的过度弯腰弓背，对于腰椎的压力不小，更有甚者追求爆发用力以达到手碰地，瞬间对于腰椎压力极大，极易伤腰。

错误的热身动作——弹震式弯腰

下腰转体在所有热身动作中危险系数排名第一。很多人还没开始运动，热身就导致腰扭伤。因为在弯腰时，椎间盘的一侧已经被挤压，这时候再进行大幅度的旋转相当于给已经变形的椎间盘一个剪切力，非常容易导致椎间盘损伤。

错误的热身动作——下腰转体

快速向前踢腿与弹震式弯腰一样，都属于典型的弹震性拉伸。这种拉伸比较暴力，它是使用爆发力快速往复牵拉肌肉。弹震性拉伸往往难以控制力度，导致牵拉过度而拉伤肌肉。这个动作现在已经被淘汰。

错误的热身动作——快速踢腿

三、总结

跑者应学会鉴别正确的知识、摒弃过时的热身方法。正确充分的热身才能发挥价值，让跑者更好地跑步。

‹‹ 第六节　正确的跑前热身该怎么做 ››

上一节介绍了常见的错误热身动作，那么正确的跑前热身应该如何做？本节将系统地教会你。

一、跑前热身的10大好处

- 升高体温，降低软组织黏滞性，预防肌肉拉伤；
- 唤醒机体，对即将到来的运动做好全面准备；
- 激活肌肉，产生更大的肌肉力量，让你跑得更快；
- 调动心肺，克服心肺惰性，缩短进入最佳跑步状态的时间，推迟极点发生；
- 促进关节滑液分泌；减少跑步刚开始时，关节因为缺乏润滑而发生僵硬和疼痛；
- 减少岔气现象，岔气的专业术语叫作"运动性短暂腹痛"；
- 促进身体散热，防止在夏季跑步时体温过高的现象；
- 激活神经系统，让你跑步更专注，动作更协调；
- 更大程度地激活核心，使跑步更加稳定，更加经济；
- 更好地适应天气与场地，排除外界因素的干扰。

二、什么才是正确的跑前热身

现代运动科学认为热身由三部分组成：慢跑、肌肉动态牵拉和专项热身。动态牵拉与静态牵拉相对应，是指在完成相应动作过程中，把肌肉做短暂拉长（不超过2秒），并重复多次的拉伸方法。什么叫专项热身？举个例子，篮球运动员在比赛前会进行传接球、投篮、上篮等练习，这就是专项热身。同理，跑前结合跑步动作进行一些热身动作就是跑前专项热身。

1.热身慢跑

跑者做结合跑步专项动作的原地跑热身，然后再做肌肉动态牵拉，最后通过几个快速蹲跳练习激活肌肉，既实现了热身效果，也灵活执行了热身三大步骤。

2.肌肉动态牵拉

肌肉动态牵拉可以在短时间内有效地拉伸多块肌肉，既能有效增加关节活动度也能够激活肌肉。

3.热身时激活肌肉也很有意义

对于某些特别重要的肌肉，例如大腿前侧、大腿后侧、臀肌、小腿肌肉，除了动态牵拉以外，通过一些快速动作或力量练习，可以更好地达到激活作用。

三、正确热身动作

1. 原地跑：每个动作30秒左右，各完成一组。

原地跑——前后垫步　　　　　　　　　　原地跑——垫步高抬腿

2. 肌肉动态牵拉：每个动作完成12次，一组。

大腿前侧动态牵拉　　　　　　　　　　大腿后侧动态牵拉

臀肌动态牵拉　　　　　　　　　　大腿内侧动态牵拉

弓步转体　　　　　　　　　　　　　　小腿牵拉

世界上最伟大的热身

3. 肌肉激活：每个动作持续10~15秒，一组。

臀部和腿部激活——开合蹲跳　　　　　　弓步交替跳

单腿硬拉

单脚多方向下蹲

四、总结

上述热身动作看似复杂，其实你只要各完成一组即可，花不了太多时间，希望每一位跑者能够重视跑前热身，并且做对热身。

◄◄◄ 第七节　规范的跑后拉伸究竟应该怎样做 ►►►

每次跑步后都需做拉伸，拉伸不到位，效果会大打折扣。什么才是规范到位的拉伸？

一、拉伸的重要性

跑步结束后，肌肉高度兴奋，呈现僵硬紧张状态，因此，腿摸上去硬邦邦的，拉伸可以让肌肉从紧张收缩状态更快过渡到放松舒张状态，从而有利于疲劳消除和保持肌肉弹性。如果缺失了这个环节，肌肉依靠自然过程恢复，代谢废物堆积时间更长，疲劳清除更慢，弹性也会下降，长此以往，就容易由于肌肉疲劳和弹性不足而引发损伤。

从微观层面看（电子显微镜下），运动后肌纤维细微结构排列紊乱，容易导致肌肉打结产生激惹疼痛点，而拉伸通过物理作用，可以达到促进肌纤维恢复正常排列的作用，从而减少长时间运动对于肌纤维的破坏。

跑后拉伸至少具有以下10大好处。

- 跑后肌肉僵硬紧张，跑后拉伸具有快速缓解肌肉紧张、改善肌肉酸痛的效果；
- 研究发现运动后肌纤维排列紊乱，跑后拉伸可以促进肌纤维恢复原有整齐排列，减轻肌肉损伤；
- 通过拉伸消除肌肉疲劳，加快肌肉恢复；
- 通过拉伸让身体逐步从激烈运动状态过渡到安静状态，给予身体良好反馈；
- 促进血液回流，有利于消除身体整体疲劳，让你更快满血复活；
- 促进身心放松，给人一种良好舒适的感觉；
- 养成规律的跑后拉伸习惯，有助于长期保持肌肉良好弹性和伸展性；
- 通过拉伸保持肌肉良好弹性对于减少运动损伤、预防肌肉拉伤意义重大；
- 通过拉伸保持肌肉良好弹性是形成良好跑姿、提升身体协调性和柔韧性的基础；
- 拉伸还能纠正肌肉不平衡，改善身体姿态，形成正确挺拔的身体基本姿态。

二、拉伸的核心要领

- 该拉伸的部位一个都不能少；
- 每个部位不是拉伸一次就了事，而是要重复几次；
- 每次拉伸的时间要足够；
- 拉伸时有牵拉感就行，没必要追求疼痛感。

三、拉伸究竟应该持续多长时间

拉伸的持续时间是拉伸的核心问题，拉伸时间过短，达不到拉伸效果，时间过长，其实际效果与拉伸最佳时长相比，并无显著优势。一个部位一次拉伸持续时间最佳为20~30秒。不建议短于20秒，也不建议超过1分钟。研究显示拉伸1分钟与拉伸30秒，效果基本等同。拉伸时间过长，还容易导致肢体麻木不适。

四、一个部位是否只要拉伸一次

肌肉在处于僵硬状态时，一次拉伸只能略微改善其紧张状态，而一次过长时间的拉伸会给人带来麻木和其他不适感，所以需要停止拉伸10~15秒，再进行下一次拉伸。这样进行多次拉伸，就可以充分地放松肌肉，促进肌纤维重新恢复整齐排列。因此，每次拉伸30秒钟，重复3次的效果和体验，一定比连续拉伸90秒更好。重复次数不能少于2次，最佳为3~5次。

五、拉伸部位要全面

　　跑步是一项以下肢为主的全身运动，因此，下肢是拉伸的重中之重，应对下肢主要肌群都实施拉伸，才能更全面地达到放松、消除疲劳、改善肌肉弹性的目的。而如果只是针对部分肌肉进行拉伸，那么那些没有拉伸到的部位，仍然可能处于未放松状态，从而影响到肌肉的整体性能。右图是下肢需要拉伸的部位。

下肢需要拉伸的部位

六、一次拉伸总计多长时间为最佳

　　我们以每个部位拉伸一次耗时30秒，单侧每个部位重复2次计算，身体左右侧加起来就是4次，加上动作间歇，一次拉伸基本耗时为18分40秒，也就是说跑完步后拉伸最佳持续时间介于15~20分钟，才是规范到位的拉伸。短于15分钟，都是拉伸过于匆忙的体现。这还是在每个部位只用一个动作进行拉伸时计算得到的总耗时，有些部位还可以采用多个动作进行，时间还会更长一些。

拉伸要多长时间

	一次拉伸最佳时间	最佳重复次数	间歇时长	时长
胯部	30秒	4次	10秒	2分40秒
臀部	30秒	4次	10秒	2分40秒
大腿前侧	30秒	4次	10秒	2分40秒
大腿后侧	30秒	4次	10秒	2分40秒
大腿内侧	30秒	4次	10秒	2分40秒
大腿外侧	30秒	4次	10秒	2分40秒
小腿后侧	30秒	4次	10秒	2分40秒
总时长				18分40秒

七、拉伸肌肉的过程

　　当我们进行拉伸时，在逐步用力或者增加拉伸幅度的过程中，肌肉会经历从没有感觉——有牵拉感——疼痛感——疼痛越来越强烈这一过程。

肌肉没感觉　牵拉感　疼痛感

随着拉伸幅度增大，肌肉的感觉

　　要理解拉伸时什么样的感觉是最佳的，我们首先得弄明白在把肌肉拉长的过程中，肌肉内部发生了哪些变化。看起来，拉伸无非是把肌肉等软组织加以拉长，肌肉是弹性体，所以能够被拉长，就像把皮筋拉长一样。但事实上，肌肉内部存在大量的感受器和神经，它们可以感受肌肉的长度变化，也可以感受肌肉的张力变化。当肌肉被拉长时，这些感受器（专业术语叫作肌梭）受到刺激，会导致肌肉反射性的收缩，目的是对抗被拉长。被拉长的幅度相对越大，那么肌肉自身产生的对抗拉长的力量也就越大，我们把这样的生理现象称之为牵张反射。

八、为什么拉伸时只要肌肉有牵拉感就够了

通过上述原理可知，拉伸时，肌肉并不只是被拉长了，而是一拉长，肌肉就可以产生一定收缩力，来对抗被拉长，这就是牵张反射。肌肉被拉长幅度越大，肌肉对抗拉长的收缩力也就越大，也就是对抗力越大。但牵张反射不会无限制地进行下去，当牵拉肌肉的力量真的越来越大时，这时肌肉就会停止收缩，即肌肉不对抗了，这是为了避免过度对抗导致肌肉损伤。当然，如果此时牵拉力仍然存在，肌肉就会被极度撕扯，肌肉仍然会被拉伤。肌肉拉伤的机制非常复杂，本节讲解的只是其中一种情况。

牵拉是一个消耗肌肉能量的过程，牵拉力越大，肌肉收缩对抗力也越大，这时就会引发疼痛，疼痛表明肌肉在对抗用力。因为跑完步时，肌肉是紧张僵硬的，说明肌张力增高，此时，你需要做的是，通过拉伸，让肌肉放松下来。而如果你暴力地进行拉伸，拉伸时肌肉不仅放松不下来，反而导致肌肉进一步紧张。

因此，拉伸时的疼痛感其实是一个信号，表明肌肉开始比较强烈的对抗收缩，这样的拉伸是不必要的。拉伸时，只要肌肉有轻度牵拉感就足够了。有牵拉感时，肌肉不会非常明显地对抗收缩，就可以充分地发挥拉伸的积极效应，包括放松肌肉、促进血液循环、降低肌肉张力、改善肌肉弹性。

九、让跑后拉伸面带笑容，而不要龇牙咧嘴

跑完步其实已经够累了，拉伸应该是一件很惬意轻松的事情，完全没有必要让拉伸把人搞得龇牙咧嘴，痛苦不堪。在激烈的跑步后，你应该享受肌肉牵拉所带来的轻松愉悦感。那种越痛，拉伸幅度越大，效果越好的说法经不起推敲。记住，跑步很累，不要把拉伸过程变得累上加累，让拉伸变得舒适和轻松，只会提高拉伸放松效果，而不会降低拉伸效果。拉伸时，追求牵拉感，而非疼痛感是正确合理的做法。

十、正确规范的拉伸动作

当跑者跑完步时，所处的环境其实是千变万化的。当跑友们面对不同的场景时，应该如何进行拉伸？

1. 站立位利用支撑物拉伸

在家里或者在办公室，可以利用中等高度的桌子、椅子、沙发等进行拉伸，在室外借助栏杆、单杠等进行拉伸。

大腿后侧拉伸（站立位）　　　　　　　大腿内侧拉伸（站立位）

大腿前侧拉伸（站立位）　　臀肌拉伸（站立位）　　髋前部拉伸（站立位）

大腿外侧髂胫束拉伸（站立位）　　　　　小腿拉伸（站立位）

2. 垫上拉伸

一般来说，跑完步就应该进行拉伸，但跑完步回到家在垫上进行拉伸也是一个不错的选择。

大腿后侧拉伸：采用坐姿或卧姿牵拉大腿后群（垫上）

大腿前侧拉伸：大腿前侧拉伸采用卧姿往往拉伸感不是很强烈，采用跪姿牵拉感则十分充分。

大腿前侧拉伸1（垫上）

大腿前侧拉伸2（垫上）　　　　大腿前侧拉伸加强（垫上）

臀肌拉伸：在拉伸臀肌时，要让膝盖向对侧肩部方向用力，这样拉伸感才会更加充分。

采用跷二郎腿动作拉伸臀肌感觉也较为强烈。

臀肌拉伸1（垫上）

臀肌拉伸2（垫上）　　　　臀肌拉伸3（垫上）

臀肌拉伸 4（垫上）

臀腰联合拉伸（垫上）

髋前部拉伸：单膝跪于瑜伽垫上，前腿呈弓步，重心向前。

髋前部拉伸（垫上）

大腿内侧拉伸：脚心相对，身体前倾，用肘关节下压膝盖。也可采用单膝跪于瑜伽垫姿势进行大腿内侧拉伸。

大腿内侧拉伸 1（垫上）

大腿内侧拉伸 2（垫上）

小腿拉伸：采用俯卧撑体位，脚跟下落。

小腿外侧拉伸：抓住脚踝，让脚踝轻度内翻，做用力伸膝动作。

小腿拉伸（垫上）

小腿外侧拉伸（垫上）

腰部拉伸（垫上）

十一、总结

　　跑后拉伸对于跑步的重要性毋庸置疑。把拉伸做得更全面、更充分、更到位、更细致，你才是有态度的跑者。

◂◂ 第八节　一种物美价廉又好用的放松神器，如何选择和使用 ▸▸

　　泡沫滚筒（又称泡沫轴）是一种新式的放松恢复神器，可将自身重量压在一个圆柱体EVA发泡材料上做来回滚动。如何选择和使用泡沫滚筒呢？

一、真正充分地放松肌肉光靠拉伸是不够的

　　为什么要拉伸肌肉？其实主要为了达到两个目的：第一是通过拉伸肌肉，改善肌肉的弹性和伸展性，让肌肉既可以用力缩短，也可以很好地放松拉长，这样就可以让肌肉拉得最长，收得最短，延长肌肉做功距离，提高肌肉工作效率；第二，运动完后肌肉倾向于缩短和僵硬，这时通过拉伸可以帮助肌肉恢复初始长度，让肌肉放松下来。

二、拉伸无法消除肌肉打结点

　　肌肉外面和里面还包绕着筋膜结构。筋膜不仅包裹肌肉，还把肌肉分割成若干束，这样可以让一块肌肉的每条束独立收缩而互不影响。

筋膜

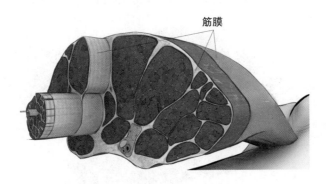

　　很多时候，如果包绕肌肉的筋膜比较紧张，里面的肌肉收缩舒张就会受到一定程度的限制，导致肌肉收缩阻力增加，也会产生额外的能量消耗。筋膜紧张加之肌纤维纠

缠，如果没有得到很好的放松梳理，长此以往，就有可能造成肌肉出现"打结"现象，专业术语称作"扳机点"，也就是肌肉表面某些点按上去特别疼痛，也就是这些点触发了疼痛。对于上述这些情况，仅仅进行拉伸是无法解决问题的。这时就需要对肌肉滚揉按压，需要用泡沫滚筒放松。

三、泡沫滚筒不同于拉伸的作用机制

使用泡沫滚筒进行肌肉放松有如下益处。

- 有效放松肌肉，消除肌肉紧张和痉挛状态；
- 提高肌肉和其他软组织的伸展性和弹性，减少肌肉拉伤；
- 释放肌筋膜张力，消除引起疼痛的重要原因——扳机点以及软化粘连疤痕组织；
- 促进血液循环和淋巴回流；
- 锻炼身体的平衡能力；
- 通过放松肌肉，减轻关节压力，有效缓解关节积累性疼痛。

四、如何选择适合自己的泡沫滚筒

泡沫滚筒种类繁多，到底应该如何选择适合自己的泡沫滚筒呢？

问题1：是选长的还是选短的？

当然是选短的，一般30~45厘米足以，有的泡沫滚筒长达90厘米，主要适合双脚踩在上面或者双手放在上面做一些平衡训练。对于多数跑者而言，没有必要购买90厘米以上的泡沫滚筒，一方面占据家里太多空间，另一方面也不便于赴异地参赛时携带。而短的泡沫滚筒可以放在包里方便携带，并且短的泡沫滚筒照样可以进行平衡训练。

问题2：是选偏硬还是偏软的泡沫滚筒？

不建议大家选质地太硬的泡沫滚筒，那样对于软组织刺激过于强烈。在滚揉放松时，反而因为疼痛导致肌肉保护性收缩，达不到放松软组织的目的。一般选择中性偏软的泡沫滚筒较为合适。不同泡沫滚筒的档次其实也是通过表面材质加以体现的。

问题3：选择表面平整的还是带狼牙/凸点的？

表面光滑的泡沫滚筒对于跑者就足够了，没有足够证据显示狼牙泡沫滚筒作用效果优于普通泡沫滚筒。狼牙滚筒由于表面凹凸不平，特别是如果凸点较硬，当体重压上去时，反而导致局部压强过大。这时你的肌肉因为被过度刺激，已经产生保护性痉挛，你的肌肉会收缩来对抗过大刺激。怎么能通过它放松肌肉呢？

所以，不建议跑者购买狼牙泡沫滚筒。即使想让泡沫滚筒作用更为深透，也应当购买既有一些凸点，也有平整面的混合型泡沫滚筒。那种凸点越多、泡沫滚筒档次越高，使用效果越好的观点是经不起推敲的。即使专业运动员，也很少使用狼牙滚筒。当然，有些泡沫滚筒凸点已经设计成比较柔软的，那样的就还好。

有些泡沫滚筒表面没有大的凸点，而是极为细小密集同时很薄的凸点，这样的泡沫滚筒与表面光滑的泡沫滚筒使用起来基本没有差别，均可购买。

泡沫滚筒推荐

混合型泡沫滚筒：表面有凸点，但不全是凸点，过渡良好

推荐指数：★★★★★★

光滑型泡沫滚筒：光滑性滚筒就足够好了

推荐指数：★★★★★

混合型泡沫滚筒

光滑型泡沫滚筒

密集凸点型泡沫滚筒：凸点较为密集但很细小，也不是很凸出

推荐指数：★★★★

狼牙/凸点型泡沫滚筒

推荐指数：★★

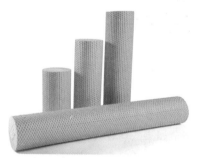

密集凸点型泡沫滚筒

狼牙/凸点型泡沫滚筒

高科技泡沫滚筒不断出现

当然，随着科技的进步，一些新型泡沫滚筒也不断出现，例如振动泡沫滚筒，内置可充电式振动器，谐波振动作为一种被研究证实的放松方式，其效果优于普通泡沫滚筒。至于你是选择原装进口的振动泡沫滚筒，还是国产的振动泡沫滚筒，那就依据个人爱好和经济实力了。

五、最全、最精细化的泡沫滚筒放松方法

1. 小腿肚放松：脚尖朝上，可以直接放松小腿肚的腓肠肌，也可以双腿交叉，这样可以增加重量强化效果。

2. 小腿肌肉外侧放松：脚尖朝外，这样可以放松到小腿肌肉靠外侧的部分。

小腿肚放松

小腿肌肉外侧放松

3. 小腿肌肉内侧放松：脚尖朝内，这样可以放松到小腿肌肉靠内侧的部分。

4. 小腿外侧腓骨肌放松：小腿外侧有两条重要的肌肉，称为腓骨长肌和腓骨短肌，这个肌肉拉伸往往不好实现，用泡沫滚筒放松就很好。

小腿肌肉内侧放松

小腿外侧腓骨放松

5. 小腿前侧肌肉放松：采用单脚双手支撑，脚尖呈内八字，就可以放松到小腿前侧胫骨前肌，这个肌肉拉伸效果不明显，泡面滚筒放松效果则很好。

6. 小腿肌肉强化放松：一般来说，我们主张单脚放松，这样作用力不会太大也不会太小，但有些跑友耐受力比较好，希望更好地放松肌肉，则可以将一条腿架在另一条腿上面，这样就可以强化放松效果。

小腿前侧肌肉放松

小腿肌肉强化放松

7.大腿后侧放松：该动作放松效果一般，感觉不太强烈，可能不如拉伸。

8.大腿后侧强化放松：如果将一条腿架在另一条腿上面增加重量，感觉会更强烈一些。

大腿后侧放松

大腿后侧强化放松

9.大腿外侧放松：大腿外侧有一个重要结构就是髂胫束，这个部位的紧张是造成跑者膝痛的重要原因，髂胫束拉伸效果往往不太明显，泡沫滚筒则效果理想。

10.大腿外侧强化放松：如果你耐受力良好，可以将双腿同时压上去。但前提是你能够耐受强烈的滚揉感。

大腿外侧放松

大腿外侧强化放松

11.大腿前侧放松：单膝跪地，以此为支点，滚揉大腿前侧。

12.大腿前侧强化放松：双腿同时放在泡沫滚筒上，来回滚揉大腿前侧。

大腿前侧放松

大腿前侧强化放松

13.大腿内侧放松：将泡沫滚筒斜置，顺着大腿内侧方向滚揉大腿内侧。

14.臀肌放松：跷二郎腿，跷哪边腿就放松哪边臀肌。

大腿内侧放松　　　　　　　　　　　　臀肌放松

15.腰部放松：腰部放松我们通常采用侧卧位而不是仰卧位，这样可以避免腰椎过度前凸。

16.背部放松：背部也是很多跑者较为紧张的部位，用泡沫滚筒放松背部非常舒适。

腰部放松　　　　　　　　　　　　背部放松

六、泡沫滚筒使用注意事项

1.每个部位滚揉30~45秒，可重复3~4次。

2.滚揉肌肉并非越痛越好，过度疼痛反而会引发肌肉反射性收缩，降低放松效果，所以以肌肉有滚揉感或者轻度疼痛感为度。我们提倡两侧肢体轮番进行，而不是将两腿同时滚揉。

3.在滚揉肌肉过程中如果某个点（扳机点）疼痛激惹特别明显，可以在这个点上用滚筒进行持续按压，也就是说滚筒使用并非一定要滚起来，有时持续按压痛点也是另外一种放松方式。

4.每次跑完步如果能将拉伸和泡沫滚筒放松结合起来，当然是最佳的消除疲劳、放松肌肉的方式。

5.泡沫滚筒使用有一个小问题，那就是要用手将身体撑起来，所以上肢会比较累，这一点没有特别好的方法解决。一只脚支撑，滚揉另一只脚，可以减轻上肢负担。

七、总结

重视肌肉放松和疲劳恢复，是一个跑者走向成熟的标志。泡沫滚筒放松配合拉伸，可以最大限度改善肌肉等软组织弹性，这对于提高跑步能力、预防伤痛都具有十分重要的意义。

‹‹‹ 第九节 跑步时为什么会岔气 ›››

跑步时的我们，可以忍受严寒酷暑，可以忍受水泡和黑指甲，也可以忍受肌肉疲劳和膝盖疼痛。但是岔气呢？那在肋骨的下方尖锐的刺痛，往往会拖累我们前进的步伐。尽管引起岔气的原因理论比比皆是，但是确切的原因还没有被证实。《运动员的居家治疗方法》的作者之一——运动医学医生乔丹·迈兹尔（Jordan Metzl）研究后认为，引起岔气最可能的原因是膈肌痉挛。

膈肌位于横膈膜，是胸腔和腹腔之间的一块肌肉，也就是说膈肌位于胸腔底部和腹腔顶部，在呼吸中起着重要的作用。吸气时，膈肌收缩，使横膈膜下降，加大了胸腔体积，这样我们就可以吸入更多空气；而呼气时，膈肌放松，横膈膜上升，加速了肺部气体排出，所以膈肌的主要作用就是参与呼吸。

就像你的腿部肌肉一样，当你的膈肌承受太多的压力时会产生疲劳或抽筋。这就是为什么一些初级跑者或者是正在提高配速的跑者会在跑步时岔气的原因。好消息是，经过研究已经证实了一些有效策略，可以大大减少岔气的发生。

一、加强核心力量

所谓核心力量，就是腰腹部力量，因为腰腹部位于我们身体中间（核心），所以被称为核心力量。核心力量是指训练部位是身体核心部位，也就是腰腹部。

每周进行3次，每次10分钟的核心区加强训练，如平板支撑、卷腹、俯卧挺身等动作，或者定期练习瑜伽或普拉提，都有助于加强膈肌力量，这样可以更好地增强腰腹耐力，抵御疲劳，不至于引发岔气。

此外，更强的核心区也将帮助跑友们更有效地跑步，并降低受伤的风险。因为核心力量看似不像大小腿直接参与跑步，但强有力的核心力量可以为下肢发力创造稳定的动作支点和良好的躯干支撑。跑步时如果躯干来回晃动，看上去很不稳定，这样既增加了能耗，也损失了动能，甚至引发岔气。

二、跑前有选择地吃

在跑步前什么时候吃、吃什么，都有可能会对岔气产生影响。当你跑步时，如果你的体内仍然有食物没有消化完全，那么就会有少部分的血液流向横膈膜，这便可能引起膈肌痉挛。

在跑步前1~2个小时要尽量避免食用脂肪含量高的食物，也要避免食用富含粗纤维的食物。众所周知，脂肪含量高的的食物需要消化的时间相对较长，早上吃根油条，到中午都仍然有很强烈的饱腹感，不想吃中饭，就是因为油条脂肪含量实在是太高了。

粗纤维食物，比如燕麦、玉米等，一直被誉为健康食物而备受推崇，但粗纤维食物也有弊端，这是因为膳食纤维会吸收消化道水分，有可能引发胃胀和产气。研究还发现，运动前饮用含糖量高的蔬菜汁和果汁，也有可能引起岔气。所以当你经历岔气的时候，回忆一下跑步前那顿饭吃的是什么，从而不断总结经验，学会更合理地进餐。

跑前那顿饭基本要求是食物体积小、含产气食物少、食物含粗纤维少、食物热量高。这样做，才能有效减少高强度跑步可能引发的岔气。

三、做好跑前热身运动

运动一开始就配速非常快，也许可以节省你的时间，但它会形成不规律、急速的呼吸模式，加重了膈肌的缺氧，从而引发膈肌痉挛。跑前做好热身运动，用2~3分钟的快步走，逐渐过渡到轻松跑，然后再提高到你预定的配速是最佳方法。

四、加大呼吸深度

如果呼吸太浅，气体在呼吸道来回进出，真正出肺入肺的有效可供交换的气体减少，因而此时的呼吸效率反而是降低的。因为浅、快的呼吸不能提供足够的氧气来供给肌肉，包括膈肌。

深吸气和深呼气，尤其是深呼气，可以帮助减少岔气的发生。

五、真的发生岔气时该如何处理

当然，如果真的发生岔气，降低配速，持续按压发生疼痛的部位是正确的处理方法，一般很快可以缓解，千万不可勉强硬撑。如果仍然坚持高配速，越来越剧烈的疼痛最终会让你被迫放弃，打败你的不是距离和配速，而是岔气。

‹‹‹ 第十节　跑者如何选择跑鞋 ›››

跑鞋是跑者对装备的第一需求，琳琅满目的跑鞋让跑者犯了选择困难症。众多选鞋指南第一条就是告诉你根据足形选鞋，可是对于普通跑者要想搞清自己足形绝非易事，因此普通跑者一般先考虑穿着舒适度，然后再考虑功能。

一、一双跑鞋的构成要素

了解下列这些术语会让你更加全面了解跑鞋是如何构成的，自己就可以对鞋的结构是否优良做基本判断，然后在此基础之上选鞋。下文以李宁公司的跑鞋为例，讲解关于鞋的一些术语。

1. 鞋面

化纤织物从脚跟一直到脚尖，主要覆盖了鞋的顶部和两侧，以确保鞋完全容纳脚，为了增加透气，不少跑鞋都是由网眼织物构成。

2. 鞋跟

从外到里，鞋跟牢固地锁住脚跟。

3. 鞋跟缓冲垫

鞋跟缓冲垫将鞋跟撑起，是吸收地面对脚后跟冲击力和缓震的主要部件，由于90%的跑者都采用脚后跟落地，脚后跟受到的冲击较大，所以大家越来越关注跑鞋对于脚后跟的缓冲保护性能，买鞋时请仔细观察和按压鞋跟缓冲垫，检测其弹性性能。

鞋跟

鞋跟缓冲垫

4. 跟趾落差

脚趾与脚后跟的高度差，也称为"跟趾落差"，如果没有落差，意味着这双鞋是完完全全平的鞋。跟趾落差为6毫米最佳，在鞋垫上都会标识跟趾落差值是多少。

跟趾落差

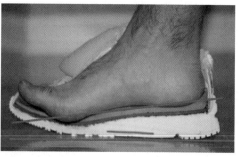

5. 鞋底夹层

各式各样的夹层材料，如泡沫、凝胶、塑料甚至是空气囊（空气囊典型的就是耐克闻名遐迩的气垫鞋），以及不同的夹层厚度给鞋子提供了不同程度的支持、缓冲和韧性。

越厚一般来说缓冲越好，但太厚的鞋底夹层会降低脚对于地面的感知和触觉，不利于跑步，所以鞋底夹层并非越厚越好。

6. 鞋基底

鞋基底构成了鞋的底部层，通常由较为坚硬的橡胶制成，并与地面接触，提供摩擦力及抓地力。为了增加摩擦，鞋基底通常有各种纹路，当纹路几乎看不见，提示鞋已经被磨得差不多，这是判断鞋寿命和换鞋的主要依据。

鞋底夹层

鞋基底

7. 鞋垫

鞋垫一般由织物或泡沫构成，衬拖在鞋底夹层上，一般是可以取下来的。现在有不少跑鞋已经将鞋垫与鞋底夹层连为一体，取消了鞋垫。

8. 鞋头翘度

在鞋的前面设计向上的弧度，旨在提高前进的动力。所以鞋头翘起不仅仅是为了好看，更为了适应人体跑步工学。

鞋垫

鞋头翘度

9. 鞋头

在鞋子前端来包裹和保护脚趾，鞋头的最前端被称为脚趾帽。脚趾一般应当与脚趾帽保持约一个大拇指的距离，这样才能保证跑鞋不挤脚。

10. 鞋舌

织物做的长条覆盖在鞋子顶部的中央，使鞋带不至于摩擦脚面，并且保护脚面。有的鞋在跑步过程中，鞋舌会过度偏转，这不利于对脚的保护。

鞋头

鞋舌

二、究竟如何选鞋呢

1. 选择跑鞋时考虑以下几点

- 鞋子的大小。选鞋中最常见的错误是选错大小。究竟哪一双跑鞋适合你，穿上后才知道。
- 运用过去买鞋经验来选鞋。
- 现在鞋子存在的问题。
- 环境条件。
- 跑步参赛要求。

2. 合适、安全的跑鞋要满足这三点

- 跟趾落差：落差不应超过6毫米。
- 自然中性：很多跑鞋会以有效缓冲、强化动作控制作为卖点。但事实上，这些刻意强化缓冲或者强化动作控制的设计不宜过多，因为这反而会额外干扰脚的正常运动。跑鞋在试图解决一个问题的同时往往产生一个新的问题。
- 轻量化：男性的跑鞋重量一般在285克左右，或者更轻；女性的跑鞋重量一般在230克左右，或者更轻。

3. 选鞋的基本建议

- 不要把鞋的外形以及鞋底的厚度作为选鞋的主要依据，炫和酷也不是选鞋的唯一标准。
- 事实上，在脚正常落地的时候，足弓会发生轻度旋内偏转，即落地瞬间，脚会轻度外翻。这是因为在腾空阶段，脚是轻度内翻的，所以着地时就会从轻度内翻迅速过渡为轻度外翻，这种外翻是跑步的自然现象，所以如果有人告诉你选鞋时，要选可以很好支撑足弓的鞋，目的是控制外翻，这显然是错误的。恰恰相反，过度支撑足弓，反而导致脚在落地时无法正常外翻，从而引发膝盖、脚踝疼痛。
- 对于存在过度足外翻（即扁平足）的跑友，应通过加强髋、膝、踝的力量来纠正足外翻。这比选一双所谓能控制外翻的鞋要重要得多。
- 确保脚前部和脚尖在鞋内有足够空间，这一点非常重要。穿上鞋后，脚趾头要确

保能扭动自如，如果脚尖被鞋挤得无法动弹，无法伸展开来，这将导致脚在着地过程中无法有效缓冲地面冲击力。

- 判断一下你的鞋是否过窄？取出鞋里的鞋垫，放在地上，然后一只脚踩上去，如果脚的边缘已经超出了鞋垫的边缘，那么你买的鞋太窄了。
- 选鞋时，穿上跑一跑，看看脚跟与鞋跟之间有没有滑动摩擦感，如果有，鞋不对。
- 新鞋垫解决你的所有足部健康问题。

4. 跑鞋的其他考虑

- 大多数人（85%）实际穿鞋偏小。合脚的鞋应该有足够的空间放脚最宽的部分，也有足够空间容纳脚趾头。合适的鞋应该不紧不松，脚跟与鞋跟部贴合度高。
- 试穿鞋时一般穿跑步时穿的袜子，在下午或晚上试穿。穿在脚上10分钟，确保它们是舒适的。大多数的商店允许顾客穿着鞋来回跑动，体验跑步的感觉。
- 考虑购买两双跑鞋，交替使用，这样可以增加每一双跑鞋的寿命。只穿一双跑鞋多天连续行走、跑步达到100~120千米就应该换鞋，这有利于延长跑鞋寿命。
- 一旦你穿上新鞋后，短距离内的跑步会很轻松。

三、判断鞋的磨损程度

当鞋穿太久或过度磨损后才更换新鞋，会增加脚部受伤概率。基于你的旧鞋行走的大体里程来选择购买一双什么样的新鞋，而不是随意选择。跑240千米，鞋底夹层就会发生很大磨损；跑480~800千米，鞋底致密部分磨损超过50%；因此，大多数鞋在穿着跑480~800千米后需要更换；大多数鞋子行走640~800千米后鞋底夹层破裂。这大大增加了潜在的危害。

1. 鞋底的一处或多处表现出显著磨损

跑鞋鞋底不管是由什么高科技材质构成，如果被磨损到没有花纹，或者能看到鞋底之下的另一层材料时，你就该换一双鞋了。就像我们经常说的，鞋底磨损的程度反映着你的跑步姿态。因此，如果你的鞋底只磨一侧，而另一侧几乎没有磨损，往往暗示着你在跑步的时候姿势可能有问题。

2. 鞋垫发生磨损

大多数鞋垫都是比较薄的，走路或跑步时，脚每一次落地产生的冲击都会对鞋垫产生细微摩擦并导致整个鞋垫或鞋垫某些局部变得越来越薄。而鞋垫一旦被磨薄，会改变鞋子与脚的贴合度，从而导致跑步中脚的过度滑移、摩擦、起水泡等问题。

3. 鞋的减震功能明显不如从前

通过手感、视觉、揉捏来检验你的鞋子。在跑了几百千米后，鞋底夹层里的泡沫和塑料组件会失去弹性。和新买的时候相比外表有些变形，整体都变得软趴趴，此时就需要换鞋。

如果跑步时，始终只穿一双鞋，那么鞋底夹层材料就会被长时间压缩，以致弹性下降。有研究表明，长期两双鞋子替换着穿，夹层部分的损耗会降低50%。所以为了延长鞋的使用寿命，你至少得拥有两双以上跑鞋轮换着穿。

4. 鞋的上部或鞋带都出现显著磨损迹象

为了增加透气性，用于构建鞋面的材质一般会采用网面材料，如果连网面都发生了破损，或者你的鞋带失去本身的弹性，这时就需要换鞋。

5. 应该何时买双新跑鞋

- 一般的经验法则是：每跑560千米可以考虑购买一双新鞋，也就是说对于月跑量在100千米的跑者而言，一双鞋的寿命就是半年左右。

- 但目前没有明确的科学依据说明所有跑鞋的最佳时间和距离。不同鞋子的持久性基于鞋子本身的材料、跑者的不同穿鞋方式以及跑友是否将跑鞋多用于跑步。每天穿跑鞋做其他活动可能比单独只是用于跑步，更容易磨损。

- 鞋底上的不均匀磨损易造成跑友受伤，因此，如果鞋底有明显磨损，那就意味着需要丢弃此鞋了。

- 请注意，你换一双新鞋需要一段过渡期，这个阶段可以新鞋旧鞋交替穿，逐步增加穿新鞋的时间，直到适应新鞋。

四、不要再相信那些选鞋的谎言

谎言之一：选一双最好的跑鞋

总有跑者在问什么是顶级跑鞋？一些著名跑步网站每年也都会给跑鞋评星，或者是给新鞋"大拇指朝上"或"大拇指朝下"这样的简单评价。

然而，事实并非如此简单。跑鞋生产厂家会为不同步幅、不同脚型及不同跑步方式的人设计不同类型的跑鞋。显然，"一双完美跑鞋"这本身就是一个谎言。一双对他而言非常合适的跑鞋也许对你来说极为不适。

跑步网站里罗列出来的好跑鞋或许只能说是"小编的选择"，或者说这些鞋只是很好地按照其设计理念去工作。例如，一双跑鞋宣称可以减震，如果它经过测试的确可以减震，我们就说它是一双不错的鞋，而如果其减震功能没有像其宣传的那样强大，那么对其评价就不会高。所以，跑鞋推荐更多是基于测试人员的评价，可供参考，却不必迷信。

真相：跑鞋种类非常多，跑步方式也有很多种。事实上，无法提供全面的跑鞋排名和跑鞋星级。选鞋指南或是选鞋专家唯一能帮助你的只是判断这双跑鞋是否适合你自己。

谎言之二：我只买某品牌的鞋

多少次听跑者这么说："我只买亚瑟士跑鞋！"或"你觉得美津浓跑鞋怎样？"

一种品牌只能告诉你一双跑鞋的极少知识，因为每个跑鞋品牌往往都只能为特定类型的跑者设计特定类型的鞋。每个跑鞋生产商都有自己独特的一套长期使用的脚型模具（鞋楦）。因此，如果一双阿迪达斯的跑鞋适合你脚的足弓高度、脚的弧度和脚趾的长度，阿迪达斯另外一款跑鞋你穿上去同样会很舒适。

但是每个公司还有很多不同类型的脚型模具。例如，布鲁克斯Pure Connect系列与Adrenaline系列不同，新百伦公司Zante系列与860系列不同。而且公司会定期修改设计方案，所以你去年喜欢的款式今年就不一定喜欢了。

真相：盲目地倾心于某品牌或不认可某品牌往往适得其反，一个鞋厂本身就能生产出各种不同类型的鞋，这些鞋在性能和舒适度上千差万别。事实上，既不会某品牌所有类型鞋都适合你，也不会某品牌所有类型鞋都不适合你。鞋穿上去合不合适，只有自己的脚知道。

谎言之三：一双好的跑鞋包治百病

有一个典型的事例：某女士穿着她在百货公司买的运动鞋开始跑步，一段时间后就受伤了，她便决定买一双真正的跑鞋。在跑鞋专卖店里，店员检查后发现她的伤脚存在过度外翻，所以推荐她买了一双减轻伤脚过度外翻问题的跑鞋。此后多年，这位女士都一直认为这种鞋是她减少伤痛的唯一"良药"。真的是这样的吗？

专业鞋店常常可以帮助人们找到最适合自己的鞋。有些人跑步更容易受伤是因为其遗传特征，例如脚踝的几何形状和角度不同于常人。但是，也有许多别的因素影响一个人的步态和你应该选什么样的鞋，而且这些因素会随着时间而改变，例如体重、肌肉力量、关节活动范围、平衡能力、步幅特征、运动效率和配速等。所以选鞋不能只看脚型。

更重要的是，最初类型的"良药"（鞋）可能也没有想象中那么有用。评估你的跑步姿态特征是一项艰巨的任务。美国足病运动医学学会的主席和狂热的跑步爱好者Paul Langer说："当你让10个物理治疗师、10个足部治疗师和10个康复医生看你在跑步机上跑步的姿态，你会得到30种不同的评价描述"。运动生物力学的专家本诺·尼格认为，评估鞋子好与不好，最好的方法就是穿上脚后反复跑一跑，看其适不适合跑步。

真相：找到一双合适的跑鞋完全是个性化的，也是一场持久战。你要通过不断试穿和测试来确定，而且当你跑步特征（如配速、着地方式）改变时，鞋子也要随之更换。没有一种特定类型的鞋是让你可以穿一辈子的。

谎言之四：只穿（买）一双鞋

只买一双鞋，只穿一双鞋可能会让你受伤。跑者都喜欢那双自己穿了很久的跑鞋。然后他们每天都穿同一双鞋跑步，当鞋坏了，也会买同一型号，甚至会买很多双储备在那儿以防该型号卖光。

但是研究表明，穿不同的鞋子跑步会让人变得更快、更强、更不容易受伤，因为穿不同的跑鞋跑步可以在一定程度上减少伤害。每次跑步你穿的鞋都不同，导致你和地面的摩擦都会有所变化，因此你每次的步幅也会有所变化，这会有助于强化肌肉力量和结缔组织弹性，常常穿不同鞋对于减少只穿同一双鞋导致的对于同一部位的持续性和重复性的压力也很有帮助。

真相：尝试买不同类型的鞋。例如，你可以同时买一双速度型跑鞋和一双长跑型跑鞋，换着穿，并在更换鞋子的时候再次尝试买其他类型或品牌的鞋子。买的鞋子类型越多，你就越不会纠结到底买哪种鞋，因为每种鞋都对你有用。

谎言之五：好的跑鞋可以让你跑得更快

这是一条"历史悠久"的谎言：一双合适的鞋能让你健步如飞。事实上，好鞋只是能让你感觉上跑得快，适当减轻压力和冲击，使你的跑步方式不受鞋的干扰。但是跑步的根本动力来自于肌肉、心脏和肺，而这些也只能通过跑步来提高。

真相：只有坚持不懈地锻炼，才能跑得更快。鞋的作用是让你产生舒适感和心理安慰。

五、选鞋大总结

1. 没有所谓最好、最顶级的跑鞋，不要以价格、品牌作为衡量跑鞋的主要标准。

2. 尝试买不同品牌、不同类型的跑鞋，几双鞋换着穿有助于健康地跑步。

3. 好的跑鞋确实可以发挥一定的保护人体的功效，但指望跑鞋来避免损伤是不可能的。

4. 鞋穿上去合不合适，只有自己的脚知道，反复试跑试穿，选择适合自己的鞋，但不意味只选一双鞋、只选一个品牌的鞋。

‹‹‹ 第十一节　高大上的压缩装备能帮助你跑得更快吗 ›››

各种压缩装备在马拉松比赛中已不鲜见，例如压缩腿套、压缩袜、压缩衣、压缩裤、压缩护臂等。压缩装备对于跑步到底发挥什么作用？是真心有用还是心理安慰？

最常用的压缩腿套通常是用口径较小的高弹性编织面料制成，这样就可以充分束缚住小腿，从而发挥作用。压缩装备是基于一个基本的医学概念：用弹性梯度织物产生压力差，从而更好地促进体内血液和淋巴流动。

一、压缩袜最早源自医疗用途

医用压缩袜早在几十年前就被应用于慢性静脉功能不全的病人中。其原理是通过从下至上产生由大到小的梯度压力来改善静脉血回流，减轻下肢肿胀和血栓形成。

众所周知，心脏推动着全身血液流动，当血液经过动脉、毛细血管回流至静脉时，动力已经明显衰减，而下肢静脉血回流至心脏需要克服重力。静脉血会不会倒流呢？静脉血管里通常都会有双瓣形瓣膜的存在，在由下至上回流的时候，瓣膜贴在血管壁上，不会造成阻碍。一旦站立或者其他原因引起静脉压力增高时，两个瓣膜就会张开，阻止静脉血液逆流。

而患有慢性静脉功能不全的病人通常有下肢血流滞缓、瓣膜功能不全等症状，常见的就是静脉曲张。这时候施加一个由下至上的压力就可以促进静脉血的回流，同时能给瓣膜一个正压力，帮助完善瓣膜功能，这就是压缩袜的功能。所以说，压缩袜在医疗上最主要的作用是促进静脉回流，预防静脉血栓形成。

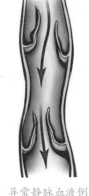

正常静脉血液不会倒流　异常静脉血液倒流形成静脉曲张

在体育运动中，压缩装备设计的目的是利用梯度弹性提高运动表现和加快恢复。虽然目前对于压缩装备的功效还存有争议，但是也有相当一部分的研究表明压缩装备确实起到了一定的效果。今天，我们以最常用的压缩腿套为例，借助科学研究分析其宣称的功能是否真的存在。

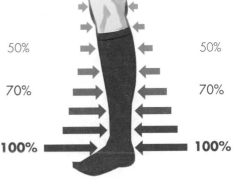

梯度弹性是压缩袜发挥功能的主要原理

二、压缩腿套可以提高跑步成绩吗

1. 压缩腿套提高成绩的原理

压缩腿套通过挤压血管，让更多的血液和氧气供应给肌肉，这样就可以让氧气和能量物质更快进入肌肉，同时也帮助代谢废物和二氧化碳更快从肌肉中排出。理论上说，这样就有助于提高能量产生效率，让跑者跑得更快。

2. 压缩腿套是否可以提高运动成绩

英国纽卡斯尔大学的研究发现，在高强度耐力跑中，下肢压缩装备可以增加血流量，并降低心率，也就是说这一研究支持压缩装备可以提高运动表现这一卖点。另外一篇研究是这样的：研究人员将34名经验丰富的马拉松运动员分成两组，一组穿着压缩袜，而另一组穿着正常袜子跑全程马拉松，结束后发现他们的全程跑步速度、纵跳高度、小腿围度并没有显著性的差别。

基于结果不同的科学研究数据，关于压缩装备是否可以提高运动成绩这一问题，较为一致的观点是：压缩装备无法真正有效提高成绩，你不可能平时不跑步，指望穿着一双压缩腿套就能跑完马拉松，因此它并不能给你带来前进的动力。

但对于能力一般的大众跑者而言，压缩袜等压缩装备具有一定缓解疲劳或者说推迟疲劳发生的作用。推迟疲劳发生，相当于就是提高了运动成绩。例如，一个能力平平的普通跑者如果参加半程马拉松，可能跑到15千米就开始出现肌肉抽筋等疲劳表现，15千米以后就因为抽筋而急剧掉速，而穿着压缩腿套跑步，他可能到18千米才因为疲劳抽筋而掉速。这也就意味着他可以以较好的状态多跑3千米距离。

三、压缩腿套可以减少跑步带来的肌肉疼痛吗

1. 压缩腿套减少疼痛的工作原理

在跑步过程中，脚腾空落地时带来的冲击会导致肌肉震颤，这被认为是引发肌肉损伤和引起延迟性肌肉酸痛现象的重要原因。从原理上分析，压缩腿套通过给予肌肉支撑，在一定程度上可以减少肌肉震颤来减轻疼痛。以全程马拉松为例，每位跑者至少要跑30 000步以上才能跑完全程。在这个过程中，每一次着地的地面冲击力将导致肌肉随之震动，而这种震动是导致肌肉损伤和肌肉疲劳的重要原因。压缩腿套的压缩作用使小腿肌肉在跑步全程中晃动减少，这在一定程度上降低肌肉疲劳的程度。同时这种外在的环绕式的压力也使穿戴者对疼痛的本体感觉降低，可以跑得更加顺畅自然。

2. 压缩腿套对于肌肉疼痛的影响

奥克兰梅西大学的研究发现，穿着压缩腿套快节奏地跑完10千米，跑后24小时内延迟性肌肉酸痛会有所减轻。有趣的是，这项研究发现，小腿疼痛减轻最明显。这说明压缩腿套会在其覆盖的特定区域发挥作用。该研究发现，没有穿压缩腿套的人中有93%的人跑后第二天出现小腿酸痛，但穿了压缩腿套的跑友只有14%发生了类似的小腿酸痛。

四、压缩腿套可以加速跑后疲劳恢复吗

1. 压缩腿套加速恢复的工作原理

运动后穿着压缩腿套，通过加速血液流动，有利于清除代谢废物，并及时引入肌肉修复重建所需要的物质。

2. 压缩腿套对于疲劳恢复的影响

有一些研究表明，运动员和长时间坐飞机的人在穿了压缩腿套之后觉得身上的酸痛感减轻了。埃克塞特大学的科学家测量了大负荷力量练习后第1~4天身体恢复状况和肌肉酸痛程度。他们发现运动之后再穿24小时压缩腿套的受试者主观肌肉酸痛感明显减轻。这说明压缩腿套具有加速恢复、加快消除疲劳的作用。

五、压缩腿套功能总结

看起来，压缩腿套在提高运动成绩方面作用有限，指望通过压缩腿套来提升配速用处不大，有用也来自心理作用。而压缩装备在推迟疲劳发生、消除肌肉疼痛和促进疲劳后恢复方面作用更为肯定。对于大众跑者而言，在跑马拉松时穿着一双压缩腿套总体还是值得推荐的。

六、压缩腿套使用基本建议

- 是否选择压缩腿套主要看个人喜好，马拉松运动员特别是黑人运动员也较少使用压缩腿套。
- 较短距离，例如10千米以内跑步使用压缩腿套似乎用处不是很大，因为短距离跑步疲劳程度较轻。但对于长距离拉练或马拉松比赛，穿压缩腿套具有一定减轻疲劳感推迟疲劳发生的作用。
- 跑友在压缩腿套使用方面还漏掉了一个重要用途，那就是在马拉松赛后继续穿压缩腿套24小时，可以加速恢复，减轻肌肉酸痛感。
- 当然，压缩腿套还有一大作用特别受到女性青睐，那就是穿上后腿显细。

第二章 轻盈奔跑的关键——跑姿

◄◄ 第一节 脚后跟着地还是前脚掌着地 ►►

一谈论跑姿，总绕不开一个话题，那就是"着地方式"。着地方式基本可以分为脚后跟着地、前脚掌着地和全脚掌着地。研究发现，大部分大众跑者采用脚后跟着地，而马拉松运动员多数会采用前脚掌着地。

为什么运动员与普通大众在着地方式上呈现巨大差异？是因为速度不同，运动员跑得快，普通跑者跑得慢吗？如果让运动员跑慢一点，他们还会前脚掌着地吗？不用在意什么部位着地，自然落地就行，这句话对吗？本节将深入分析着地方式。

首先强调一点，本节所说的前脚掌不是指脚尖，而是泛指脚前1/3的位置，专业术语为跖骨头所在位置。前脚掌着地也就是跖骨头着地。

一、对于前脚掌着地和脚跟着地的科学实证

跑步着地时，体重加之惯性，人体会对地面产生2~3倍于体重的冲击力，根据牛顿第三定律，有作用力必有反作用力。地面就会给人体大小相同、方向相反的反作用力。因此，我们可以感受到来自于地面的振动和冲击，不合理的、过大的、持续的地面反作用力很可能对骨骼关节带来负面影响，导致应力性骨折、关节磨损等问题。

那么，怎样着地才能减少来自于地面的反作用力？事实上，力不会变，改变的是力的作用效果，即将力缓冲掉。例如，当我们从高处跳下，如果我们的下肢关节都是完全伸直的，整个脚掌直接着地，那么可以想象我们会伴随砰的一声落地，受到极大的地面反作用力，而如果我们充分屈曲下肢髋、膝、踝三个关节，用前脚掌着地，就会像猫一样悄无声息地落地，这样就把地面反作用力消散于充分的缓冲中。

下图的曲线描绘出了脚后跟着地的跑者，从脚后跟着地至脚掌离开地面过程中地面反作用力的变化。在着地初期，出现一个陡增的地面反作用力峰值，该力不仅很大，产生的速度也很快。也就是说，如果采用脚后跟直接着地，就无法利用脚踝的运动来进行

有效的缓冲，在着地一瞬间，脚后跟上方的踝关节和膝关节受到峰值应力作用。

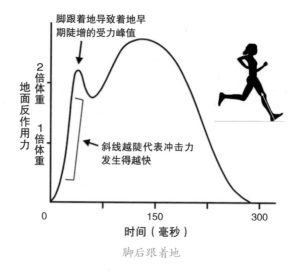

脚后跟着地

下图显示当采用前脚掌着地时，地面反作用力峰值消失，原因是转变着地方式，通过足弓、跟腱和小腿肌肉代替脚跟吸收了冲击力。同时，我们也需要注意到斜线上升变得缓和，这也表明地面反作用力被有效缓冲。

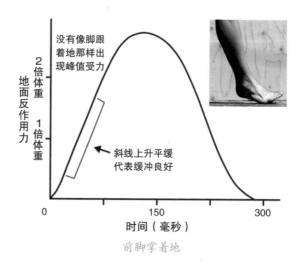

前脚掌着地

也就是说，采用前脚掌着地时，由于着地点是在脚掌的前方，着地瞬间脚后跟轻轻抬起，然后再下落，就是这么一点极短时间的微小脚踝运动，就可以大大增加着地时的缓冲，从而减少地面对于人体的冲击力。此外，着地时，从前脚掌快速过渡到脚跟，相当于把小腿跟腱拉长，跟腱具有弹性，就像皮筋一样，皮筋拉长具有回弹力，所以前脚掌着地还可以将跟腱所具有的弹性势能储存起来，在脚蹬伸阶段释放，增加向前动力，从而提高跑步效率。这就是前脚掌着地的好处。

所以，我们通过受力分析是想说明，脚后跟着地是触地方式的一种，本身并没有问题，脚后跟着地也不等同于错误着地动作。但脚后跟着地的确会在触地时受到瞬时峰值应力作用，即在极短时间遭受额外的冲击力，这是脚后跟着地不可避免的现象。例如，汽车交通事故发生率比飞机高，但不代表汽车就是不安全的交通方式，我们选择汽车出行，就得承担相应的安全风险，仅此而已。脚跟着地就得承受峰值受力。

二、不仅要考虑着地方式，着地位置和配速也很重要

探讨着地，我们往往会陷入一个陷阱，那就是只关心着地的部位，而忽视着地的位置。着地位置是指在着地时，下肢髋、膝、踝三个关节的位置关系。用通俗的话来说，就是着地点比较靠前、远离重心，还是着地点比较靠近重心，因为着地位置很大程度上也决定了受伤风险。

而配速与着地的关系就少有人去分析了，不同速度下着地方式有细微区别吗？着地方式是一成不变的吗？优秀运动员更多采用前脚掌着地，那很有可能是因为他们跑得快，让运动员跑慢点，他们还是前脚掌着地吗？普通跑者多数采用脚后跟着地，那让他们跑快起来，他们也仍然采用脚后跟着地吗？带着这些令人困惑的问题，同时也是为了回答这些长期萦绕在跑者心中的疑问，我们研究了优秀马拉松运动员不同配速下的着地方式，**结果相当有趣，也出乎意料。**

三、不同配速着地实地拍摄与动作分析

我们让王田在田径场以6:00、5:00、4:00和3:30 4种不同速度跑步，拍摄其着地。由于触地时间很短，一般仅有200~300毫秒，着地就更为短暂，普通摄像机根本无法捕捉到着地瞬间画面，我们采用每秒可拍摄120帧画面的gopro高清运动摄像机。同时为了不影响王田的跑姿，避免她为了让摄像机拍到着地画面，改变跑姿，刻意刹车和调整步子，我们架设了四台gopro高清运动摄像机。这样既可以让她

6:00配速着地前

放松跑，也能确保捕捉到着地的清晰画面。拍摄完成后，我们采用Kinovea生物力学分析软件进行动作解析。

1. 配速为6:00时的着地方式与着地位置

速度为6:00是有一定跑龄、大多数普通跑者平时跑步的配速，很具有代表性。对于王田这样的运动员来说，6:00很有可能就是热身跑或者训练结束时的放松跑的配速。在6:00配速下，王田着地有哪些特点？先看看6:00时她的整体跑姿。

让我们一起看看6:00配速时的着地画面。

6:00配速着地方式分析

总体来说，6:00配速速度不快。在该速度下，王田既不是脚后跟着地，也不是前脚掌着地，而是采用了介于二者之间的着地方式——全脚掌着地。王田是采用全脚掌的外侧先着地，然后迅速过渡到全脚掌内侧着地，这个过程在专业上被称之为着地时的足外翻。

6:00配速着地瞬间　　　　　　　6:00配速着地后

为什么着地时会伴随足外翻？由于脚本身结构的关系，当我们脚悬空时，正常情况下都是脚掌外侧比内侧低，即腾空时，脚处于轻度内翻状态。因此在着地瞬间，脚掌的外侧缘必然先接触地面，然后才是全脚掌着地，这个过程称为足外翻。一会儿内翻，一会儿外翻，想必跑者也是被这些专业词汇搞晕乎了，大家不用纠结，**其实只需要明白一点，落地时脚外侧缘先着地是自然合理的现象**，如果没有这个现象，那反倒有问题。

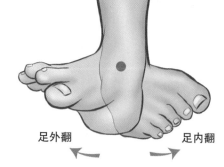

6:00配速着地位置分析

在着地瞬间，着地位置在重心投影点前方，但距离重心投影点并不远。有一种似乎被资深跑友广为接受的说法是：重要的不是脚后跟着地，还是前脚掌着地，而是着地点应当在重心正下方，即臀部正下方。从右图看，似乎这种说法仍然不够精准，着地点事实上并非在重心正下方，而是略微靠前，即着地点在重心前方。

其实，着地点也并不是那么重要，最为重要的是着地时膝关节不要完全伸直，而是保持略微弯曲。从右图可以清楚地看到着地时，膝关节角度大约呈163度，这样通过着地时的膝关节弯曲和随后膝关节积极下压，就可以有效缓冲，避免

6:00配速着地位置

膝关节受到过大的地面反作用力。因为弯曲的物体可以实现力的消解，而完全伸直的物体力的传导效率比较高。

那么什么时候，脚的位置与重心垂线重合？我们看右图，当着地后，重心随着惯性往前，当膝关节角度达到143度时，脚的位置才在重心正下方，这也证明了膝关节从着地时的163度减少至143度，体现了积极下压膝关节，缓冲地面反作用力，并为接下来蹬伸阶段存储肌肉肌腱弹性势能。

6:00配速着地小结

6:00较慢配速时，没有必要一定要前脚掌着地，因为速度慢时，触地时间相对长，前脚掌着地反而导致小腿和足踝部肌肉长时间紧张。当然，这也不表明脚后跟着地在6:00配速时就是最佳的，前文说了，无论什么配速，只要脚后跟着地就会受到峰值应力。因此全脚掌外侧着地可能

5:00配速着地前

更为合理，然后快速过渡到全脚掌着地。着地点不必刻意要求一定在重心正下方，可略微靠前一点，重要的是着地时膝关节避免伸直锁死状态，而是自然弯曲一点，这样可以有效进行缓冲。

2. 配速为5:00时的着地方式与着地位置

速度为5:00是跑龄较长、资深跑者平时跑步或者比赛的配速，也是区别一般跑者与资深跑者的一个门槛。先来看看王田5:00时的整体跑姿。

5:00配速着地时的画面

5:00配速着地瞬间

5:00配速着地后

5:00配速着地方式分析

从照片和视频中可以清楚地看到，王田5:00时着地方式几乎与6:00完全一致，采用

的是全脚掌外侧着地，着地时发生了明显的、小幅度的足外翻，至于为什么会发生足外翻，在6:00配速着地分析已经做了详细解释。

为了缓冲着地时高达2倍以上体重的地面反作用力，不一定非得前脚掌着地，全脚掌外侧先着地，然后快速过渡至全脚掌着地也是合理的。全脚掌外侧着地相比前脚掌着地，减少了脚踝和小腿肌肉的过度紧绷。换句话说，很多跑者由于脚踝、小腿力量不够，无法实现长时间前脚掌着地，但脚跟着地又会带来瞬时峰值应力，介于二者之间的全脚掌外侧着地就有可能成为大众跑者的最佳选择之一。

5:00配速着地位置

5:00配速着地位置分析

在5:00配速时，着地点同样不在重心正下方，而是略微靠前，膝关节角度为162度，着地位置与6:00配速相比，几乎完全相同。也就是说重要的不是着地一定要在重心正下方，而是保持膝关节弯曲以利缓冲。如果刻意一定要让着地点在重心正下方，就容易导致步幅缩小，不敢迈腿。当重心移动至脚正上方时，膝关节弯曲角度更大，达到136度（6:00为143度），说明膝关节积极下压进行缓冲和势能储存。

5:00配速着地小结

与6:00配速相比，虽然5:00速度加快了很多，但着地方式却与6:00相差无几，5:00配速时，仍然表现为既不是前脚掌着地，也非脚后跟着地，而是全脚掌外侧着地。着地位置在重心前方一点点，但也不会特别靠前，着地时膝关节保持一定弯曲角度（162度）。

3. 配速为4:00时的着地方式与着地位置

配速为4:00对于运动员来说，不算什么，但对于大众跑者而言，速度那是相当快，这样的跑者一定是民间大神。配速为4:00意味着半马1.5小时（1小时24分）不到就能跑完，全马3小时（2小时48分）不到就能跑完。这也是王田平时训练的常见速度，在该速度下，她表现为怎样的着地方式？还是先看整体跑姿。

4:00配速着地前

4:00配速着地时的画面

4:00配速着地瞬间：此时非常明显表现
为前脚掌外侧先着地，脚跟尚未着地

4:00配速着地后

4:00配速着地方式分析

从4:00配速开始，王田着地发生了明显变化，非常显著地表现为前脚掌着地，并且是前脚掌的外侧缘先着地，然后迅速过渡到前脚掌内侧和脚后跟着地，而两个过程：前脚掌外侧至前脚掌内侧，脚掌至脚后跟几乎是同时发生的。也就是说，6:00和5:00配速时是全脚掌外侧着地，而4:00配速时是前脚掌外侧着地。

出现这种情况是由于速度加快，相应地触地时间就得缩短，此时若再采用脚后跟着地或者全脚掌着地，必然引起触地时间延长，导致刹车，影响到身体往前的惯性，同时速度加快，着地时带来的冲击更大，地面反作用力也增大，采用前脚掌落地增加了脚踝的缓冲，减少了膝关节所受到的冲击力。当然在4:00配速时，从前脚掌着地过渡到脚后跟落地，并非表明脚后跟一定要踩实地面，脚后跟只是快速下落，轻轻接触地面。也就是利用从前脚掌到脚后跟轻触地面的极短时间，峰值地面反作用力大大减少，实现了缓冲。

4:00配速着地位置

4:00配速着地位置分析

在4:00配速时,王田并没有因为步子明显迈得更大,着地点就远离身体重心,出现膝关节伸直锁死的状态。着地点距离重心投影点并不远,同时膝关节还是保持163度左右的弯曲。当重心位于脚正上方时,膝关节弯曲角度达到131度(6:00和5:00分别为143度和136度),角度更小,这也说明膝关节通过更大角度的弯曲来缓冲地面作用力。

4:00配速着地小结

在非常快的4:00配速下,王田着地方式发生了明显变化,表现为由全脚掌外侧着地变为前脚掌外侧着地,这样做的目的是自然发生的,非刻意而为,但效果却非常明显,增加缓冲的同时不影响向前的速度。此外,着地方式虽有变化,但着地位置相比6:00和5:00,却没有明显变化,着地点在重心投影点前方一点点,膝关节保持弯曲,着地后膝关节下压缓冲更加明显。

4. 配速为3:30时的着地方式与着地位置

配速达到3:30恐怕是民间大神也无法企及的速度,折算下来,这个配速下,半马用时1小时15分,全马2.5小时左右,已经接近一级运动员水平。但跑友们在短距离跑步例如3~10千米跑步中去实现这个配速还是有可能的。我们看一下王田该配速下的着地方式,该配速也是女子马拉松运动员比赛时的配速。

3:30配速着地时的画面

3:30配速着地前　　　　　　3:30配速着地瞬间　　　　　　3:30配速着地后

3:30配速着地方式分析

3:30配速着地方式与4:00基本一致,明显表现为前脚掌外侧缘先着地,然后迅速过渡到前脚掌内侧和脚跟着地。也许普通跑者在该速度下也会不知不觉采用前脚掌着地。

3:30配速着地位置

3:30配速着地位置分析

着地点虽然在重心前方，但距离重心投影点并不远，同时膝关节仍然保持163度弯曲，与4:00、5:00、6:00配速相同。当重心过渡到脚正上方时，膝关节弯曲角度减少至132度，与4:00配速时膝关节弯曲角度一致，说明随着速度进一步加快，膝关节不会无限地继续弯曲缓冲，因为过度的屈膝缓冲会导致身体重心起伏过大，导致跑步支撑期时间延长，速度损失过多。大家还注意到一个细节吗？摆动腿折叠幅度非常大，脚跟快踢到臀部了，这也是优秀运动员重要的跑步特征，小腿提拉折叠效果好，有利于高速省力地跑。

3:30配速着地小结

当达到3:30配速时，王田着地方式与4:00基本一致，表现为前脚掌外侧着地，着地位置和关节角度没有明显变化，同时膝关节缓冲弯曲角度也没有进一步增大，但摆动腿折叠更加充分。

四、优秀运动员不同配速着地总结

作者与王田交流，她说专业运动员跑步基本都是采用前脚掌着地，但通过测试分析王田6:00、5:00、4:00、3:30这4种速度下的跑姿，我们可以清楚地发现。

1. 优秀运动员在不同配速下，着地方式不是一成不变的，而是相对动态地变化。具体来说，在5:00以外的速度下，王田并非采用前脚掌着地，而是全脚掌外侧先着地，通过

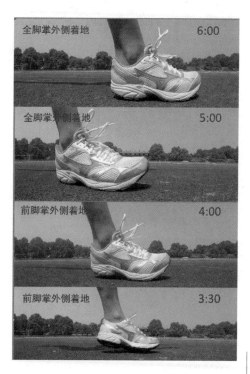

轻度足外翻，快速过渡至全脚掌着地，而在4:00以内，就体现为典型的前脚掌着地，更精准的说法应该是前脚掌外侧率先着地，然后快速过渡到前脚掌内侧和脚后跟着地。上述结果说明，着地方式事实上与配速有关。

2. 关注着地不能仅仅看着地方式，还要看着地位置。有趣的是，在4种速度下，着地位置几乎完全相同，表现为着地点在重心投影点略微靠前一点，既不在重心正下方，但也不会距离重心投影点太远，膝关节在着地时保持弯曲，约呈162度角。作者认为着地时膝关节角度可能比着地点的位置更有意义，避免着地时膝关节伸直锁死，保持轻微弯曲，一方面可以分解膝关节受到的地面反作用力，另一方面可以通过积极下压缓冲，进一步减少膝关节受到的作用力并为蹬伸储备弹性势能。

五、优秀运动员着地姿态对大众跑者的启示

1. 着地既是正确跑姿的要求，也是优美跑姿的体现。"着地不重要，自然下落着地即可"，这对于指导大众其实并不可取。着地方式与配速有关，随着速度加快，着地部位逐渐朝前。

2. 相比前脚掌或全脚掌着地，脚后跟着地的确会在触地时受到瞬时峰值应力作用，即在极短时间遭受较高的冲击力，这是脚后跟着地无法回避的现象，但并不代表脚后跟着地就一定存在问题，也不能把脚后跟着地等同于错误着地动作。脚后跟着地容易使膝关节受力较大，而前脚掌着地容易使足踝小腿受力较大，总的地面反作用力几乎不会因为着地方式而改变，地面反作用力就是体重的2~3倍，能改变的是通过合理着地，提高对于地面反作用力的缓冲能力，避免受伤。

3. 着地方式各有不同，但由于脚的结构特征，无论是脚后跟还是脚掌，往往都是外侧先着地，也即着地时存在明显但小幅度的足外翻，足外翻的存在也极大帮助了我们着地缓冲，这一点几乎被大家所遗忘。如果存在过度的足外翻（例如力线异常型扁平足）或者高足弓（足内翻），影响到了着地时自然的足外翻过程的话，那么这样的着地就蕴含了较大的受伤风险。这也是为什么扁平足、高足弓人跑步容易出现伤痛的原因。

4. 优秀运动员的着地方式也许可以启示我们，在慢速跑步时，采用**全脚掌外侧着地**既避免了脚后跟着地的弊端（容易受到较大的峰值应力），也避免了一味前脚掌着地脚踝小腿肌肉容易紧张疲劳的问题。这或许是一种更加合理的着地方式。而在快速跑步时（4:00以内），一定是前脚掌着地更有优势。当然再次提醒，大家可以去尝试体验，并不代表一定适合每个人。

5. 跑者也许过度关注了着地方式，但却忽视了一个重要问题——着地位置，着地由着地方式和着地位置共同组成，着地位置某种意义更为重要。合理的着地位置为：着地点在重心投影点略微靠前一点，既不是在重心正下方，但也不会距离重心投影点太远，膝关节在着地时保持弯曲非常必要。**跑者应当极力避免脚跟着地同时膝关节伸直锁死的着地方式，即甩小腿跑法，这种跑法对于下肢关节伤害极大。**

6. 优秀运动员速度快，采用前脚掌着地理所当然。但跑者如果完全照搬模仿，就会出现很多问题，因为着地与配速、力量、跑姿都有关系。但是，当优秀运动员把速度降低，仍然没有采用脚后跟着地，这一点值得我们进一步研究。

最后，以上观点来自实际测试与分析思考，对于着地这样一个备受争议的话题，并不代表最终结论或一定正确，仅供跑者思考、讨论。

◄◄◄ 第二节 跑姿是一成不变的吗 ►►►

有人认为人天生就会跑，因为跑对于我们祖先的祖先来说，是基本生存技能。如果不会跑，要么追不到猎物，要么被猛兽吃掉。因此，我们遗传了祖先会跑的天赋。但是会跑，跟跑姿良好是两回事了。跑友们千奇百怪的跑姿，至少证明了一点——人天生会跑，但跑姿各不相同。

杰出的中长跑运动员或优秀的跑者，在多年训练过程中，逐步形成了大体一致的标准跑姿，因为只有良好的跑姿，才能帮助他们省力、高效地跑步。

而普通跑者由于跑姿不正确，往往产生下列问题：
- 动作费力，增加额外能耗，效率低下，不经济；
- 着地时缺乏缓冲，关节受到较大冲击力；
- 动作不协调，某些局部或关节负荷过大，导致劳损。

因此，跑步效率低下和伤痛高发成为大众跑者跑姿不正确带来的主要问题。要想提高跑步效率和避免伤痛，学习掌握正确良好的跑姿就成为必不可少的一环。这也是为什么跑姿一直是跑友最为关心的话题之一。

跑友在通过各种渠道学习跑姿的过程中，会发现许多跑姿流派或跑步大神往往都是宣讲他们认为的理想跑姿如何如何好，似乎无论速度快慢，只要以这种姿势去跑就解决问题了，但事实上真的是如此吗？

慧跑实验室以全运会马拉松女子团队冠军成员王田为研究对象，分析测试了她在不同速度下的跑姿。通过这个研究就可以发现，跑姿是与速度匹配的，如果不考虑速度，一味强调某种特定姿态的跑姿，其实是在误导跑友。

以下对比了王田以6:00和4:00两种配速跑步时，支撑、蹬伸、小腿提拉折叠、摆腿、躯干前倾、摆臂情况（关于6:00和4:00两种配速着地方式和着地位置的分析，请见本章第一节）。

一、6:00与4:00配速支撑阶段比较

支撑期是指在脚着地后，身体重心从脚后方过渡到脚前方，膝关节积极下压缓冲，并为蹬伸储备弹性势能的重要过渡阶段。从下图可以看到，6:00配速时膝关节最大下压角度为138度，4:00配速时为136度，差别不大，但相比着地时膝关节角度为160度均有减少。这说明支撑期膝关节发生了明显的弯曲和身体重心下降的情况。这就可以有效缓冲，避免膝关节受到过大的地面作用力。

6:00配速时支撑阶段膝关节最大下压角度　　　　4:00配速时支撑阶段膝关节最大下压角度

随着速度加快，着地时对地面的冲击力加大，地面反作用力也越大，所需要的缓冲从理论上讲也应该越多。但在4:00配速时，支撑期膝关节下压角度并没有明显增加，这主要得益于4:00配速着地时，王田着地方式从全脚掌外侧变为前脚掌，脚踝缓冲增加，因此就不需要膝关节再进一步下压来缓冲，并且过度的膝关节下压使得重心起伏过大，

反而影响速度。这恰恰是高水平运动员跑姿的巧妙之处。当普通跑友速度加快时，在着地方式不相应发生改变的情况下（仍然脚跟着地），无法利用脚踝缓冲，膝关节自然就会因为更大的地面反作用力而容易受伤。这也从另一个侧面说明了跑姿是随速度改变而动态变化的，随着速度加快，跑姿总体是朝着不影响效率、不增加关节负荷的方向发生自适应的改变。

6:00与4:00配速支撑阶段总结

在支撑阶段，膝关节通过积极下压缓冲地面反作用力，因此，膝关节角度从着地时的160度减少为136度左右。但随着速度加快，膝关节弯曲角度并没有增加，这并不表明随着速度加快就不需要膝关节通过更积极地下压进行缓冲，而是此时着地方式从全脚掌外侧变为前脚掌，通过增加脚踝缓冲来避免膝关节受到过大的地面冲击力，这样不仅有利于缓冲，也避免了为了缓冲，膝关节过度下压而使得重心起伏过大，影响速度。

二、6:00与4:00蹬伸比较

膝关节下压缓冲结束后，就开始进入蹬伸阶段，该阶段是跑步时身体产生向前动力的最主要的阶段，通过整个身体后侧链上臀肌、大腿后群肌肉、小腿肌肉的协调发力，扒地蹬伸，产生向前运动的强大动力。在配速是6:00时，在脚离地瞬间，蹬伸最大角度为172度，而在配速是4:00时，蹬伸最大角度减少至159度，说明大腿后蹬幅度进一步加大，延长了肌肉做功距离，进而产生了更大的前进动力。

6:00配速大腿最大蹬伸幅度 　　　　　　　　4:00配速大腿最大蹬伸幅度

三、6:00与4:00配速小腿提拉折叠比较

小腿提拉折叠在某些跑法中被认为是一个至关重要的技术。这是因为跑步可以被理

解为下肢以髋关节为轴心完成类似圆周的运动，如果大小腿折叠，相当于减少了转动半径，从而减少了下肢重量带来的转动惯量，增加了转动速度，腿前摆更快，当然速度也就越快。

6:00配速小腿最大折叠角度　　　　　　　　　　4:00配速小腿最大折叠角度

但问题是，小腿提拉折叠是在任何速度下都需要的吗？提拉折叠究竟是一个主动发力过程，还是一个自然而然的过程？从王田6:00配速看，小腿并没有发生明显折叠，膝关节最大角度仅为74度，说明慢速情况下并不需要强调折叠，慢速时刻意折叠反而增加无谓的肌肉负担。如果你真想体验一下慢速情况下的小腿折叠，你下次跑步就试试看，估计没多久，你就会因为身体重心起伏过大和肌肉疲劳而放弃。

但在4:00配速时，王田小腿提拉折叠明显，膝关节角度达到30度，接近大小腿完全折叠，脚跟向臀部靠拢，但这并非都是肌肉主动发力的结果，更多得益于速度加快后，扒地蹬伸时的惯性作用，使小腿被反弹上抬，然后大腿后群肌肉顺势借力收缩，完成了小腿提拉折叠。也就是说快速跑步时，小腿提拉折叠并非完全是肌肉主动发力，还有一部分是来自于扒地时地面反弹力，当然这样的效果是在快速跑步中才能得以充分体现。本节希望说明的是，小腿提拉折叠技术不是完全僵化的，而是随着速度改变而改变。

四、6:00与4:00配速摆腿比较

随着提拉折叠，大腿开始前摆，带动身体向前。从下图可见，在慢速时，大腿前摆角度不大，与躯干呈128度，而随着速度加快，躯干与大腿角度减少至116度，说明在4:00配速时，大腿前摆幅度加大，大腿前摆幅度加大自然带来更大步幅。但需要注意的是，大腿前摆同样并非刻意地前摆，而是蹬伸以及小腿提拉折叠的惯性和主动发力相结

合引起的。

6:00配速摆腿幅度　　　　　　　　4:00配速摆腿幅度

五、6:00与4:00配速躯干前倾比较

从下图中我们可以看到王田在6:00和4:00配速时，均保持躯干适度前倾，但前倾角度几乎没有变化，均为15度左右。适度身体前倾可以利用重力作用，带动身体向前，但是不是速度越快，身体前倾越大？这里并没有发现这样的变化。这是因为，如果速度越快，身体前倾角度越大，必然使身体有发生转动的趋势，这就迫使背部肌肉要更加用力才能防止身体转动，这无疑是画蛇添足，白白增加能耗，所以速度越快，身体前倾越大的观点是不成立的。

6:00配速躯干前倾角度　　　　　　　　4:00配速躯干前倾角度

六、6:00与4:00配速摆臂比较

本节还研究了少有人问津的上肢动作。上肢摆臂本身并不能产生多少向前的动力。试试看，腿不动，只有上肢摆动能带动身体向前吗？显然是天方夜谭。但上肢摆臂具有平衡下肢的作用，因此当左腿向前迈出，右臂就会向前摆出，同时左臂向后摆出，用于平衡摆腿带来的身体转动惯量。那么随着速度加快，摆臂幅度增加了吗？从下图可以看到，从6:00到4:00配速，上肢前摆幅度并没有增加，均为32度，但上肢后摆幅度从61度增加至66度，这跟速度加快后，同侧腿前摆腿幅度增加带来同侧手臂后摆幅度增加，用以平衡转动惯量有关。

6:00配速时手臂前摆　　4:00配速时手臂前摆　　6:00配速时手臂后摆　　4:00配速时手臂后摆

七、由慢到快，跑姿要素中哪些改变了，哪些没改变

1. 从慢速到快速，没有改变的跑姿要素

- 着地时，着地位置与膝关节角度没有改变，无论快速还是慢速，着地点均在重心略微靠前一点的位置，膝关节在着地时保持弯曲，这样一方面避免着地瞬间关节受到较大冲击力，也有利于增加缓冲。
- 支撑期膝关节下压角度没有改变。着地后，膝关节适度下压可以增加缓冲，并储备蹬伸所需的弹性势能。当速度由慢变快，虽然地面反作用力增加，需要的缓冲也应增加，但优秀运动员不会采用更加弯曲膝关节，增加身体起伏这种影响速度的方式来缓

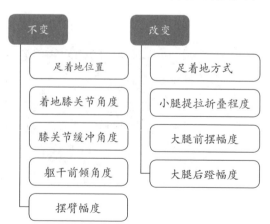

不变	改变
足着地位置	足着地方式
着地膝关节角度	小腿提拉折叠程度
膝关节缓冲角度	大腿前摆幅度
躯干前倾角度	大腿后蹬幅度
摆臂幅度	

冲，而是巧妙地采用前脚掌落地技术，充分利用脚踝缓冲。**而普通跑友速度加快后，着地方式没有改变，膝关节弯曲也不会增加。这就会导致膝关节受到较大地面反作用力，久而久之带来伤痛问题。**

- 由慢到快，躯干前倾角度不会发生变化。适度身体前倾可以利用重力作用，带动身体向前，但这并不意味着速度越快，身体前倾越大。
- 在速度由慢到快过程中，摆臂幅度并没有明显改变，特别是前摆过程没有改变，而后摆幅度略有增加。

2. 从慢速到快速，发生改变的跑姿要素

- **着地方式改变**。相比前脚掌或全脚掌着地，脚跟着地会在触地时，遭受较高的冲击力，这是脚跟着地无法回避的弊端。因此，优秀运动员即使在慢速跑步时，也不会采用脚跟着地，而是采用全脚掌外侧着地，这样既避免了脚跟着地的弊端，也避免了一味前脚掌着地足踝、小腿肌肉容易紧张疲劳的问题。这或许是一种更加合理的着地方式。而在快速跑步（配速在4:00以内）时，前脚掌着地更有优势，一方面可以利用脚踝缓冲地面反作用力，另一方面也有利于减少触地时间，提高跑步效率。
- **小腿提拉折叠程度改变**。慢速时，小腿提拉折叠不明显，而在快速时，提拉折叠非常充分。有些跑友受某些跑法宣传影响，非常注重学习小腿提拉折叠技术，这本身是正确的，但如果僵化理解折叠提拉，认为只要跑步就要提拉折叠小腿，你要么是把自己往绝路上逼，要么是把自己活活累死。慢速跑步时，根本无须强调小腿折叠，在快速跑步时，折叠提拉是一个自然发生的过程。只不过普通跑友往往因为力量和协调性不够，折叠角度不如运动员而已。这是需要通过训练加强的，但绝不等同于跑步时，时时刻刻要提拉折叠小腿。
- **大腿后蹬幅度改变**。当速度由慢到快时，大腿扒地后蹬幅度进一步加大，这意味着更长的做功距离，更有力的肌肉收缩，这是跑得快的根本原因。
- **大腿前摆幅度改变**。慢速时，摆腿幅度小；快速时，摆腿幅度大。前摆幅度增加是小腿蹬伸及提拉折叠的惯性和主动发力相结合的自然过程。

八、总结

无论怎样，拥有良好跑姿的目的就是取得最佳的生物力学效果——即能耗最少、效率最高。围绕着这两点，姑且不说最佳跑姿，合理跑姿是应该有的。合理跑姿四要素包括：

1. 头部正直，挺胸收腹并略微前倾；

2. 以肩为轴心，自然前后摆臂，摆臂不要越过身体正中线；

3. 着地点靠近臀部下方，即重心投影点，同时着地轻盈；

4. 适当控制步幅，步频180步/分最佳。

总之，一切刻意而为的东西都是不自然的，自然的跑姿是技术、力量、柔韧、协调性的完美结合，跑姿不好看，除了纠正跑姿，加强体能训练也很重要。

经过测试分析，我们发现了由慢到快的过程中，跑姿中那些发生改变的和没有改变的细节。跑姿的确需要训练，但这并不等于说，一种固定僵化的跑姿可以通吃天下，跑友应当明白，跑姿是随速度改变而改变的。你需要理解跑姿所包含的基本原理，而非片面地生搬硬套某种跑姿，动态的理想跑姿是跑友真正应该追求的。

跑姿随配速动态变化

第三节　8种错误跑姿

正确合理的跑姿并非天生就会，而是通过后天学习、掌握、改进而逐步形成的。

相比于中长跑运动员通过多年训练所形成的良好跑姿，不少大众跑友都或多或少存在这样那样的跑姿问题。以下是8种常见的错误跑姿。

1. 左右摆臂

正确摆臂方式应该是前后摆臂，左右摆臂无法起到平衡身体、增加助力的作用。

2. 膝盖内扣

不少跑友，尤其是女性跑友，跑起步来容易出现膝盖内扣的现象，这是最应避免的错误跑姿，因为这种跑姿会大大增加膝盖和小腿的压力，长此以往，不是膝盖出问题，就是足踝出问题。跑步时膝盖要正对脚尖。

3. 膝盖过伸

所谓膝盖过伸，是指跑步时甩小腿跑。在单脚着地时，着地点明显在身体重心前方很远的位置，且脚跟着地，这样容易把来自地面的作用力不经缓冲直接传递到膝盖，导

节约能量	减少伤痛
损耗最小	效率最高

正确跑姿的作用

致膝盖受力过大，长此以往，膝盖难免出问题。正确的着地方式应当是着地瞬间，着地点在重心正下方，至少不能距离重心太远。

4. 身体后仰

重心位于后面，等于起到刹车作用，也就是说每跑一步产生的是向前的动作，但由于身体后仰抵消了一部分向前的动力，等于自个儿跟自个儿较劲，力气都白白消耗在这上面，难怪跑步那么费力。跑步时躯干包括整个身体的正确姿态是身体轻微前倾，利用重力产生一部分向前的动力。

5. 含胸弓背

跑步是全身运动，绝不仅仅是下肢运动，上肢、躯干都参与到跑步当中。良好的躯干姿态对于动作稳定至关重要，如果无法保持躯干挺直，而是含胸弓背，不仅影响呼吸，也大大降低了跑步效率。所以，挺胸收腹绝不是一句空话，而是跑步时躯干的动作要领。

6. 踢屁股跑

在短跑中，快速折叠小腿是基本技术，博尔特的跑姿就是恨不得踢中自己屁股，但是对于中长跑而言，在半小时甚至更长时间中，不断折叠小腿只会让你因为肌肉疲劳而疲惫不堪，实无必要。中长跑即使需要一定的折叠小腿也是折叠小腿和上摆大腿的结合，俗称提拉技术，而非只是踢屁股跑。

7. 跨大步跑

步幅与步频是矛盾体。步幅过大，步频就相对比较慢；步频快了，往往步幅就会减小。正确跑姿更倾向于快步频（180步/分），因为慢步频往往意味着跨大步，跨大步意味着更大的身体重心起伏，跑步是水平运动，而非垂直运动，把过多的能量消耗在克服重力上下做功，而不是水平做功，费力不讨好（详见下一节的介绍）。所以，在中低速度情况下，快步频，中小步幅是值得提倡的，而在快速情况下，快步频大步幅则是另外一回事。

8. 骨盆上下摆动

跑步时应当保持骨盆稳定，这样下肢前后摆腿才有稳定的支撑。如果核心不稳，骨盆上下摆动，也就是屁股一扭一扭地跑，显然是错误跑姿，不仅降低了跑步效率，也容易导致下肢受力不均衡，一侧身体承重过多，久而久之伤痛自然就出来了。

◂◂◂ 第四节　最伤膝的错误跑姿，你应该避免 ▸▸▸

跑步受伤很常见，研究发现，每年都会有65%~75%的跑者经历伤痛。这使得看似安全简单的跑步运动成为一项受伤率奇高的运动项目，这显然让人难以接受。这其中，又以膝关节损伤最为常见。

导致膝关节损伤的原因有很多，例如错误跑姿问题、体重问题、跑量过大、下肢力线异常等，这其中又以跑姿问题最为关键，如果是体重问题、跑量问题还可以通过少跑一点加以控制，跑姿问题如果不解决，那么膝痛不可能得到根本性解决，因为即使经过治疗康复，症状有所缓解，一旦恢复跑步，错误的跑姿又会让你发生膝痛。那么，什么跑姿最伤膝？

一、跑步伤痛的头号原因是大步幅慢步频

科学家们经过大量研究发现，在导致跑步伤痛的众多危险因素中，居于首位的原因是步幅过大。

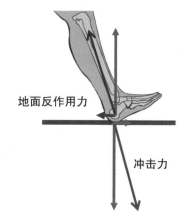

过大的步幅会大大增加跑步时作用于人体的冲击力。也许有少数腿部力量强的跑友，可以通过肌肉力量来抵消这些冲击力，但对于绝大多数跑者而言，这是做不到的。更进一步而言，即使腿部力量足够强大，用这些力量来抵消地面冲击力，但是过大步幅造成的着地点靠前，事实上产生了刹车效应，而不是产生了向前跑动的冲击力，这样的方式是不是效率太低了？这就如同在开车时，手刹还没有松开，就拼命踩油门。

而且着地点距离重心投影点较远，此时小腿与地面（以摩擦力方向向后为准）呈现锐角，步频越慢，步幅越大，小腿与地面锐角越小，则水平剪切力越大。着地时人体会对地面产生一个斜向下的冲击力，同样，地面会对人体产生一个方向相反、大小相同的反作用力，根据力的分解原理，地面反作用力可以分解为水平方向力和垂直方向的力，水平方向力即为摩擦力（剪切力），垂直方向力大约为体重的2~3倍。当步频越慢，步幅越大时，着地点越远离重心，小腿与地面锐角越小，那么根据力学几何原理，分解后的水平摩擦力就越大，身体容易因此受到伤害。而想要减少水平剪切力，就得让着地点靠近身体重心，增大小腿与地面之间的角度，即小腿尽可能垂直。所以步频慢随之带来的重要问题就是剪切力的增加，跑步是持续的耐力运动，剪切力作用时间过长过大，久而久之必然带来运动损伤问题。

步幅过大实际上大大降低了跑步的效率，而步幅过大的危害还不止于此，跑步时步幅越大，身体的重心上下起伏也就越大，这时已经不是在跑步了，而是在跳步，这不仅导致更多肌肉力量用于身体腾空，也就是克服重力做功，而且在落地时，地面冲击力也越大。因此，步幅过大的第二个危害就是导致身体重心起伏过大，从而增加了受伤的风险。

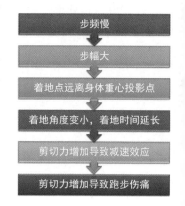

步幅过大的第三个危害表现在，由于步幅大，往往只能以脚后跟着地，同时膝关节保持伸直状态，这样使得着地瞬间，脚后跟猛然撞击地面，巨大的地面冲击力不经缓冲直接经脚跟向上传递，此时由于膝关节处于伸直状态，膝关节周围肌肉无法发挥作用来吸收冲击力，这个冲击力依次通过半月板、膝关节、髋关节甚至直达腰背部，这也解释了为什么不少跑友会出现半月板慢性磨损、髋关节疼痛和腰背部疼痛。

二、如何判断你的跑姿是否存在大步幅、慢步频的问题

判断你是否步幅过大的方法是进行步态分析。用手机拍摄一段自己跑步的视频，用慢放功能就基本能看出来是否存在步幅过大。

此外，可以通过步频来间接衡量是否存在步幅过大的问题。如果你的步频比较低，小于170次/分，通常意味着步幅较大。一般推荐的步频应当达到170~180步/分，理想值为180步/分以上。步频与配速有关吗？一般速度越快，步频越快，但这不代表速度慢时，步频就应该很慢，速度慢时，也应当达到180步/分，即采用小步幅、快步频的方式。这样由于步频加快，跨步时间缩短，着地点自然就会更加靠近重心，不仅避免大步幅着地时地面冲击力直接作用于膝盖的问题，弯曲的下肢也更加有利于缓冲冲击。

三、减小步幅的方法：加快步频

在2011年的一篇论文《人为改变步频对于跑步过程中关节受力的影响》中，来自威斯康星大学的研究人员测试了是否可以通过增加跑者的步频来减少他们所受到的冲击力。他们严密监测了跑者改变步频后冲击力的变化，结果发现，只要增加跑者的步频，就可以大大减少跑步对于膝关节和髋关节的冲击力，这对于预防和治疗跑步导致的伤痛显然是最为有效的方法。

大量研究认为每分钟步频在180步以上时，跑步的效率将会大大提高。即使速度慢，也需要步频达到180步/分，速度更快，步频超过180步/分也是合理的。

那跑步时，怎么才能知道自己的步频是否达到180步/分呢？

1. 手机搜索下载一个节拍器；
2. 设置软件，调至180，节奏2/2；
3. 每次跑步时打开节拍器，跟着节拍器的节奏跑步。

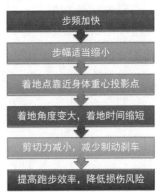

四、总结

虽然这个世界上还没有一劳永逸的方法确保让你健康地跑步，但是在跑步过程中，解决你步幅过大、步频过慢的跑步姿势极为重要。相对快的步频、小的步幅是一种更保

护膝盖的跑姿。绝大多数跑者都应该遵循快步频、小步幅的跑姿。

⁕⁕⁕ 第五节　哈佛大学的研究：越轻盈越无伤 ⁕⁕⁕

有证据表明长跑不仅仅是广受人们喜爱的锻炼方式，而且在人类进化过程中发挥了关键作用，这就出现一个"悖论"——如果人类天生就会长跑，为什么跑者会经常受伤？

著名的《哈佛公报》公布的一项研究成果表明，那些着地轻盈的跑者很少发生伤痛，而那些着地沉重、脚步声非常响的跑者则非常容易受伤。这项研究来自哈佛大学医学院以及哈佛大学医学院附属Spaulding医院全美跑步伤痛研究中心。

关于跑步伤痛的研究已经很多，虽然不同研究得出的统计结果不尽相同，但一般而言，伤痛发生率介于30%~75%，即有30%~75%的跑者在过去一年中发生过各种损伤。跑步伤痛发生的原因众多，例如跑鞋是否合适、是否做拉伸、跑量、体重、生物力学方面的原因以及肌力不平衡等。

一、这项研究是如何做的

这项研究由哈佛大学教授艾琳·戴维斯领导，由于绝大部分跑者都采用脚后跟着地，因此，戴维斯只研究了脚后跟着地的跑者。戴维斯对这些跑者进行了长达两年的跟踪研究，目的就是搞清楚：两年后这些脚后跟着地的跑者哪些受过伤？哪些从来没受过伤？那些没受过伤的跑者是如何做到的？

戴维斯和他的同事招募了249位女性业余跑者（女性相比男性，本身就更加容易跑步受伤），她们的周跑量至少是32千米并且均是脚后跟着地。这项研究一开始，让这些志愿者在测力台上进行步态测试，并记录每一步的冲击力。

这项研究足足持续了两年，在此期间，志愿者被要求每月完成一次网上问卷调查，记录她们的受伤情况，两年之后，戴维斯教授把这群跑者分成了两类：144位受伤者和105位未受伤者，两组跑者在人数方面似乎没有太大差别。除此之外，戴维斯教授对这些跑者做了更细致的分类，将她们进一步分为受伤情况较为严重，需要接受临床治疗的跑者和在两年中从来没有受伤的跑者，他们仔细比较了这两类跑者的步态生物力学特征。

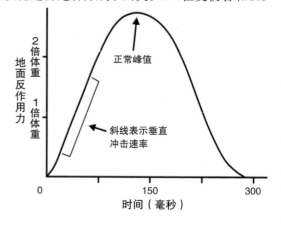

其中最重要的步态特征数据是垂直冲击速率。首先简单解释一下什么是垂

直冲击速率。在跑步过程中，脚每次着地必然会对地面形成巨大的冲击力，此时地面会形成相等的、反方向的力，这个相等的、反方向的力就是众所周知的地面反作用力。图中显示了着地时地面反作用力变化，着地时总的作用力约是体重的2倍，斜线代表了着地过程中冲击力的变化快慢，斜线越陡峭代表冲击力增加越急剧，越缓则代表冲击力增加越柔和。

戴维斯教授发现这两类跑者最明显的不同是垂直冲击速率差别很大，有伤的跑者垂直冲击速率非常高，而从来没有受伤的跑者垂直冲击速率比较低。

二、着地轻重比着地部位可能更为重要

这项研究表明，无论是有伤跑者，还是无伤跑者，着地时总的冲击力几乎都是一致的，但垂直冲击速率这个指标不同于冲击力，它反映了冲击力的变化快慢，也就是说着地是极其沉重，冲击力出现短时峰值；还是着地非常轻盈，冲击力慢慢柔和地出现。戴维斯教授认为：无伤跑者之所有垂直冲击速率低，着地轻盈，是因为他们更充分地利用了脚踝、膝关节、髋关节的肌肉来进行缓冲，而那些有伤跑者，也就是那些"跺脚"跑者（着地声音比较大）着地非常僵硬，缺乏缓冲。

垂直冲击速率对于普通跑者而言，是难以觉察的，但如果换成触地时间，跑者往往就可以理解。沉重的着地方式往往伴随触地时间过长，轻盈的着地则触地时间较短。一般来说，跑步时脚接触地面的时间为1/4~1/3秒，两种着地方式差别只有区区50毫秒的时间。尽管时间差别如此短，如果重复成千上万次，那么微小的不同也会积少成多，并最终导致跑步受伤，戴维斯教授如是说。

在戴维斯教授的研究中，那些从没受伤的女性志愿者着地非常柔和，她们跑步就像水上漂一样。但是这跟体重没有必然联系，体重大的跑者照样可以着地很轻，体重轻的跑者也有可能着地很重。

三、总结

哈佛大学的这项研究充分表明，柔和的着地可以减少跑步受伤的可能。柔和的着地倾向于更快的步频，研究发现最佳的步频是在每分钟180~190步之间，此时的着地声音比较柔和。而至于是采用前脚掌着地还是脚后跟着地，这本身反倒不那么重要了。

所以跑者在跑步时不妨摘掉耳机，聆听你的跑步声音，不要成为"跺脚"跑者。

第三章　无伤奔跑的基础——跑者力量训练

◂◂ 第一节　跑者需要训练上肢力量吗 ▸▸

跑步作为一项双腿交替前进的运动项目，下肢似乎更重要，那是不是就代表跑者的上肢可以忽略？答案当然是"不"！好的上肢力量将会提升跑步的效率。

上肢可以在跑步时发挥平衡、助力、协调三大作用。

当我们迈出左脚时，躯干会随着左脚向右旋转，这时如果没有右手向前摆出，躯干就会有可能真的旋转起来，跑起步来身体就是一扭一扭的。有些跑者跑起来还真是这种姿态，这很有可能是因为上肢力量不足，靠腰部代偿来平衡身体的转动惯量。这样跑久了就会导致腰痛。因此，正是因为有了手的配合来平衡下肢摆腿的动力矩，才使得人体跑步时呈现出协调优雅的跑姿。跑得越快，躯干旋转力矩越大，上肢摆动也需要更有力才能够平衡躯干和下肢。

大量的研究也发现，通过合理地摆动双臂，跑者的成绩可以提高近12%。不会使用双臂甚至不知道利用双臂对于跑者来说是重大损失。所以，马拉松运动员上肢肌肉也很发达。

另外，跑步时一般需要屈肘90度，虽然看似不费力，但跑步的距离越长，双臂摆动和保持屈肘的时间也会越长，双臂也就越来越疲劳。如果没有一定的上肢力量，在马拉松中后程就会感到双臂和肩部酸胀不适，加剧了身体疲劳。

因此，跑者在日常体能训练中，适当安排上肢力量训练是必不可少的，良好的上肢力量可以辅助提高跑者的跑步能力。俯卧撑和臂屈伸是上肢徒手训练最常见的两个动作，女性一听俯卧撑，往往认为自己无法完成，其实并非如此。女性可以从降低难度的跪姿俯卧撑或者对墙俯卧撑开始进行训练。

1. 跪姿俯卧撑

针对女性、初级跑者以及力量较弱的人群；要求双手距离略宽于肩。

跪姿俯卧撑

当然，在跪姿俯卧撑的基础上，也可以通过手的位置的改变来完成一些变式，略微增加难度。例如窄距夹肘跪卧撑，这个动作要求双手距离与肩同宽，夹肘进行训练，该动作与跑步所需摆臂更为接近，是一个结合跑步专项的上肢训练；对角线跪卧撑，一手位置靠上，一手位置靠下；钻石跪卧撑，这个动作是跪姿俯卧撑难度最大的练习，可以有效强化上肢力量。

2. 普通俯卧撑

普通俯卧撑更适合于力量较强的女性以及中级跑者。

普通俯卧撑

3. 升级俯卧撑

普通俯卧撑也可以通过动作变化变得适合于力量较强的男性、资深跑者、铁三爱好者、越野跑爱好者等。例如，窄距俯卧撑、钻石俯卧撑等。如果你对自己的力量足够自信的话，也可以尝试单腿俯卧撑。这增加了核心控制的部分，难度更高。

1. 完成俯卧撑时，保持腰背挺直，肩胛骨收紧。塌腰不仅达不到训练效果，而且会导致腰椎压力增加从而导致腰痛。

2. 次数多少并没有绝对标准，以完成高质量动作为准，过于追求次数往往会导致最后几个动作出现偏差，达不到训练上肢力量的目的，每个动作可完成2~3组。

3. 不同跑友应当根据自身能力选择适合自己的训练动作，同时也可采用上述多样化的训练动作来丰富训练。

4. 每周可安排1~2次上肢力量训练，一般把上肢力量训练融入核心及下肢训练中。

　　此外，背部肌群在跑步中也扮演着重要的角色。跑友不禁要问跑步不是用腿跑么，跟背有什么关系？跑步是一项全身运动，而不仅仅是下肢运动，不能孤立划分。

- 维持良好稳定的跑姿及日常生活姿态。背部力量不强，往往导致驼背现象，不仅影响跑步姿态，使身体无法保持跑步时躯干正直，同时也妨碍呼吸。

- 良好的背部力量可为跑步提供有节律、有控制且稳定的上肢摆动，提高跑步效率。背部力量不强，往往导致上肢在前后摆臂时，带动躯干也前后晃动。只有强有力的背肌才能确保上肢前后摆臂时，躯干不发生晃动从而为下肢蹬地、上肢摆臂创造稳定的发力条件。所以背部的力量训练应该得到重视。只有挺胸抬头，才能有助于躯干稳定。

　　跑步时需要挺胸收腹，而挺胸是靠肩胛骨周围肌肉牢牢锁住肩胛骨来实现，专业术语称为肩胛骨后缩。肩胛骨稳定了，胸自然就挺起来了，含胸驼背状态也就消失了。以下训练都是针对肩胛骨周围肌肉的训练动作，动作重点不是动手臂，而是感受肩胛骨相互靠拢的感觉，动作幅度不大，但做完后比较累。如果做完后感觉肩胛骨周围肌肉酸胀就对了。

1. 肩胛骨收紧训练——掌心向下肩后缩
2. 肩胛骨收紧训练——掌心向上肩后缩

肩胛骨收紧训练——掌心向下肩后缩

肩胛骨收紧训练——掌心向上肩后缩

3. 肩胛骨收紧训练——掌心相对肩后缩
4. 肩胛骨收紧训练——Y形训练

肩胛骨收紧训练——掌心相对肩后缩

肩胛骨收紧训练——Y形训练

5. 肩胛骨收紧训练——T形训练

6. 肩胛骨收紧训练——W形训练

肩胛骨收紧训练——T形训练

肩胛骨收紧训练——W形训练

　　有力量的跑友也可以尝试经典的引体向上来锻炼背部力量。这个动作难度较大，需要有很好的力量，女性跑友较难实现，即使是男性跑友，若没有一定力量基础恐怕也难以完成。

◂◂◂ 第二节　明明是用腿跑步，为什么还要练核心 ▸▸▸

　　有一些资深跑者了解到核心训练对于跑步有一定帮助，他们也时常练练核心，但要问他们为什么跑步需要练核心，基本都说不清楚。本节主要讲述核心训练与跑步的关系。

一、核心无法提供跑步动力，跑者为何需要加强核心

　　几乎所有运动项目都需要足够的核心力量。强有力的核心肌群对运动中的身体姿势

和专项动作起着稳定和支持作用。任何运动项目的技术动作都不是依靠单一肌肉就能完成，它必须要动员许多肌肉群协调做功。核心肌群在此过程中担负着稳定重心、传导力量等作用，同时也是整体发力的主要环节，对上下肢体的协同工作及整合用力起着承上启下的枢纽作用。

无论是腿部强有力的蹬地摆腿，还是上肢稳定的摆臂，都需要以核心肌群作为上下肢发力的支撑点。因此，核心力量好的人跑步时，尽管上肢摆臂和下肢摆腿的动作频率很高，但躯干却始终保持稳定。而核心力量不足的人跑步时，躯干乱扭，骨盆上下摆动，这样上下肢产生的力量就被松软无力的核心无谓地消耗掉。这大大降低了跑步效率。

二、跑步中常见错误跑姿往往与核心力量差有关

1. 后仰跑

身体后仰跑说明上腹肌力量不够。上腹肌的作用是使躯干前屈，如果躯干前后侧力量不均衡，前侧过弱，则躯干容易后仰，对于这种情况，需要加强腹肌训练。

2. 跑步时胯扭动

一些跑者在跑步过程中出现骨盆上下摆动的问题。这往往就是因为躯干两侧肌肉练得太少，使得骨盆不稳定。

3. 撅屁股跑

有些跑者会出现撅屁股跑步的情况，专业术语叫作骨盆前倾，这跟下腹肌力量不够有关。要纠正骨盆前倾，就得增加更多下腹肌训练，因为下腹肌主要的功能就是完成骨盆后倾动作，这样就可以对抗骨盆前倾。

三、跑者练核心——从基础到专项

了解了核心力量对于跑步的重要性，跑者最关心的就是如何训练核心。就如同任何训练都需要从基础进阶到专项一样，核心力量同样也是如此。

1. 基础核心训练

首先，仰卧起坐这类传统核心训练主要锻炼浅层肌肉，目的是增强核心力量。当完成躯干大幅运动时，就需要核心力量。但跑步时躯干保持不动，是不是就意味着跑步不需要做仰卧起坐等传统核心训练？不是的，传统核心训练可以为躯干提供最基本的保护，例如腹肌和背肌这一组拮抗肌肉的力量均衡就可以实现最基本的躯干正直。

而平板支撑这类静力性训练主要锻炼深层肌肉，目的是增强核心稳定性。所谓稳定是指躯干对抗外力保持固定不动的能力。

做仰卧起坐训练时，我们很快就会感觉到浅表腹肌的酸胀烧灼感，而做平板支撑时，肌肉持续收缩所带来的烧灼感则明显发生在身体比较深层的部位。这就是由于训练不同深浅肌肉所带来的差别。

2. 专项核心训练

什么才是跑步专项核心力量？如何理解"专项"一词？所谓专项，就是跑步时，身体表现出的运动特点。因此，结合跑步动作的核心训练才是专项核心训练。那么跑步时，躯干究竟如何运动？

在跑步时，下肢通过臀部肌肉、大腿前后群肌肉和小腿肌肉的交替协调收缩，完成蹬地摆腿动作；上肢摆臂主要发挥维持平衡的作用，而躯干在跑步时保持收紧稳定状态，目的是为下肢摆腿、上肢摆臂提供有力支撑。因此，跑步时躯干保持不动，而上下肢以躯干为支点，不断来回摆动，这就是跑步时核心部位的表现。

因此，最佳的跑步专项核心训练既不是平板支撑这类训练，也不是仰卧起坐这类传统训练，而是在保持躯干稳定的情况下，模拟跑步的摆臂摆腿动作，也就是说把僵化的静态平板支撑转变为动态平板支撑，并且动作高度接近跑步，这时跑步核心训练才足够专项化。

四、基础核心训练

基础核心训练包括核心力量训练和核心稳定性训练两个部分。

1. 核心力量训练

该训练做得最多的就是仰卧起坐，主要锻炼上腹肌，即6块腹肌中靠上的部分，这样的训练显然是不均衡、不全面的。核心肌群不仅包括躯干前方的腹直肌，还包括躯干侧前方的腹内外斜肌、躯干两侧的腰方肌以及躯干后方的竖脊肌等，即核心肌群分布在躯干前后左右。针对这些肌肉的训练才是全面的核心力量训练。

上腹肌练习——卷腹

仰卧起坐时，躯干抬起的位置过高，会导致腰椎压力过大。如果还用手拽头，则会进一步增加颈椎压力。并且仰卧起坐后半程事实上已经不是腹肌用力，所以仰卧起坐并非上腹肌训练最佳动作。卷腹更为合适，卷腹时躯干抬起仅30~40度，虽然看上去幅度不如仰卧起坐，但由于针对性地对上腹肌进行训练，效果更加显著。注意在完成卷腹动作时，头尽可能保持中立位，以免增加颈椎压力。另外，不可用手拽头。

卷腹

下腹肌练习——仰卧举腿

下腹肌练习主要通过骨盆后倾动作实现，对于减少撅屁股跑步很有帮助。经典的训练动作是仰卧举腿，注意让臀部抬起即可，膝盖往上顶而非朝头部运动，以免腰椎压力过大。

仰卧举腿

下腹肌练习——仰卧踩单车

仰卧位，腹肌保持用力，尽可能让腰部紧贴垫面，双脚模拟踩单车的动作。

仰卧踩单车

躯干侧前方肌肉练习

躯干侧前方肌肉主要是指腹内外斜肌，良好的腹内外斜肌可以更加凸显人鱼线、马甲线。侧腹肌主要通过旋转和侧屈动作实现。

侧卷腹

卷腹摸脚踝

屈腿雨刮器

躯干两侧肌肉练习

躯干两侧肌肉主要是指腰方肌。腰方肌对于控制跑步时骨盆上下摆动至关重要，因为腰方肌与骨盆相连，当腰方肌过于薄弱或者两侧腰方肌不均衡时，就容易导致跑步时骨盆上下摆动现象。这是最容易出现的错误跑姿之一，要纠正这种错误跑姿，多练躯干两侧肌肉。

侧卧起

屈腿侧卧起

侧卧并腿

躯干后方肌肉练习

躯干前方、侧前方、两侧都训练了，怎么能忽视后方背肌——竖脊肌的训练？为防止跑步时含胸弓背，保持躯干挺直，还需要更多背部肌肉训练。有些跑者在跑后出现腰痛症状，往往也跟下背部力量不足有关，下背部肌肉主要通过多种俯卧挺身动作进行训练。

俯卧挺身

2. 核心稳定性训练

平板支撑主要训练身体腹侧的深层肌群，为全面加强腰腹前后左右深层肌群力量，除了俯桥动作，还需要进行侧桥、仰桥训练。这样的训练才是均衡合理的核心稳定性训练。这些动作多是静态支撑的动作，在动作标准的基础上保持一定时间即可。

俯桥（平板支撑）

跪姿平板支撑适用于力量较弱的女性以及跑步新手；力量较强的女性、男性以及进阶跑者建议选择普通平板支撑。

跪姿平板支撑　　　　　　　　　　　　　　平板支撑

侧桥

跪姿侧桥　　　　　　　　　　　　　　　　侧桥

仰桥（臀桥）

臀桥

五、专项核心训练

前面阐述的一个重要观点是平板支撑属于静态练习，与跑步这样的动态活动在动作模式上相去甚远，而仰卧起坐等练习表现为躯干大幅运动，但跑步时躯干并无大幅活动，所以平板支撑和仰卧起坐都只能属于基础核心训练的范畴，专项核心训练需要在动作模式上高度模拟跑步。

1. 平板支撑体位交替屈腿

平板支撑体位交替屈腿

2. 平板支撑体位交替快速屈腿

3. 俯桥提膝后摆腿

俯桥提膝后摆腿

4. 侧桥位单侧模拟跑步动作

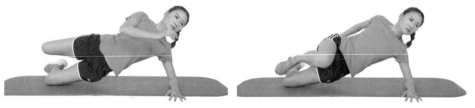

侧桥位单侧模拟跑步动作

5.单腿臀桥

单腿臀桥

6.臀桥接提膝

臀桥接提膝

在完成上述动力性动作时，务必保持核心稳定（挺胸收腹，骨盆稳定）。也就是说在核心稳定的情况下，完成下肢动作。这些不仅比平板支撑难度更大，也避免了平板支撑的枯燥无趣。另外注意完成动作时，不要憋气，要保持正常呼吸。

六、总结

跑步的确是用腿跑，但不仅仅是用腿跑。跑者不仅需要练下肢力量，也需要加强核心训练。强有力的核心可以为跑步时上下肢的运动创造稳定的支撑，提高跑步效率，避免无谓的力量损耗。在核心训练方面，不仅需要基础核心训练，更需要专项核心训练。

‹‹‹　第三节　跑者如何练下肢力量——从一般到专项　›››

现在的跑者越来越重视下肢力量训练。好的下肢力量可以提高跑步速度，还可以预防下肢伤痛和促进伤痛康复。

一谈到跑步力量训练，跑者想得最多的就是下蹲。下蹲的确是锻炼腿部最常见的方法，可以提高下肢力量，但是力量增强和跑得更快之间不能完全画等号。

对于初级跑者而言，下蹲练习可以提高力量，而对于资深跑者或有一定跑步基础的跑者而言，下蹲练习对于提高跑步能力的作用就日渐递减或者几乎没啥作用了。因为下蹲只是一种基础力量训练方法，而非针对跑步的专门力量训练方法。即使力量提高了，腿感觉似乎更有劲儿了，能不能用在跑步上还另当别论。

什么样的力量训练才是跑者需要的专门力量训练？一言以蔽之——高度结合跑步动作的力量训练。为什么说下蹲不是针对跑步的力量训练动作？

一、下蹲的动作形式不是跑步所需要的

跑步时的基本动作是一条腿蹬地发力，而另一条腿向前跨出，因此，两条腿做的是不同的动作。而做下蹲动作时，虽然也是蹬地发力，但两条腿做的却是一模一样的动作，所以下蹲不符合跑步下肢发力特点。下蹲做得再好，也无法应用在跑步中。

另外，下蹲时是伸髋伸膝的动作，而跑步着地发力时，后腿伸膝幅度并不大，更多是伸髋紧接屈膝（大腿后摆，小腿折叠）的动作，前腿则是屈髋屈膝（抬腿）的动作，所以下蹲和跑步动作结构完全不同。

二、下蹲所锻炼的肌肉与跑步不同

下蹲时主要锻炼臀部肌肉和大腿前侧的股四头肌，这两组肌肉在蹬地过程中发挥重要作用。这两块肌肉的力量固然重要，但跑步时还需要另外两组肌肉同步参与，特别是屈髋肌肉（髂腰肌）和大腿后群肌肉（腘绳肌）。这两组肌肉对于小腿折叠和抬腿发挥重要作用。因此，下蹲动作实际上只锻炼了跑步所需要的一部分肌肉的力量，下蹲无法锻炼到跑步所需要的后腿蹬地紧接折叠小腿和前腿摆腿的力量。只有更强有力的小腿折叠和抬腿，才能在不影响步频的情况下，增大步幅并且更加省力。高水平跑者抬腿能力和小腿折叠能力很强就说明了这一点。

三、不正确的下蹲对身体伤害很大

下蹲只是增强腿部力量的一般锻炼方法，通过下蹲增强的腿部力量难以真正应用在跑步上。而且，下蹲做得不标准，还会对身体构成较大伤害。最常见的错误动作包括膝盖过度弯曲超过脚尖、膝盖内扣、弯腰驼背和上半身过度前倾等。这些错误动作不仅无

法帮助提高力量，反而会导致膝盖、腰背部压力增加，越练越痛。

错误下蹲动作

膝盖过度弯　　膝盖内扣　　　弯腰驼背　　　上半身过度前倾
曲超过脚尖

综上所述，下蹲可以增强基础力量，适合普通人和初级跑者；有一定基础的跑者或资深跑者，想要提高下肢专项力量，下蹲就显得远远不够。接下来，我们就下肢力量训练从基础力量、准专项力量、专项力量三方面进行讲解。

四、针对初级跑者的基础力量训练

下蹲可以有效提高下肢力量，对于普通人和初级跑者仍然是非常有用的训练方法。

1. 四分之一蹲

蹲至大小腿约呈120度角，挺胸收腹，感觉腿部和臀部用力。

2. 半蹲

蹲至大小腿约呈90度角，注意膝盖不要过度弯曲超过脚尖，挺胸收腹，感觉腿部和臀部用力。

四分之一蹲　　　　　　　　　　半蹲

3. 深蹲

相比半蹲，难度加大，蹲至大腿与地面平行，要求与半蹲基本相同。

4. 宽蹲

双脚距离较大，脚尖朝外，该动作可刺激到股内侧肌，起到平衡股外侧肌的作用，对于纠正髌骨运动轨迹异常，减少膝痛有一定帮助。

深蹲　　　　　　　　　　　　　宽蹲

5. 原地弓箭步

注意重心向下，膝盖不要过度弯曲超过脚尖，该动作与下蹲一样，是下肢经典训练动作。

6. 臀桥

该动作可以有效增强臀肌和大腿后群肌肉力量，这两个部位是跑步发力非常重要的原动肌。

原地弓箭步　　　　　　　　　　臀桥

7. 蹲跳

该动作是提高下肢爆发力的经典训练动作。

蹲跳（正视图）　　　　　　　　　　蹲跳（侧视图）

五、针对中级跑者的准专项力量训练

对于有一定基础的中级跑者，可以从基础力量训练进阶为准专项力量训练，即动作模式已经接近跑步，同时难度中等，比较专门化的力量训练。它们可以帮助中级跑者提高下肢专项力量，比下蹲更接近跑步动作。

1. 弓箭步

左右腿交替向前迈出，除了锻炼下肢力量，同时对于平衡稳定也有一定要求，相比原地弓箭步难度增加，也更加接近跑步。

2. 单腿上训练凳

该动作可以有效提高下肢蹬伸力量及上摆腿力量。

弓箭步　　　　　　　　　　　　　单腿上训练凳

3. 保加尼亚剪蹲

将一条腿放在训练凳上，另一条腿做下蹲，对于稳定、力量均有一定要求。

保加利亚剪蹲

4. 单腿硬拉

该动作主要训练臀部肌肉和大腿后群肌肉协调发力能力。在跑步过程中，后腿蹬地发力是推动身体前进最主要的动力。后腿蹬地实际上是臀肌发力伸髋和大腿后群肌肉发力折叠小腿的协同用力过程。这个动作就是训练臀肌和大腿后群肌肉协调用力的能力。

单腿硬拉

5. 单腿臀桥

相比基础力量训练中的仰卧挺髋，单腿增加了难度，强化了核心控制，同时也符合跑步单腿蹬伸的技术特点。

单腿臀桥

6. 弓箭步跳

相比蹲跳，弓箭步跳时腿的运动方向与跑步更接近，是比蹲跳更专项的爆发力训练动作。

弓箭步跳（正视图）

弓箭步跳（侧视图）

六、针对高级跑者的专项力量训练

对于资深跑者，或者有较高要求的跑者，则需要高度结合跑步动作的专项力量训练，才能使其跨越瓶颈期，实现力量与速度的同步提高。因为对于这部分跑者而言，下蹲练习所获得的力量已经难以应用于跑步，即使力量增加了，但可能速度并没有太多提高。专项跑步力量训练可以帮助他们建立起跑步需要的神经肌肉协调性，提高关键部位和关键肌肉的力量。

跑步时，下肢动作表现为双腿交替蹬伸和向前跨出，一侧腿蹬伸，另一侧腿前摆是跑步的关键技术。因此，在力量训练方面，就要体现出这样的动作特点。单侧练习及蹬腿摆腿结合练习更加符合跑步技术特点。

1. 单腿上训练凳接高抬腿

同样需要一侧腿用力蹬伸上训练凳，另一侧腿积极上摆，与跑步动作高度一致。

2. 平板支撑体位交替屈腿

该动作主要训练抬腿能力，同时也强化了核心控制。

单腿上训练凳接高抬腿 　　　　　　平板支撑体位交替屈腿

3. 侧桥位单侧模拟跑步动作

该动作在侧桥位摆臂摆腿，动作模仿跑步，同时要求骨盆控制良好。这是一项看似简单，实则较难控制的全身性训练动作。

侧桥位单侧模拟跑步动作

4. 单腿硬拉接提膝

相比单腿硬拉，加上提膝动作就更加符合跑步技术特点。

单腿硬拉接提膝

5. 弓箭步接高抬腿跳起

训练支撑腿蹬伸和摆动腿上摆的爆发力，也是结合跑步的专项力量训练动作。

弓箭步接高抬腿跳起（侧视图）　　　　弓箭步接高抬腿跳起（正视图）

七、总结

本节主要介绍了如何实现从跑步基础力量训练到跑步专项力量训练的提高。总体来说，对于跑者而言，下肢力量训练的重要性无论如何强调都不为过。对于初级跑者，建议从基础力量开始训练，对于中高级跑者，专项力量训练显得更为重要，也更有用。只有结合跑步动作的力量训练才能帮助他们真正改善跑姿，提高配速。

⋘ 第四节　跑步稳定的关键肌肉——臀中肌 ⋙

本节主要介绍一块平时可能不太听说的肌肉——臀中肌。这块肌肉与跑步过程中的稳定性有着莫大的关系。

一、什么是臀中肌

臀中肌位于臀部外侧。它是深层肌肉，大部分被更为发达的臀大肌所覆盖，所以我们无法在体表触及。我们打针、注射的部位位于臀部外上方，这就是臀中肌所在的位置。在某些情况下，反复肌肉注射可能导致臀中肌萎缩，就会导致特有的鸭式步态。

二、臀中肌虽小，但功能极为重要

臀部最重要的肌肉是臀大肌，臀大肌是跑步蹬地发力最重要的一块肌肉，发达而有力的臀大肌如同马达一样，驱动人体向前。

臀大肌固然重要，但与此同时，臀中肌在跑步过程中也发挥着极为重要的作用，即稳定骨盆和膝关节。换句话说，发力靠臀大肌，稳定靠臀中肌。因为臀中肌向上连着骨盆，向下连着大腿骨，其生长的位置决定了它成为跑步稳定的"关键先生"。

三、臀中肌是跑步稳定的关键

1. 臀中肌是保持骨盆稳定的关键

在跑步过程中，骨盆的晃动很大程度是由于臀中肌力量不足造成的。

跑步是双腿轮番交替向前的运动，例如当右腿蹬地，左腿就前摆，这时就意味着整个身体左侧就处于悬空状态。由于没有支撑加之重力关系，身体尤其是骨盆就会向左侧倾。这时右侧的臀中肌就会发力拉动骨盆保持稳定，努力避免骨盆一高一低，这样跑步时就不会出现骨盆上下晃动。

但是，当臀中肌无力或者未被充分激活时，骨盆就会伴随跑步而出现上下来回晃动。由于下肢都是起自骨盆，骨盆被认为是下肢的发力之源。没有稳定的骨盆，下肢发力效果会大打折扣。尽管已经拼命用力，但由于骨盆不稳，好不容易产生的力量又被人体自身松懈掉，事倍功半。

2. 臀中肌是保持膝关节稳定的关键

在跑步过程中，我们都希望自己"身轻如燕"，这样才可以减少负担，提高速度，但这指的是整个人体。对于膝关节而言，我们则希望它在跑步时可以"稳如泰山"。因为膝关节不稳是导致膝痛的重要原因之一。

那膝关节不稳与臀中肌又有什么关系？臀中肌的重要功能是腿外展外旋。与之相反，臀中肌力量不够就会导致腿内收内旋，即俗称的"X型腿""膝内扣"。有些跑者，特别是女性跑者，跑步时，膝内扣，脚外翻，这就是膝关节不稳的重要表现，而这样的跑姿将会对膝关节产生极大压力，同时还会引起髌骨运动轨迹异常，从而诱发髌股关节面过度磨损。有研究表明，膝痛患者与健康人群相比，臀中肌力量明显减弱，大约相差20%~35%。

3. 臀中肌力量不足会诱发膝外侧痛

髂胫束摩擦综合征是跑者膝外侧痛的根本原因。它的成因就是紧张的髂胫束不断与股骨外上髁摩擦所致。其实髂胫束也有使腿外展的功能，它与臀中肌一起发挥维持膝关节稳定的作用。但是由于大多数人臀中肌较为薄弱，减少膝内扣和维持膝关节稳定这一重任只能落在髂胫束身上，从而导致髂胫束过于劳累和紧张。而且髂胫束的紧张也会对髌骨产生向外的拉力，导致髌骨运动轨迹异常，加剧膝痛。

综上所述，臀中肌力量薄弱是导致跑步时骨盆不稳、膝盖内扣、膝关节压力增加和膝痛的重要原因。

四、如何锻炼臀中肌

既然臀中肌这么重要，该怎么进行锻炼？

1. 髋部提拉

单腿站立于一个稍高且稳定的平面（以左腿为例）。首先将骨盆保持在中立位，缓慢下降右侧腿，使骨盆的右侧低于左侧。然后左侧臀肌发力，使骨盆再次回到中立位（即仅靠臀肌力量使骨盆回位，右腿上升至与左腿齐平）。

2. 单腿外摆

单腿站立，另一侧腿外摆至最高点。注意使用臀中肌的力量外摆，并保持骨盆稳定，脚尖始终朝前。

髋部提拉

单腿外摆

3. 单腿浅蹲后外摆

这一动作可以对臀大肌及臀中肌同时进行刺激，同时加上单腿站立的不稳定性和对骨盆控制的要求。单腿站立，微屈。另一条腿向后外方打开，后伸的同时上抬至感觉臀部充分收缩。

单腿浅蹲后外摆（正视图）

单腿浅蹲后外摆（侧视图）

4. 侧卧腿外摆

侧卧，屈膝，上方腿伸直，后伸。向上抬起至臀部外侧充分收紧。下落后保持上腿后伸的位置，且不落地。注意上方腿保持脚尖向前，同时保持骨盆的中立位，不要翻转。

5. 侧卧贝壳式

侧卧，屈髋屈膝约90度，臀部收缩将上腿如贝壳状打开。下落时双腿膝盖不要相碰，再继续进行下一个动作。注意保持骨盆的中立位，不要翻转。

侧卧腿外摆　　　　　　　　　　　　　侧卧贝壳式

6. 跪姿侧桥接上摆腿

侧卧，用肘膝关节将身体撑起，使身体呈一条直线。然后将上腿抬起至一侧臀部完全收紧。注意保持脚尖向前，骨盆不要翻转。

7. 俯卧四点支撑腿外摆

双膝跪于垫上，双手支撑呈四点跪位，保持腰背挺直，核心发力收紧。单腿外展至臀部完全收紧。注意不要塌腰，骨盆保持中立位，不要翻转。

跪姿侧桥接上摆腿　　　　　　　　　　俯卧四点支撑腿外摆

五、总结

臀中肌是一块不太发达的深层小肌肉，但对于跑步时保持骨盆稳定和膝关节稳定至关重要。加强臀中肌力量，不仅可以提高跑步表现，改善跑姿，同时对于预防下背痛和膝痛也具有重要意义，当已经出现膝痛时，加强臀中肌力量也是康复训练过程中必不可少的重要练习内容。跑者一定要注意加强臀中肌力量。

‹‹‹ 第五节　跑者的小腿训练为何如此重要 ›››

现在的跑者已经越来越重视核心、腿部、臀部的力量训练，但有一个部位，很多跑者往往不知道如何训练，这就是小腿。事实上，顶级的马拉松运动员小腿力量非常强大，这既为他们提供了源源不断的蹬地动力，也为落地时有效缓冲和稳定支撑提供了可靠保证。

对于大众跑者而言，没有好的小腿力量，难以突破配速瓶颈，也容易受到小腿脚踝伤痛困扰。本节主要讲解小腿训练为什么如此重要，以及如何系统全面地开展小腿训练。

一、没有足够的小腿力量，前脚掌着地风险较大

跑得越快，着地部位越靠前，但马拉松运动员采用前脚掌着地绝不仅仅是因为跑得快，根本原因是前脚掌着地是一种更有效率、更为先进的跑法。如果采用脚后跟直接着地，就无法利用脚踝的运动来进行有效的缓冲。缓冲靠的是肌肉控制，而这块肌肉就是小腿肌肉。前脚掌着地对于小腿肌肉有着比较高的要求，不经过一定的训练或者小腿缺乏力量很难达到。盲目地模仿前脚掌着地技术反而容易引发足底筋膜炎、小腿胫骨应力综合征和跟腱炎等损伤。改变着地技术，膝关节损伤是少了，但其他部位受伤增加了。换句话说，更有效率的着地方式需要匹配更强的肌肉能力。

二、脚踝稳定依赖良好的小腿肌肉

小腿通过踝关节连接着脚。脚踝部位除了脚底存在一些小肌肉外，绝大部分控制脚踝运动的肌肉都起自小腿。脚踝这个部位本身没有多少肌肉，脚踝的屈伸、内外翻动作基本都是通过小腿肌肉来实现的，因此，脚踝的稳定性和灵活性都依赖于小腿肌肉。在小腿肌肉无力或者疲劳的状况下，落地时，脚踝要实现稳稳地落地，以及对于凹凸不平的地面做出灵活的反应就变得非常困难，这也是为什么有些跑者容易崴脚或者存在脚踝不稳的关键所在——小腿肌肉太弱。

三、有力的蹬伸依赖于强大的小腿肌肉

不管你的核心力量有多好，臀部和腿部力量有多强，最终这些力量都要通过蹬地，才能转变为前进的动力。从动力链角度来看，来自于躯干、臀部和腿部的力量经过传导达到小腿，完成扒地蹬伸动作，产生推动人体往前的强大动力。因此，小腿肌肉既是这条动力链上

极为重要的一环，小腿本身也是跑步的推进器。另外，粗壮的跟腱具有很好的弹性，利用跟腱拉长所具有的回弹力，本身就会产生一定的动力。

四、小腿训练会让小腿变粗吗

跑步不仅不会使腿变粗，恰恰可以瘦腿。通过运动可以增加能量消耗和促进脂肪分解。脂肪少了，腿当然就会变细。这也是大多数中长跑运动员都是细长腿的原因。因为他们脂肪含量较低，所以腿看上去特别细。其实他们的小腿肌肉相当发达，只不过他们的小腿肌肉发达不会呈现很大的肌肉块。

五、小腿训练远非练提踵那么简单

提及小腿训练，脑海里大多会出现一个动作，那就是"提踵"。然而，光练"提踵"是远远不够的。

小腿训练应当由力量练习、稳定性练习、缓冲练习和爆发力练习四部分组成。力量是基础，稳定则强调控制，缓冲和爆发力训练则是结合跑步专项的训练。

六、小腿力量练习

1. 勾脚练习

勾脚尖是绝大多数跑者会忽视的练习。勾脚练习主要训练小腿前侧肌肉力量，勾脚尖与提踵动作互相拮抗。这有助于保持小腿前后肌肉力量均衡。力量均衡才是预防崴脚的王道。

勾脚练习

2. 提踵

提踵一般采用单脚练习，初期可以扶住固定物进行练习，不扶固定物大大增加了动作难度。这个动作不仅需要力量，也需要脚踝的稳定性。该动作是训练小腿肌肉的经典动作。

七、小腿稳定性练习

稳定性练习又称为平衡练习，提高脚踝稳定性的关键是训练好小腿肌肉。通过平衡练习，可以增强脚踝适应能力。这种适应能力恰恰是脚踝适应凹凸不平地面，不至于崴脚所需要的。

1. 睁眼单脚站立 目标60秒
2. 睁眼抱胸单脚站立 目标45秒
3. 闭眼抱胸单脚站立 目标30秒

提踵

睁眼单脚站立　　　　睁眼抱胸单脚站立　　　　闭眼抱胸单脚站立

八、小腿缓冲练习

训练凳单腿下落缓冲

从凳子上跳下，前脚掌落地，触地声音越轻越好。当然，没有凳子原地完成亦可，有一定高度会增加训练的难度。

九、小腿爆发力练习

在跑步过程中，脚触地时间一般只有1/3秒，因此，触地时小腿肌肉被快速拉长后又迅速缩短完成扒地动作。这种快速的动作模式如何在

训练凳单腿下落缓冲

力量练习中体现，那就要做爆发力练习。爆发力练习才是最接近跑步专项的小腿练习，同时这种练习也可以充分挖掘小腿和跟腱弹性，从而真正提高小腿能力。此外，跳绳也是一种很好的训练小腿爆发力的方法。

1. 单脚原地跳

要求落地后迅速反弹跳起，尽可能缩短触地时间。

2. 双脚前后跳

该动作既训练了小腿爆发力，也训练了脚踝稳定性和协调性。同上一个动作一样，要求脚跟尽量不要触地，利用小腿的弹性来进行跳跃，缩短触地的时间。

3. 单脚前后跳

这是双脚前后跳的进阶动作，单脚难度更大，对稳定性的要求也更高。动作要求与双脚相同。

单脚原地跳

十、总结

当认真练习以后，你会发现你的小腿肌肉会有一个突飞猛进的提高。你会发现你的小腿更加紧致、更加修长，当然在训练过程中，不可避免地会有肌肉酸痛感。

◀◀ 第六节　跑者必做的5个爆发力训练 ▶▶

开始重视力量训练，标志着你已经从初级跑者进阶到中高级跑者。但如果你希望更上一层楼，成为顶尖跑者，那么只做力量训练就显得远远不够了，你还需要做更多的爆发力训练。

初级跑者：只是跑

中级跑者：重视力量训练

高级跑者：快速伸缩复合训练必不可少

一、什么是爆发力

所谓爆发力（power），是指以最短时间产生最大速度或以最快速度完成动作的能力。爆发力反映了神经肌肉协调性以及肌肉间的相互协同发力能力，是力量素质与速度素质相结合的一项人体体能素质。绝大多数运动项目都需要良好的爆发力，特别是在跳高、跳远、铅球、标枪这类"一锤子买卖"的运动项目中，非凡的爆发力更是成绩高低的决定性因素。

二、长跑以耐力为主，为什么需要训练爆发力

如果你想当然地以为，长跑只需要耐力，不需要爆发力，或者认为中长跑这类项目肌肉收缩速度不快，不需要训练肌肉快速收缩能力，那么你就错了！

要理解为什么爆发力训练有助于跑步，首先你得理解一个概念。肌肉不仅具有收缩性，也具有弹性。所谓弹性就是被拉长后，能够回弹的能力，就如同皮筋一样，肌肉在被拉长后，同样具有回弹力。爆发力训练恰恰就可以有效训练肌肉循环拉长、缩短的能力，这样就可以有效利用软组织（肌肉、肌腱）在拉长过程中所储备的弹性势能，从而减少肌肉直接收缩的能量消耗，提高跑步的经济性。此外，终点冲刺阶段也是要以良好的爆发力作为前提的。

举例来说，我们常说千里马可以日行千里，而即使顶级的职业马拉松高手，恐怕也难以日行几百里，是因为马的耐力比人好吗？其实并非如此，马具有短而强壮的肌肉以及长而柔软的肌腱，这种肌腱像弹簧一样，使得马在奔跑时，每一步中可以储存和释放肌腱中储存的大量弹性机械能，所以马几乎不费太多力气，只依靠肌肉、肌腱弹性就可以日行千里。

三、大量研究证实爆发力训练可以提高耐力

研究人员评定了9周爆发力训练对中长跑运动员神经骨骼肌系统和运动成绩的影响。结果显示，经过9周训练后，运动员5千米跑成绩、跑步经济性、5级跳的距离以及20米跑成绩显著提高，同时跑步着地时间减少（跑步着地时间越短，速度损耗越小，肌肉、肌腱弹性势能运用越好）。研究人员认为运动成绩的提高归功于神经骨骼肌系统的适应，换句话说，肌肉爆发力提高了跑步经济性。其他一些研究同样表明同时进行爆发力训练可提高高水平耐力运动员运动的经济性，其原因和肌肉的爆发力增强以及弹性势能提高有关。

所谓跑步经济性（running economy）即是指在跑动过程中，稳定状态下的每分钟耗氧量。同等配速下，耗氧量越低，说明跑步经济性越好，也即用最少的耗氧产生最快的速度。显然，经过爆发力训练，肌肉学会了高效利用弹性势能，减少了自身能耗，从而降低了耗氧，保证了在耗氧不增加的情况下，配速提高。

四、5个跑者必做的跑步专项爆发力训练

1. 弓箭步跳

弓箭步跳

2. 弓箭步接高抬腿跳起

弓箭步接高抬腿跳起

3. 开合跳

开合跳

4. 反弓跳

反弓跳

5. 台阶交替跳

台阶交替跳

五、爆发力训练建议

1. 爆发力唯快不破，只有快，才能达到训练爆发力的目的，因此需要跑者以尽可能快的速度完成动作，尤其是要注意肌肉拉长－缩短的衔接时间要短。以蹲跳为例，从空中落地，下蹲缓冲至最低处后，要迅速再次跳起，如果有停顿，就达不到训练效果。

2. 爆发力训练需要在肌肉状态最好的时候进行训练，也就是在力量训练之前，优先进行爆发力训练，也可以在跑前来两三组爆发力训练激活肌肉。

3. 爆发力训练不强调次数，而是强调质量，所以一般一组做8~12次，完成2组，每周1~2次。肌肉疲劳后，收缩速度下降，就达不到爆发力训练的目的。

4. 爆发力训练需要神经－肌肉高度协调用力，所以要在充分热身后进行，防止肌肉拉长收缩速度过快引起肌肉拉伤。

六、总结

力量训练对于跑者当然是非常重要的。过多的慢速力量训练容易使动作速度变慢，还可能引发肌肉僵硬。力量训练必须与爆发力训练有效衔接，才能发挥对于跑步的促进作用，经常做一些爆发力训练对于跑者跑得更快、更轻松非常有帮助。

◂◂ 第七节　如何才能跑得稳健还不受伤：跑者容易忽视的深层小肌肉训练 ▸▸

力量训练可以有效提高跑步经济性、提升配速、预防伤痛和促进伤痛康复，是跑者必做的功课。当然，跑者有力量训练意识是第一步，第二步则是要更加精准地进行跑步训练。本节讲的是精细化进行跑者力量训练——深层小肌肉的训练。

一、大肌肉训练和小肌肉训练有何区别

所谓大肌肉训练一般就是指臀部肌肉、大腿前侧肌肉、大腿后侧肌肉、小腿肌肉等这些肉眼可见的大肌肉训练。跑者做的下蹲、提踵、弓箭步、硬拉等负重或自身体重的练习，就是针对这些肌肉的训练。练好这些肌肉可以直接帮助提高肌肉收缩力量，让你跑起来更有劲儿、更快，因此，这些大肌肉训练当然是十分重要的。

那么为什么还需要训练深层小肌肉呢？深层小肌肉通常位于小腿足踝、臀部和腹部深层、肩部深层等部位。这些肌肉体积较小，位于身体深层，通常被浅层大肌肉所覆盖，肉眼看不到。由于这些肌肉比较小，所以这些肌肉的功能通常不是产生很大的力量，那么它们的功能是什么呢？它们的功能是保持动作的稳定，实现动作的精细控制，说白了，就是让动作更加精准。大肌肉训练跟能力高低有关，而小肌肉训练跟预防伤痛有关。有些时候，大肌肉力量过强，而小肌肉太弱，容易产生错误的动作模式，这样的动作反而是有害的。因此，大肌肉必须与小肌肉配合，才能实现完美、准确的运动。

二、哪些是典型的小肌肉

足踝肌肉：足底肌肉、小腿部位控制足内外翻的肌肉都属于小肌肉。足底肌肉可以增强抓地能力，提高足弓稳定性，而小腿控制足内外翻的肌肉则可以有效避免崴脚，提高足踝运动的稳定性。有些跑者反复崴脚，往往跟足踝肌肉薄弱和反应较慢有关。

臀中肌：臀中肌位于臀部外侧，由于它是深层肌肉，大部分被更为发达的臀大肌所覆盖。**臀大肌没力最多就是跑得慢，而臀中肌没力则会导致跑姿出问题。**

腹横肌：腹横肌位于腹部深层，腹横肌是摸不到的，但腹横肌是否有力或被激活，

直接关系到核心的稳定性。我们练习平板支撑，其实就是练习腹横肌。平板支撑练习有多累，你就知道腹横肌有多难练了。

　　肩部深层肌肉：漂亮的肩部是由三角肌构成的，但在肩部深层，还有4块小肌肉，被称为肩袖肌肉。这4块肌肉像袖口一样包住肩关节，为肩关节提供稳定性。很多中年人或年轻人发生的肩痛不是由肩周炎引起的，而是由肩袖肌肉损伤引起的。

三、小肌肉不好练，专门的小肌肉训练工具是跑者的必备

　　小肌肉产生的力量有限，并且要求动作精确，一般的身体自重练习或负重练习，往往练不到这些小肌肉，而迷你训练带可以很好地胜任这一角色。通过将其套在双手、双膝、双踝之间，就可以很好地锻炼到上述深层小肌肉。

迷你训练带

　　1. 贝壳式：模拟贝壳打开动作，增强臀中肌力量，提高跑步稳定性，避免膝痛。

贝壳式

　　2. 臀桥：臀大肌和臀中肌同时发力，是最佳的臀肌训练之一；将迷你训练带置于膝盖上方，标准姿势同普通臀桥一样即可。

　　3. 下蹲：同样是臀大肌和臀中肌联合发力，是最佳的臀肌训练之一；将迷你训练带置于膝盖下方，标准姿势同普通深蹲一样即可。

　　4. 横向跨步：臀中肌训练的经典动作。

　　5. 前后跨步：训练膝盖正对脚尖的能力，减少膝内扣，避免膝痛。

横向跨步　　　　　　　　　　　　前后跨步

6.单腿后外展：同样是针对臀中肌的练习，增强臀中肌力量。

单腿后外展（侧视图）　　　　　　　　单腿后外展（正视图）

7.侧卧直腿抬高：针对臀中肌的练习，增强臀中肌的力量，要点是上腿的后撤。

侧卧直腿抬高

8.单腿提膝：主要训练抬腿能力，跑者很少练这块肌肉，这块肌肉叫作髂腰肌。

单腿提膝（侧视图）　　　　　　　　单腿提膝（正视图）

四、总结

通过迷你训练带，增强全身深层小肌肉力量，对于形成正确的跑姿、减少伤痛，具有很好的效果。通过上面推荐的训练动作，你可以有效地提高跑步时全身的稳定性。多练力量已经不稀奇了，会练深层小肌肉，你才能更上一层楼。

‹‹‹ 第八节 跑步会掉肌肉吗？跑者需要怎样的肌肉 ›››

跑步会不会掉肌肉这个话题困扰着很多人。有人会说，马拉松运动员那么瘦，说明他们肌肉并不发达。如果将短跑运动员与长跑运动员进行对比，两类人的体型差异很明显。短跑运动员肌肉发达，而长跑运动员身材瘦削。很多推崇力量训练的人，也会说少跑步，因为跑多了会掉肌肉。那么跑步真的会掉肌肉吗？

一、特定的运动造就了特定的肌肉类型

人们对于肌肉的理解往往就是肌肉发达才是有肌肉的表现，那真正肌肉发达的人只有一类——健美运动员或健美爱好者。同时，由于室内健身房健身主要以肌肉力量训练为主，很多健身房教练就是大块头的肌肉型教练，他们不断地告诉会员练有氧、跑步会掉肌肉，因此产生了"跑步会掉肌肉"的说法。

其实，绝大多数普通大众并不会追求过于发达的肌肉，而是追求健康。在追求健康的过程中，需要肌肉力量训练，但不等于一定要把肌肉练成健美运动员那样才叫健康。对于运动员同样也是如此，运动员只有足够强壮才能胜任训练和比赛，但对于多数项目（健美除外）的运动员，过于发达的肌肉反而会限制运动员最需要的能力——爆发力，因为过于发达的肌肉往往意味着笨拙。

事实上，肌肉变成什么样子是由训练方法所决定的，训练方法不同就会产生不同的肌肉形态。如果你总是进行耐力性运动，或者总是进行肌肉耐力训练，那么肌肉中一种成分——慢肌纤维就会变得比较发达，但是慢肌纤维发达并不表现为肌纤维很粗壮，所以你看上去肌肉并不发达，但慢肌纤维毛细血管密度高，线粒体数量多（线粒体是肌肉的能量工厂），特别适合长时间中等强度运动，也就是说正是由于慢肌纤维血管密度高，氧气可以源源不断地运输到肌肉，并且及时将代谢废物排出肌肉，所以慢肌纤维才能维持长时间运动而不疲劳。

而如果你总是进行6~12次重复次数或次数更少的肌肉力量训练，那么你的肌肉中的另外一种成分——快肌纤维就会变得比较发达，而快肌纤维的发达就会表现为肌纤维很粗壮，所以你看起来肌肉发达。这是由快肌纤维的特点决定的，它们形状粗壮，但与慢肌纤维相比，它们毛细血管密度低，线粒体数量也比较少，所以快肌纤维只适合短时间、大强度运动，代谢废物堆积会使人很快疲劳。

马拉松运动员看上去的确是很瘦，但他们并不是真正的瘦。他们的瘦有两个原因，第一是他们脂肪含量很低，脂肪对于长时间跑步来说，是一种很大负担，只有较低的体脂百分比、较轻的体重才能在跑步中获得优势；第二，马拉松运动员经过常年训练，形

成了瘦长纤细的肌纤维特点，即慢肌纤维比例高，快肌纤维比例低。但他们与普通人相比，肌肉看上去仍然比较发达。所以说，马拉松运动员肌肉弱这样的说法是错误的，其实他们肌肉并不弱，只不过他们形成了适合马拉松运动的肌肉特点。

如果让健美运动员去跑步，跑起来往往很吃力。原因就在于健美运动员的肌肉类型表现为快肌纤维比较发达，快肌纤维虽然收缩速度快，但容易疲劳，另一方面，过大过重的肌肉也会增加跑步时身体的负担。

二、跑步会导致掉肌肉吗

有人认为跑步会消耗蛋白质，而构成肌肉的主要物质就是蛋白质，所以跑步会掉肌肉。众所周知，运动时主要供能物质是糖和脂肪，蛋白质供能比例极少，只有在长时间大强度运动中，才会消耗少量蛋白质。另外，即使真的消耗了一定蛋白质，即消耗了一定肌肉，也可以通过运动后的饮食来补充蛋白质和修复肌肉，经过这个过程，肌肉将变得更加结实和发达，这也解释了为什么第一次跑马拉松后肌肉反应很大，而再次跑马拉松时，肌肉反应就会明显减轻。因为通过跑马拉松，让肌肉得到了刺激和强化。

因此，跑步消耗肌肉的说法是经不起推敲的。如果真要说消耗肌肉，力量训练才是最消耗肌肉的运动。

那么原本一个肌肉发达的人改变自己的运动方式，把力量训练改为耐力运动，他的肌肉会逐步消失吗？会的，但没有那么夸张。如果原本热爱力量训练的人从此改变运动方式，开始练习跑步，那么他粗壮的快肌纤维会因为缺乏足够力量训练刺激，逐步退化。例如，胳膊和腿的围度变小，但不会因此变得骨瘦如柴，他还是会比一般人看上去更加肌肉发达，但同时他的慢肌纤维会变得发达。由于慢肌纤维本来就不粗壮、显发达，所以这个人就会让人感觉"掉肌肉"了，但事实上他并不是真正肌肉萎缩，而是他改变了训练方式，肌肉类型也发生了变化。

也许跑者会问，慢肌纤维和快肌纤维可以相互转换吗？例如经常进行耐力性运动，快肌纤维可以变成慢肌纤维吗？反之经常进行力量性运动，慢肌纤维可以变成快肌纤维吗？关于这一点，尚有争议。

真正意义的掉肌肉只有一种情况，那就是长时间卧床或严重缺乏运动，才会发生肌肉萎缩。所以"跑步掉肌肉"这种说法本来就是似是而非的误导性说法，与其说"跑步掉肌肉"，不如说"跑步改变了肌肉类型"。

三、运动爱好者不要纠结于跑步掉不掉肌肉，多元化的运动适合大多数人

长期在健身房健身的人士受教练影响，排斥耐力性运动，而跑者似乎同样也很排斥到健身房做力量训练。按照西方对于运动的解构，运动可以分为力量性运动、耐力性运动、柔韧性运动（即拉伸）等。从健康体适能角度来看，既要做一些耐力性运动，主要

发展心肺耐力；也要做一些力量性运动，可以帮助提高功能能力；当然运动之后还需要做做拉伸。把力量、耐力、柔韧都做好，基本可以实现所谓的多元化运动。而多元化的运动无论是对于提升运动乐趣，改变运动枯燥性，还是避免单一重复运动可能造成的身体局部伤害，都大有裨益。力量训练结合有氧运动也被认为是减肥的最佳方式之一。因此，我们提倡力量运动结合有氧运动。有一类跑者，他们既坚持室外跑步，又在健身房坚持做力量训练，这样做才是提高体适能、追求健康的最佳运动方法。

四、跑者需要怎样的力量训练

跑者要加强力量训练，因为缺乏力量是导致跑者发生伤痛的主要原因之一。跑步是一项长时间耐力运动，如果肌肉力量，特别是肌肉耐力比较差的话，那么在跑步后半程就容易出现因为肌肉疲劳而发生关节压力增加，甚至抽筋等表现。这也是许多跑者在跑步后程出现关节疼痛的重要原因。力量训练对于提高跑者的运动表现，改善跑步经济性，预防运动损伤，促进伤痛康复都十分重要。即便是专业马拉松运动员，在备赛期也需要做一些力量训练，只不过专业运动员有较低的体脂百分比、娴熟的跑步技术、良好的专项力量，这些可以保证他们不受伤，而大众跑者都不具备这些先决条件，所以大众跑者需要更多的力量训练来保证自己不受伤。

对于大众跑者而言，进行力量训练应该注意以下三点。

第一，动作一定要规范，错误的训练动作不仅达不到运动效果，还会导致关节受伤。

第二，跑者进行力量训练通常不必追求大重量，做一些12~16次重复次数的肌肉耐力练习，更加符合跑步耐力性运动的需求。

第三，在安排训练时，最好将力量训练和跑步分开。如果今天是跑步，那么今天就不要再做力量训练；如果今天安排了一次力量训练课，那么今天就不要再进行跑步。因为有研究表明，耐力和力量是一对相互拮抗的素质，耐力的提高往往意味着力量素质的下降，而力量的改善往往意味着耐力的下降。为了明确训练目标，最好不要将力量训练和耐力训练放在同一天进行。当然，并不是练力量会导致耐力下降，这里的力量是指运动员所进行的大重量、重复次数少的高难度专业力量练习。对于大众跑者而言，力量训练只会使其跑得更快、更好、更稳。只要力量训练和耐力训练不放在同一天进行，二者的拮抗效应其实是很小的。

五、总结

不要再听信"跑步掉肌肉"的说法，跑步不会掉肌肉，跑步只是让肌肉变得更加适合去跑步。对于跑者而言，适当的力量训练十分重要，其目的不是让你变成一个肌肉十分发达的人，而是让你跑得更快、更稳而且不易受伤。

第四章　科学训练实现无伤奔跑

◂◂ 第一节　跑太快是跑者的通病 ▸▸

当晒跑量、拼速度成为跑圈的日常，互相攀比就变得难以避免。当跑者纷纷追求更快的日常跑步，孜孜以求提升配速时，其实已经陷入了误区。科学训练的基本原理以及无数经验告诉我们，你不是跑得太慢，而是跑得太快，把日常跑步时的速度降下来，更有助于跑步水平的提高。

一、其实你并不是跑得不够快

有一项关于专业选手训练强度分布的研究发现，专业选手大部分训练采取的是低强度训练。例如，对参加美国奥林匹克马拉松选拔赛的男性和女性专业选手的调查发现，男性有几乎四分之三的人训练时比马拉松比赛时速度慢，而女性数量也超过了三分之二。

这是因为专业运动员的训练本来就非常密集，如果在此基础上仍然提高训练强度，很多人会吃不消。降低速度、降低强度，那么他们就可以积累更多跑量。研究认为，平均每周跑量是最能体现跑者水平的指标。日常训练中跑得越多，在比赛时速度会越快，同时，保持慢速跑步可以有效防止运动员过早疲惫。

另一项关于训练强度分布情况的调查结果相当令人吃惊。亚利桑那州州立大学的研究人员对30名成熟跑者进行了调查，首先请他们自述自己的训练强度：多数跑者声称自己每周进行3次轻松跑、1次中等强度训练、1~2次高强度跑。随后，研究人员要求这些跑者佩戴心率表一周，数据显示出的跑步强度与跑者自述的强度差别很大。事实上，这些跑者低强度训练不到一半时间，几乎一半是中等强度训练，高强度训练则是微乎其微（不到9%）。这一研究说明，很多跑者平时跑得太快了。

二、慢不下来，快不上去成为很多跑者的顽疾

这一研究结果表明，很多跑者训练模式是纺锤形模式，即很多跑者平时很少做间歇

跑、冲刺跑这类速度很快的训练，而速度较慢的轻松跑也不屑于做，他们的训练多数是不慢不快的中等强度跑步。这种训练方式带来的问题就是尽管训练不轻松，但能力提高缓慢，成绩停滞不前。而且因为训练太过单调而容易受伤，陷入"慢不下来，快不上去"的陷阱。

速度误区

其实真正好的跑步训练模式应该是不同配速训练呈现金字塔分布，速度慢的训练所占跑量比例最大，而速度最快的间歇跑、冲刺跑所占跑量比例小。

与专业运动员相比，由于大众跑者的训练时间比较有限，所以他们希望通过加快速度来弥补训练量的不足，或者不自觉就容易跑快。这种方法的问题是：高强度（接近乳酸阈）的训练容易增加对交感神经系统的负担，反而给身体施加了很大的压力。

其实最佳的训练模式是这样的：80%低强度训练，10%中等强度训练和10%的高强度训练。这种训练模式也是被大多数马拉松教练所认可的，我们称之为80/10/10法则。而很多跑者实际却是按照30/65/5的模式在进行训练。

好的跑步训练模式

跑步训练模式对比

三、轻松舒适地跑好处很多

有一些跑者误以为跑步一定要跑到足够快，大汗淋漓、气喘吁吁才有锻炼效果，这种所谓"没有付出就没有收获"的观点其实是错误的。在慢速情况下，轻松舒适地跑步能够获得很多好处。

1. 有效增强心肺功能

轻松跑虽然名为轻松，但仍然可以有效增强心肌收缩力量，因为心率达到最大心率的60%时，心脏即达到最佳做功模式，也不会因为心率过快而使得心脏得不到休息。因此，长期坚持轻松跑，可以很好地塑造心肌。

2. 有效燃烧脂肪，提高脂肪利用率

慢跑是最好的减肥方式之一，可以有效燃烧脂肪，但究竟应该多慢呢？其实就是应

该慢到跑步时轻松舒适，可以自如交谈。这时脂肪供能比例高，因此可以有效促进脂肪燃烧。对于那些耐力很好，不需要减脂的人群来说，这样的低强度慢跑也很重要，因为这种训练不是为了燃烧脂肪，而是为了提高脂肪供能比例，起到节约糖原的作用。有些跑友在马拉松比赛中容易"撞墙"，其重要原因就是脂肪动员不足，糖原消耗殆尽自然就会出现筋疲力尽。

3. 愉悦精神，促进全面健康

轻松的慢跑可以很好地调节紧张情绪，缓解焦虑和抑郁，是我们日常繁忙工作之后更为积极主动的放松方式。当然跑步还有其他好处，例如有利于骨骼关节健康、预防慢性疾病等。

4. 打下坚实基础，为日后能力提高提供支撑

通过不断地轻松跑训练，不仅可以锻炼最为基础的有氧耐力，也可以大大提升疲劳恢复能力。这些能力对于提升配速非常重要。

四、如何把控轻松跑的配速

轻松跑是配速最慢的一种训练，这种训练不是追求快，而是追求足够慢。对于不少跑者而言，慢有时反而变得不那么容易，但这种慢却是有必要的。对此，著名跑步教练丹尼尔斯博士针对不同能力的跑者制订了LSD跑配速参考标准，以方便每位跑者找到适合自己的速度。

不同水平跑者LSD训练参考配速

5千米成绩	10千米成绩	半马成绩	全马成绩	LSD配速
≥30分钟	≥63分钟	≥2小时21分钟	≥4小时49分钟	7:27~8:14／千米
27分钟	56分钟	2小时04分钟	4小时16分钟	6:36~7:21／千米
24分钟	50分钟	1小时50分钟	3小时50分钟	5:56~6:38／千米
21分钟	43分钟	1小时36分钟	3小时21分钟	5:12~5:51／千米
19分钟	39分钟	1小时27分钟	3小时01分钟	4:43~5:19／千米

同时需要注意的是，对于很多跑者而言，在进行轻松跑训练时，配速是一方面，心率同样也是一个非常重要的指标。如果在目标配速下心率过高，身体会很快进入疲劳状态，这达不到轻松跑训练的目的。因此，在正常情况下，轻松跑的训练强度应当控制在最大心率的65%~79%。如果在目标配速下，你的心率超过了这个心率区间，那么你应该降低配速，以心率是否达标作为训练强度的参考标准。

轻松跑在时间控制方面应当遵循以下原则。

● 初级跑者：训练时间控制在30分钟左右。
● 普通跑者：一次最长训练，时间控制在1小时左右。

- 以半马为目标的跑者：一次最长训练，时间控制在2小时左右。
- 以全马和超马为目标的跑者：一次最长训练，时间控制在2.5小时，但注意并非每次训练都要达到2.5小时。

◂◂◂ 第二节 为什么LSD之后再来几次冲刺跑就完美了 ▸▸▸

长距离慢跑是跑者平时最惯用的跑法，即LSD训练。它主要指以中等强度保持较长时间的慢跑。通过LSD训练可以给身体带来一系列好处，从而为跑者打造坚实的有氧基础。

如果你只是采用这样单一的方式跑步，对于提升健康来说是足够的。但如果你希望更好地提升耐力，只做LSD训练就显得不足，甚至还有些弊端。

一、LSD训练带来的益处

1. 增强心脏功能

跑步又称为心肺训练，这说明跑步的主要目的就是增强心肺功能。通过LSD训练可以显著增强心肌收缩力。因此，轻松的奔跑可以很好地塑造心肌，提高心肺耐力。

2. 提升肌肉利用氧气的能力

LSD训练不仅可以有效锻炼心脏，同时也可以提高肌肉利用氧气的能力，这样就可以达到提高氧气利用效率、节省氧气的作用，同时也有助于随时把更多糖转换为能量。

3. 让身体适应脂肪作为燃料，从而让脂肪成为长跑强大的能量来源

进行中等强度运动时，脂肪供能比例较高，长期在该强度下进行训练就可以提高脂肪供能效率，让你的马拉松后半程能量供应不再因为糖原耗竭而"捉襟见肘"，因为脂肪可以源源不断地提供足够能量。

LSD训练的三大作用的最终结果就是为身体打下良好的有氧基础。LSD训练还有其他作用，例如减肥、减压、提升心理健康水平、提高骨密度、减少慢性病发生等。

二、LSD训练的副作用

1. 节奏变慢，影响速度获得

LSD训练以"训练时间长"和"配速慢"为主，因此长时间训练后，身体会适应"慢"的节奏，也就是说神经肌肉已经形成动力定型，此时，再想把速度加快，身体就会出现明显的惰性。

2. 只训练了有氧系统，无法刺激无氧系统

由于训练强度低，心肺一直处在较低的工作水平，身体以有氧系统工作为主，久而久之身体就会适应这样的工作状态，因此当你准备提升配速奔跑时，由于平时缺乏对于无氧系统的刺激，无氧系统往往出现过度反应，即乳酸迅速堆积。你会因为肌肉酸胀、

呼吸困难、极度疲劳而不得不放慢速度。而一名优秀跑者不仅需要良好的有氧耐力素质，也需要具有较快速度的保持能力，即无氧耐力素质。

3. 减弱肌肉快速收缩能力，降低肌肉爆发力

运动生理学实验早已证明，长时间、中低强度的耐力训练会增加肌肉中的慢肌纤维，同时神经调动快肌纤维能力降低，这样肌肉快速收缩能力下降，爆发力受到影响，这就是你想快但快不起来的原因。

三、如何避免LSD训练的弊端

一方面，我们需要通过LSD训练打下良好的有氧耐力基础，因为有氧耐力基础是长跑所需要的最基本的素质，但我们又需要尽可能避免只做LSD训练对于速度能力可能造成的负面影响。

怎么办？那就是在LSD跑尾声增加几组冲刺跑练习。

冲刺跑，简而言之就是以自己的最大速度进行全力冲刺，例如100米、200米、400米全力跑都可以称之为冲刺跑训练。在此类跑法中，人体的最大速度将会被激发从而得到提升。而在长跑运动中增加冲刺跑意味着利用比平时配速快很多的速度奔跑，并反复进行多组。

四、冲刺跑带来的好处

1. 刺激神经肌肉，避免动作模式过于单一

正如前文所说，如果我们的身体只是以一种固定的节奏和强度运动，那么久而久之，神经肌肉就适应了这种模式，此时想要身体以别的强度或模式运动，就会出现神经无法有效支配肌肉的尴尬。具体表现为跑步时想快快不了，想慢也慢不了。而在平时的训练中，增加一些快速冲刺训练，让神经经常接受不同刺激，这样就可以保证大脑足够的灵活性和可塑性，即神经可以随时发出不同频率和强度的指令，指挥肌肉按照要求工作。

2. 刺激无氧系统，锻炼心肺功能

长跑成绩的好坏本质比的是不同个体维持高速奔跑的能力。因此，一名优秀的跑者既需要有很好的有氧耐力素质，也需要优秀的速度保持能力，即无氧运动能力。而无氧运动能够对心肺功能产生较大刺激。只有有氧和无氧结合，才能均衡发展人体心肺功能和耐力水平。

3. 提升跑者的最高速度，消除肌肉伸缩速度变慢的副作用

长期的慢跑运动会让身体中与氧化功能有密切关系的酶的活性较高，而与速度有关的糖酵解以及磷酸化供能酶的活性会降低。此时身体里产生快速奔跑的快肌纤维调动程度将变得低效，这将对最快速度产生很大的影响。在平时的训练中，为了消除这种因长期适应所带来的弊端，及时训练肌肉快速伸缩的模式就显得十分必要。

五、如何在慢跑尾声进行冲刺跑

冲刺跑就是采用冲刺的速度去跑。冲刺跑的强度比间歇跑的强度还要高。冲刺跑是跑步训练中强度最高的训练方法。

不同配速能力跑者冲刺跑建议的强度

5千米成绩	10千米成绩	半马成绩	全马成绩	冲刺跑配速
≥30分钟	≥63分钟	≥2小时21分钟	≥4小时49分钟	67秒/200米
27分钟	56分钟	2小时04分钟	4小时16分钟	58秒/200米
24分钟	50分钟	1小时50分钟	3小时50分钟	52秒/200米
21分钟	43分钟	1小时36分钟	3小时21分钟	45秒/200米
19分钟	39分钟	1小时27分钟	3小时01分钟	42秒/200米

进行冲刺跑训练时应遵循以下原则。

- 一般情况下，冲刺跑不需要单独进行，在LSD训练尾声进行即可，一周3~6次均可，这样也节约了时间。
- 一般来说，冲刺跑的训练分为两类，按时间训练和按距离训练。当冲刺跑能力不足的时候，那么每次训练按照时间，控制在十几秒到一分钟。当能够完成200米及以上冲刺的时候可以按照上表中的配速要求进行冲刺。一般一次冲刺最长时间不超过2分钟。
- 可重复多组，冲刺与间歇时间之比为1∶2或1∶3，也就是说如果你冲刺跑跑20秒，需要间歇40秒左右再做下一组，而如果你冲刺1分钟，则需要休息2~3分钟再做下一组。
- 间歇时，可以停下来休息，也可以用慢跑或者快走代替。

◀◀ 第三节　突破瓶颈的关键——抗乳酸跑 ▶▶

我们总是羡慕那些资深跑者配速比我们快很多。其实，你也可以像他们一样跑得很快，只不过，以超出自己平时能力的配速跑步，坚持不了多久，就会感觉腿像灌了铅一样沉重、呼吸也是上气不接下气，感觉无法坚持下去。而在这种速度下，资深跑者却气定神闲，跑得没你那么辛苦，这其实反映了高水平跑者和普通跑者在耐力上的差别。

为什么会出现这种情况？说到底还是你的心肺耐力和肌肉系统还不够强大，在较快配速下，身体内产生了乳酸堆积，乳酸堆积是较快配速跑步时，机体疲劳的根本原因。而高水平跑者在同等速度下，乳酸堆积并不明显。这就好比一个水箱，如果进水的速度超出出水的速度，那么很快这个水箱就会被填满。我们需要做的就是让进水量减少，水箱容积更大，同时让出水量变得更大，这样水箱就不容易蓄满。换句话说，通过训练让乳酸生成减少，机体更加耐受乳酸，同时排出乳酸的能力增强，这样才会让你在较快配速时，跑起来更加轻松。

在平时跑步时多去刺激乳酸系统（专业术语称为糖酵解供能系统），让身体去适应高强度跑步，这样就能大大提高身体在跑步中耐受乳酸和分解乳酸的能力，这种训练称为抗乳酸跑。

一、抗乳酸跑的好处

1. 提升身体耐受乳酸和排出乳酸的能力

很多跑者跑步时主要采用的是低强度长时间跑（LSD跑），此时主要是以有氧供能为主，供能物质主要为糖和脂肪，分解产物为水和二氧化碳，没有什么不良的代谢副产物，所以可以维持较长时间运动，但强度很低。如果你想进一步提高配速，因跑步强度的提升，运动状态由有氧状态进入到了无氧状态，此时无氧供能比例增大，就产生了代谢副产物——乳酸。乳酸大量产生，而分解速度较慢，乳酸逐步堆积，进而导致身体很快出现疲劳。身体从有氧供能转变为无氧供能的那个拐点称为乳酸阈。乳酸阈所对应的运动强度就是乳酸阈强度。在该强度以下，身体进行的是低强度有氧运动，而在该强度以上，则进行的是高强度无氧运动。

通过训练，跑者能够提升乳酸阈所对应的运动强度。例如原来6:00配速就是乳酸阈强度，而经过训练，6:00配速已经变成有氧运动，5:30配速才是乳酸阈强度，这就表明耐力得到实实在在的提高。换句话说，一位跑者本来以6:00配速进行跑步，身体会感觉很酸胀很难受，而通过一段时间的训练后，以6:00配速跑步会觉得很轻松，原本6:00配速时的不适感到了5:30配速时才会产生。

2. 提升有氧耐力的空间

假设有两位运动员，分别是运动员1和运动员2，运动员1的有氧区间达到70%最大摄氧量的时候会达到乳酸阈的拐点，运动员2的有氧区间达到60%最大摄氧量时就已经达到了乳酸阈的拐点，此时如果这两位运动员一起去参加同一场比赛，有氧区间大的运动员就能够以更快的速度，更轻松的状态跑完比赛，因为其有氧耐力空间较大，而有氧区间小的运动员稍微加大强度，就会出现乳酸堆积。

3. 让身体在临界速度下维持更长时间

一旦配速逐渐提升，乳酸的产生量大于清除量，乳酸不断堆积，身体就会很快进入疲劳状态。如果将配速正好保持在乳酸产生量与清除量相等的那个区间内，乳酸有产生但不会堆积，那么跑者将会以临界运动状态下的最快速度进行奔跑，而且能够避免身体因乳酸堆积而产生疲劳。经过一段时间训练，临界速度就会随之提升，有氧区间也会随之扩大，配速也会相应提升。

二、如何进行抗乳酸跑

抗乳酸跑对于绝大部分跑者来说都不太容易，其一是因为抗乳酸跑的确很累，因为此时体内乳酸会有一定程度堆积，你会感觉跑得比较痛苦，所以也是对于意志品质的极大考验；其二是因为抗乳酸跑的强度介于有氧和无氧之间，强度相对来说比较难以把控。跑得过快就会造成乳酸大量堆积，很快筋疲力尽，跑得过慢就处于有氧区间，达不到抗乳酸训练的效果。所以这就需要很好地拿捏速度。

不同水平跑者抗乳酸跑推荐配速

5千米成绩	10千米成绩	半马成绩	全马成绩	抗乳酸跑配速
≥30分钟	≥63分钟	≥2小时21分钟	≥4小时49分钟	6分24秒/1千米
27分钟	56分钟	2小时04分钟	4小时16分钟	5分40秒/1千米
24分钟	50分钟	1小时50分钟	3小时50分钟	5分06秒/1千米
21分钟	43分钟	1小时36分钟	3小时21分钟	4分29秒/1千米
19分钟	39分钟	1小时27分钟	3小时01分钟	4分04秒/1千米

进行抗乳酸跑时需要遵循以下原则。

- 每周2~3次，一次抗乳酸跑的跑量不超过周跑量的10%。
- 以最大心率的89%~92%进行训练，如果按照预定的配速训练感觉十分疲劳，心率过高，可适当降低强度，以心率为准来设定强度。
- 一般需要累计奔跑20分钟。
- 训练和休息时间比为5：1。例如今天抗乳酸跑的训练时间为20分钟，可以采用训练10分钟，休息2分钟，再跑10分钟的方法；也可以采用，跑4个5分钟，每组组间休息1分钟的方式进行。

◀◀ 第四节　提升配速的关键——间歇跑 ▶▶

刚开始跑步，耐力会比较差，经过一段时间训练后，耐力会有所提高，但如果你仍然维持原来的训练量和训练水平，你的耐力水平就会停滞不前。

怎样才能跑步时不那么气喘？也不再那么难受？秘诀就是"以毒攻毒"。你跑步不是喘吗？那就一不做二不休，跑得再快一些，喘得更厉害一些。下次跑步就会轻松很多，没有之前喘得那么厉害。这就是让你不再一跑步就拼命喘气的训练方法——间歇跑。

何谓间歇跑？快速跑一阵，休息一下，再接着跑，接着休息，不断循环的跑法就是间歇跑。至于休息，是完全停下来休息，还是用快走或慢跑作为休息，这个并不重要，都是可以的。间歇跑的核心特征是高强度跑和休息穿插交替进行，因为你不可能一直猛跑。

一、间歇跑的好处

1. 提升最大摄氧量，增强跑者的心肺功能

最大摄氧量是一个专业术语，是指当你达到运动极限时，你能够摄取的最大氧气量，这个值越高，代表你的耐力越好。为什么走路走多远都不太会气喘，跑步跑一会儿就会气喘？因为跑步强度大，你需要摄入更多氧气。因此，如果你希望提高你的最大摄氧量，就得逼迫自己尽可能在最大摄氧量所对应的强度下训练，这样才能刺激你的心肺系统，最大摄氧量才能提高。假设你的最大摄氧量是40毫升/千克/分，如果你以6:00配速跑步，摄氧量为30毫升/千克/分，相当于你以75%的最大摄氧量强度运动，这时你会比较喘，而如果你的最大摄氧量提高到50毫升/千克/分，你仍以6:00配速跑步，你就是以60%的最大摄氧量强度运动，这时你会感觉轻松很多，也就不再那么喘了。

2. 提升跑步经济性

即以省力节能的方式跑步。跑步经济性也是跑步成绩的重要因素。同样一场比赛，跑步经济性比较高的跑者能够节省更多的能量，跑起来相对更加轻松。有研究发现，采用间歇训练的跑者跑步效率改善幅度比持续训练的改善幅度高出2到3个百分点。同时，良好的跑步经济性可以弥补跑者在其他身体素质方面所存在的不足，例如肌肉力量不足等。

3. 提升机体抗乳酸能力

上一节中抗乳酸跑的原则的最后一条同样也适用于间歇跑。

而且有学者研究发现，只进行间歇跑训练的受试者，其抗乳酸能力也有所提高。间歇训练前，速度为10千米/时的血乳酸值为2.5毫摩尔/升，而经过训练，血乳酸达到2.5毫摩尔/升的强度为11.6千米/时，即在同等血乳酸水平时，配速得到了有效提升，那么在同等配速下，也就意味着血乳酸水平更低。

当然，这两者之间还是有一定的区别。

二、如何进行间歇跑

间歇训练的强度接近100%最大摄氧量，几乎是在接近极限有氧强度下进行快速跑，同时还需要将速度维持一段时间。当然，不同能力的跑者间歇跑所采用的配速也有区别。

不同耐力水平跑者间歇跑的合理配速

5千米成绩	10千米成绩	半马成绩	全马成绩	间歇跑配速
≥30分钟	≥63分钟	≥2小时21分钟	≥4小时49分钟	2分22秒/400米
27分钟	56分钟	2小时04分钟	4小时16分钟	2分05秒/400米
24分钟	50分钟	1小时50分钟	3小时50分钟	1分52秒/400米
21分钟	43分钟	1小时36分钟	3小时21分钟	1分38秒/400米
19分钟	39分钟	1小时27分钟	3小时01分钟	1分30秒/400米

　　间歇跑设置间歇的本质是：快速奔跑会让身体在几分钟内疲劳，通过间歇让疲劳得到一定程度恢复，但是又不让疲劳百分之百恢复。如果间歇时间过短，疲劳还没有得到足够恢复就开始下一组，必然导致下一组跑步时掉速明显，疲惫不堪；而间歇时间过长，身体疲劳几乎完全恢复，那就不是间歇跑了。间歇的目的是保证每一组按照预定的配速顺利完成。

　　进行间歇跑时需要遵循以下原则。

- 间歇跑不适合初级跑者，建议有4~6周的训练基础后再开始间歇跑。
- 每次的训练时间一般在2~5分钟之间。跑步能力较强的跑者（配速能够轻松进入6分钟以内），每一组的训练时间在3~5分钟。初级阶段的跑者（配速6分钟比较累的）可以按照400米一组进行训练。
- 训练时间和间歇时间比为1∶1。
- 心率应达到最大心率的95%~100%。如果心率达标，而配速尚低于目标配速，以心率为准。间歇时，要求心率恢复到最大心率的65%~79%，再开始下一组。
- 每次跑的训练时间控制在20~30分钟之间。例如，今天训练时间为24分钟，每一组3分钟，那么应该训练8组，加上间歇，实际训练时间会达到40~60分钟。水平较低者可以减为4~6组。

◂◂ 第五节　MAF180训练 ▸▸

　　慢跑是减脂的最佳方式之一，可是究竟应该跑多慢呢？事实上，每个跑者由于能力不同，无法用一个固定的速度来慢跑。但这并不意味着慢跑无法准确界定。国际上有一种广为认可的慢跑标准——MAF180跑法。

一、MAF180训练的来历

　　Max aerobic function heart rate简称MAF心率，即最大有氧心率。MAF训练法由菲利浦·马费通博士提出，他是国际著名的耐力训练专家，也是6次夏威夷铁人三项赛冠军马克·艾伦的教练。马费通同时也是一名高产的作家，他撰写了20多部著作，其中最著名的作品是 *The Big Book of Endurance Training and Racing*。

二、MAF180训练的主要特点

　　1. 训练强度比较低，比较温和，适合减肥者、初级跑者、普通跑步爱好者、成熟跑者进行LSD训练，以及因为某些原因很长时间不跑步、想要重新恢复跑步的人士。

　　2. 这种训练方法因为强度低，对身体造成的负担比较小，感觉较为舒适，利于培养跑步兴趣，并逐步养成坚持跑步的习惯，可以改变一般人认为跑步太累、体验差的认知。

　　3. MAF180是一种把身体切换到依赖脂肪燃烧获取能量的训练方法，可有效促进脂肪燃烧。也就是说MAF180是特别适合减肥的跑法。

三、如何进行MAF180训练

1. 用180减去年龄作为跑步时的目标心率，跑步时最好不要长时间超过该心率，可进行小范围的浮动。

2. 浮动的依据是个人健康状况和承受能力。

- 如果你患有疾病或刚刚康复（心脏病、高血压、刚做完手术或刚刚出院），或长期服用药物——目标心率为180减去年龄后再减去10。
- 以前没有锻炼过，锻炼不规律或者因伤停训，以及体质较差者——目标心率为180减去年龄后再减去5。
- 坚持每周锻炼并且没有上述症状的身体健康者——采用180减去年龄作为目标心率。
- 过去两年参加过马拉松比赛，没有上述症状并且比赛成绩持续提升者——采用180减去年龄后加5作为目标心率。

例如一个35岁的人，身体健康，打算开始跑步，属于初级跑者范畴，根据MAF180计算即180-35-5=140，那么140就是该初级跑者跑步时建议的目标心率。MAF180训练法除了非常简便地规定了人们运动时应该达到的心率外，也要求运动时不要长时间高于这个心率，因为一旦超过该心率，机体无氧供能的比例会显著增加，会导致乳酸堆积和疲劳感迅速来临。另外，运动时心率也不要低于该值减去10，也就是说对于这名35岁的跑者而言，跑步时的心率应当保持在130~140次/分之间，并尽量接近140次/分。

四、MAF180训练时的注意事项

1. 保证足够的训练周期，MAF180训练是一个长期的过程，至少要保证8~12周的训练时间，效果才会慢慢显现出来。所以不能因急于出成绩而放弃。

2. 每次训练保证科学的训练强度，建议佩戴心率表，可以准确把握自己的心率，从而保证训练的质量。

3. 对于没有心率表的跑者，可以采用搭脉搏方式测量心率，只是由于无法边跑步边搭脉搏，所以一般采用在跑步中或者结束后即刻测量脉搏的方式来反映跑步中的心率。要注意，由于运动结束后，心率一般会越跳越慢，所以不能采用测量1分钟的方式来反映运动中心率，而是采用测10秒脉搏乘以6或者测15秒脉搏乘以4来进行计算。

◂◂◂ 第六节　亚索800：高水平跑者必做的顶级训练 ▸▸▸

对于马拉松爱好者或资深跑者来说，800米跑是提升耐力、提高跑步成绩最有效的训练手段。

一、800米跑的特点

在田径运动中，800米跑是难度最大的极限强度运动，所以又称为"速度马拉松"。因为800米跑是考验速度耐力的项目，也就是说其训练的是身体长时间保持高度奔跑的能力。在能量供应方面，研究显示800米跑是以糖无氧氧化（产生大量乳酸）为主的运动，占总供能的65%左右；此外，800米跑要求是全力跑，而非慢跑，所以体内大量堆积乳酸，运动后血乳酸浓度可达15毫摩尔/升甚至更高。乳酸大量堆积，打破了体内酸碱平衡，破坏了身体内环境的稳定，从而引发非常明显的身体反应。

二、进行800米速度训练的原因

1. 提升最大摄氧量

众所周知，最大摄氧量是评价有氧耐力的黄金指标，有氧耐力的大小也就决定了长跑能力的强弱。最大摄氧量的大小一方面受到遗传影响，但也可以通过训练提高。大众跑者几乎都没有达到自己潜在的最大摄氧量，通过训练来提升的空间依旧很大。

当进行800米跑时，强度逼近最大心率，同时也就逼近了最大摄氧量，对机体摄氧系统形成了极大压力和刺激。一组训练结束后，经过相应时间的休息，使身体得到恢复，然后再次进行刺激。多组、多次的刺激之后，身体逐渐适应，从而提升了最大摄氧量。

2. 提升耐受乳酸和消除乳酸的能力

乳酸堆积是造成身体疲劳和运动能力下降的重要原因。因此提升耐受乳酸和消除乳酸的能力有助于提升运动表现。800米跑能快速突破乳酸阈，使得乳酸堆积到达身体难以忍受的峰值。当乳酸浓度升高，身体为了避免酸性中毒，消除乳酸的各项系统开始大力工作，坚持训练一段时间后，身体逐渐适应这种情况，从而提升了耐受乳酸和消除乳酸的能力。

三、如何进行800米跑

800米跑应在最大心率的95%~100%下进行。因为只有心率接近最大时，才能刺激到最大摄氧量。

每一组800米跑应保持在3~4分钟之间（根据个人能力会有不同），间歇时间为3~4分钟，其训练和间歇时间比为1∶1。只有这样才能让每一组维持在最大心率的强度，从而刺激最大摄氧量。

800米跑通常状况下进行4~8组即可，对于精英跑者来说可以单次进行10组训练。

换句话说，800米跑本质就是一种间歇跑，间歇跑要求你在跑时要尽全力，达到你本人可能的最大速度。间歇的目的是消除部分疲劳，清除部分乳酸，部分恢复运动能力，但又不能让你完全恢复，这样始终带着一定的疲劳进行训练，不断重复，就可以充分提升你的配速。

四、关于亚索800

亚索800最早由《跑者世界》资深编辑、优秀跑者巴特·亚索命名。亚索800标准训练是这样的：以在操场跑完10组800米跑为例，每组800米完成的时间相同，并且组间休息时间与完成800米时间相同。如果你能完成上述标准训练，以多长时间完成每组800米跑，那么最后你参加马拉松比赛的完赛时间就是与800米近乎相同的数字。当然，这里的数字的单位不一样。例如：以3分30秒完成每组800米跑，那么最终马拉松比赛完赛成绩将是3小时30分钟；如果800米每组成绩是3分钟，那么全马成绩将是3小时。当然，这只是一种近似的计算方法，并不绝对。

亚索800的具体训练方法如下。

- 首先，在自己现有能力基础上确定自己的目标成绩。例如目前全马成绩4小时，全马目标是3小时30分钟。接着将全马目标成绩转换为800米训练时间的目标配速，即3:30/800米。
- 赛前3个月左右训练最好。刚开始每次完成4组训练，每组以目标时间完成后，用等同于完成每一次训练的时间进行休息再进行下一组训练（800米休息和恢复时间比为1：1）。逐渐每周加一组，直到在赛前12~14天可以完成10组。如果即使经过与上一组800米同等时长的间歇仍然无法从疲劳中缓过来，下一组800米又掉速很明显，那就说明你的能力还不足以进行该配速的训练，你需要将完成800米的时间延长。
- 在训练的同时，每周的LSD、轻松跑抗乳酸跑等其他训练需继续进行。
- 如果你是一个高级跑者，亚索800的训练强度对身体的刺激不够，那么就可以采用在总训练里程数不变的情况下增加每组训练距离（如800米加到1200~1600米），或者缩短休息时间等来加强对身体的刺激。
- 在进行训练前，需要有足够的肌力、心肺等基础作为依托才能真正发挥亚索800的训练效果，完成比赛也会变得相对轻松。

五、总结

对于想要提升成绩的跑者而言，多组800米跑一定是你需要尝试的训练。虽然艰苦，但你真正跑过后，你会发现如果再以之前的配速进行慢跑，会感觉轻松很多，这就是能力提高的表现。当然，800米跑比较适合有一定基础的跑者。初级跑者，首先还是应当打好有氧耐力基础，在积累了一定跑量，心肺达到一定水平之后，再尝试进行800米跑。当然，也并非一定要只做僵化的800米间歇跑，400米、600米、1200米等都可以进行组合。

◄◄ 第七节 试试大名鼎鼎的法特莱克跑 ►►

长跑在许多人眼里是长时间恒定速度的耐力训练，单调、枯燥、乏味，但长跑同样可以"有意思，不枯燥"，例如本节要介绍的法特莱克跑。

一、法特莱克跑（fartlek）的由来

法特莱克跑是斯堪的那维亚人发明的一种利用地形、地貌或人为设置的加速与减速来发展耐力的方法。在20世纪30年代，当时瑞典中长跑教练戈斯塔·霍迈尔就已经意识到想要提高耐力，单凭LSD训练是远远不够的，运动员有时进行速度更快的训练，反而有助于提高耐力，后来他制订了一个被称为法特莱克（瑞典语）的训练体系，意思是速度游戏（speed play）。创造它的初衷是为了摆脱枯燥的LSD训练，提供一种快慢结合的训练方式。很快，在那个以为马拉松训练主要就是进行LSD训练的年代，北欧国家运动员借助更多的速度训练，尤其是快慢结合的法特莱克跑，一度包揽了中长跑比赛的奖牌。

关于法特莱克的定义有很多理解，如日本学者筑地美孝是这样描述的：可以利用野外的一切地方作为训练场地，利用自然的地形使运动员承受很大的负荷，疲劳时或上坡时，进行放松慢跑，待疲劳消除或下坡时再度快跑。其特点是运动员可以随自己的意志自由地练习长跑，不必拘泥于一种固定速度。

而国内的大多专家则认为法特莱克实际上是一种变速跑训练法，它充分利用户外，如山地、湖边、森林、草地等不规则地形作为训练场地。当然，对于生活在城市的我们来说，想要找到纯天然的环境很困难，在各种道路上进行变速跑训练也就是在进行法特莱克跑训练。

田径教科书是这样解释的：法特莱克跑是一种快慢相间但没有严格规定的任意变速跑，通常在户外进行，由跑者根据自身的体力情况决定快跑段和慢跑段的距离及次数。可以这样讲，法特莱克是一种根据地形变化和个人意愿引发速度变换的跑步方式。法特莱克从不令人生厌，因为它不会让你刻板地按照标准的节奏跑或严格规定中间间隔休息，但有时你必须控制训练的尺度，否则太容易进行，就达不到通过变速跑提升心肺功能的目的。

二、法特莱克训练的基本内容

法特莱克训练的内容大致如下：先做5~10分钟的轻松慢跑作为热身，然后进行20~30分钟左右速度稍快的跑步，途中还可根据训练场地的实际地形，进行50~100米不等距离的上坡加速跑或下坡冲刺跑8~10次，接下来做5分钟左右慢跑调整，再进行几组30秒~1分钟的快速冲刺跑，最后以慢跑和其他整理活动来结束训练。整个训练过程依训练目标而定，时间以60~90分钟为宜。

三、法特莱克跑究竟怎么练

1. 地形法特莱克跑

地形本身就告诉了你速度、步幅以及努力的程度等，上坡跑时速度则适当放慢，当然如果坡短也可加速冲上坡。下坡跑时则加速冲下坡或放松跑至坡底。如果公路沿途有电线杆，那么在两根电线杆之间做短距离快跑，接下来两根电线杆之间做慢跑练习。在田径场跑步时，直道加速跑，弯道放松跑。

2. 纵队式法特莱克跑

这种方法特别适合跑团训练。两名跑友之间前后相隔6米，大家成一路纵队出发。最后一名队员必须快速跑至队伍前面，当跑至队伍领头羊位置时，举手示意，然后队尾的队员再开始冲至前面，如此循环重复下去。当然，前提是大家跑步能力相差不大。

3. 里迭尔德式法特莱克跑

新西兰著名教练里迭尔德根据法特莱克原理所设计的训练计划更为规范。

- 以80%最大速度跑30秒，然后慢跑1~2分钟，重复做15组。
- 以80%最大速度跑2分钟，接着慢跑2分钟，重复做6组。
- 以90%最大速度跑1分钟，2分钟慢跑恢复，重复12组。

4. 将速度与力量练习结合起来的法特莱克跑

将速度与力量练习结合是另一种形式的法特莱克，比如在两地点之间折返跑，且在折返点每跑一次要轮流进行诸如俯卧撑、引体向上、立卧撑、仰卧起坐等练习。

四、依据不同目的选择适合自己的法特莱克跑

想要通过法特莱克跑达到何种效果是由跑者自行决定的。例如，如果想要提升自己的配速，应多进行100~400米反复跑的训练内容，辅以轻松跑作为间歇；如为了健康和减压而跑步，又不想总是进行LSD那样枯燥的训练，应当以轻盈放松的跑姿跑步，不断地变化跑的速度，时快时慢，让自己的心肺得以调动但又不至于过于气喘。

以一周作为一个小周期的训练循环可安排在开始阶段或中间阶段，也可以考虑把法特莱克法训练设置为一次高强度训练课，使之成为周计划中训练强度的高峰，这要根据训练者的想法与身体状态进行安排。

训练者最好在诸如公园、绿道以及地面较软的操场上进行法特莱克训练。当然，地形越多变越好，比如越野跑地形就非常适合进行法特莱克训练，这样有助于训练者获得好的训练体验。

五、法特莱克跑训练的优缺点

法特莱克是一种非常实用的、简单易行的训练方法。因为它可以同时提高速度和耐力，使机体承受较大的运动量又不至于过于单调乏味。

法特莱克训练固然有其优点，但也有不足的一面，主要问题有：由于总是在变换速度，不能很好地培养跑者的速度感；跑者完全凭自我感觉来加快或减慢速度，训练随意性大，训练质量有时难以保证。

六、总结

法特莱克跑的本质是变速跑，但各位跑友不能把法特莱克训练简单看成时快时慢，累了就慢点，缓过来再快点的训练方法，而应意识到法特莱克本身是一种积极的训练方法，它可以用来提高速度、耐力，提升腿部力量等。想要跑步不枯燥，法特莱克是不错的选择。

◀◀ 第八节 日本跑者进步神速的秘诀 ▶▶

在2018年的东京马拉松赛上，日本本土选手取得了辉煌的战绩，男子前十名中有6人是日本选手，其中25岁的设乐悠太更是战胜众多非洲高手，名列第二，并且以2:06:11秒刷新了亚洲纪录；而女子选手中，前十名也有4人为日本选手。你可以说日本选手占据主场优势，但在马拉松这个被黑人选手一统天下的项目中，日本选手集体大踏步地前进，还是证明了日本选手的进步不是偶然，也不是个别天才选手临场爆发，其背后一定有成功的逻辑。

一、日本选手进步神速的秘诀——细胞分裂法

细胞分裂法的发明者铃木清和曾经是一名中长跑运动员，也是日本著名接力耐力赛——"箱根驿传"名校驹泽大学接力队的一员猛将。铃木清和在校期间曾经备受跑步伤痛困扰，这使他不断琢磨跑步给身体带来疼痛的原因，认真地研究科学、理想的跑步方法。最终发明了适合亚洲人种的"细胞分裂法"和"骨骼训练法"。细胞分裂法是一种训练心肺耐力的方法，而骨骼训练法则是一种针对跑姿的训练方法，二者相得益彰。可以说，正是借助这一法宝，日本选手得以在东京马拉松赛场上大放异彩。

二、闭上嘴只用鼻子呼吸的"细胞分裂法"

跑步乃至其他所有运动消耗的能量物质都来源于糖和脂肪，二者通常在跑步中混合供能，至于供能比例的高低则是由运动强度所决定的。如果跑得快，糖供能比例高而脂肪供能比例低；如果跑得慢，则脂肪供能比例高糖供能比例低，这就是为什么减肥要采用低强度慢跑的核心原因。

如果我们走路，或者跑得慢一些，可以只用鼻子而不用口鼻并用呼吸。铃木清和认为如果只用鼻子呼吸，这时就是低强度的有氧运动，消耗脂肪的比例较高；而如果你必须张开嘴呼吸则表明此时是高强度的无氧运动，消耗糖类的比例较高。人体内脂肪的储

备量很多，如果只是脂肪供能，理论上我们几乎可以运动无限长时间，但人体内储存的糖却只有几百克，所以，人类没有办法长时间持续无氧运动。增加长时间运动时脂肪供能比例，让我们能够持续更长时间的运动的重点就在于将速度维持在几乎不需要张开嘴呼吸，只用鼻子呼吸的速度，这也就是"细胞分裂法"的关键——原生速度。

三、学习细胞分裂法，首先从了解自己的原生速度开始

找出用鼻子呼吸的最高速度（即原生速度）的方法就是跑400米。你用鼻子呼吸并开始跑步，慢慢加快速度，直到快要开始喘气而几乎必须张开嘴时，这就是个人目前的原生速度。原生速度测试时鼻子呼吸的节奏应该是这样：跑四步吸气，即"吸、吸、吸、吸"，跑四步吐气，即"吐、吐、吐、吐"。

注意，进行原生速度测试并非让你憋着气跑，而是让你找到只用鼻子，而不张开嘴呼吸的最大速度，这个速度通常是最大摄氧量的50%左右。最大摄氧量是评价耐力的经典指标，但大部分跑者没有条件在实验室精准地测试自己的最大摄氧量，但是有一个简单估计自己50%最大摄氧量的方法。最大摄氧量百分比与最大储备心率百分比一一对应，也就是说50%最大摄氧量相当于50%最大储备心率。储备心率的计算方式比较简单。

第一步：首先评估自己的最大心率，通常用220减去年龄，当然如果你实测过自己最大心率最佳。

第二步：评估自己的储备心率，用最大心率减去安静心率得到储备心率。

第三步：用储备心率乘以50%，再加上安静心率就得到50%最大储备心率。

例如，一个人安静心率是60次/分，年龄是40岁，根据上述方法得出：

最大心率=220−40=180次/分

储备心率=180−60=120次/分

50%最大储备心率=120×50%+60=120次/分

通过上述计算，以50%最大摄氧量跑步是强度较低的慢跑，可能在很多跑者眼里简直是一个无法忍受的慢速。但是现在的慢是为了将来的快，只有把慢的基础打好，将来才能更稳健更轻松。只要你以原生速度练习，你就能慢慢提高最大摄氧量，即你始终维持用鼻子呼吸的速度跑步，你就会越跑越轻松，还会起到节约糖原、消耗脂肪的目的，这才是马拉松比赛能够持续跑下来的王道。

相当一部分跑者在马拉松后半程由于体力衰竭，采用走或者走跑结合的方式，又或者因为疼痛、抽筋被迫减慢速度甚至停下来，走走停停。这样的人即使勉强完成马拉松比赛，实际上仍不具有"从头到尾跑完马拉松的能力"，属于"不曾跑完全马者"，而只要你坚持采用原生速度跑，就会为你的耐力打下坚实基础，让你具备马拉松全程匀速跑下来的能力。铃木清和自信地认为原生速度可以避免全马跑到后半段掉速的问题，原生

速度是能跑完全程的基本速度。

四、原生速度训练实例

进行原生速度训练时，很重要的一点是要确实能维持原生速度跑到不能再跑为止。第一周先测试用原生速度能连续跑多远。一开始只用鼻子呼吸所能跑的最长距离是3千米。第二周先跑短一点的距离就休息，例如500米休息一次，直到跑完10千米为止。休息时不要走动，务必站在原地休息。持续练习，由第3周开始逐渐拉长每次休息之间的时间和距离，一样只能用鼻子呼吸，最终的目标是连续跑完10千米不休息。

有跑者可能会问，以50%最大摄氧量进行原生速度跑，强度很低，完成起来很轻松，完全没有问题，但你要注意这时你是只用鼻子呼吸，只用鼻子呼吸通气量明显比口鼻并用呼吸通气量小，即摄氧量减小，而且鼻腔狭窄，通气阻力较大，可以更好地调动你的呼吸肌，而呼吸肌一般认为是难以训练的肌肉。所以，只用鼻子呼吸进行原生速度跑虽然是低强度有氧运动，但由于刻意闭嘴，完成起来也并不轻松。

五、细胞分裂法的科学本质：把强度牢牢控制在低强度轻松跑区间

当跑者纷纷追求更快的日常跑步，孜孜以求提升配速时，这就已经陷入了误区。科学训练的基本原理以及细胞分裂法的发明者铃木清和的经验告诉我们，你不是跑得太慢，而是跑得太快，把日常跑步时的速度降下来，更有助于你跑步水平的提高。

我们在本章第一节就说过，专业跑者大部分训练采取的是低强度训练。跑量的积累对于跑者来说十分重要，而降低速度、降低强度可以帮助跑者更好地积累跑量。不仅仅跑者在遵循这样的法则，对挪威赛艇30年的训练研究发现，挪威赛艇在30年间由一个落后项目成为一个优势项目的主要原因是训练负荷发生了巨大变化。30年间，挪威优秀赛艇运动员的最大摄氧量提高了12%，但在训练负荷上，低乳酸阈强度训练由过去的30小时/月增长为50小时/月，比赛强度和超最大强度的训练从过去的23小时/月下降到7小时/月，同时训练量增加了20%，从过去的924小时/年增加到1128小时/年，这说明挪威赛艇的进步不是因为坚持高强度训练，而恰恰是把训练强度降下来，"更轻松的训练"反而获得了更好的训练效果。

事实上，很多跑者是不慢不快地中等强度跑步，这种训练方式使得能力提高缓慢，成绩停滞不前，陷入"慢不下来，快不上去"的陷阱。铃木清和发明的"细胞分裂法"，通过关闭口腔，只用鼻子呼吸，相对地减少了通气量，增加了通气阻力，被迫让跑者慢下来，从而实现了低强度慢跑，这样就把基础耐力打得非常扎实，为跑步专项耐力的发展提供了坚实的基础。而很多跑者，基础耐力的根基其实并不扎实，却盲目进行速度较快的专项耐力训练，这会让身体长时间处于过度疲劳状态。

铃木清和清醒地认识到，亚洲人与黑人相比，并不具备优良的速度能力和耐乳酸能力。要与黑人抗衡，关键是要通过量足够大、速度足够慢的跑量积累，发展极其扎实的基础耐力，提高脂肪供能比例，减少糖的供能比例，控制乳酸生成。"细胞分裂法"这一方法在日本高水平选手中的应用得到极大成功，证明了这种方法的有效性，也促进了日本选手成绩的飞跃，其背后的逻辑其实很有意思。"更轻松、时间更长的训练"比"更痛苦、时间较短的训练"，在带来更好体验的同时，反而促进了成绩的提升。

六、总结

本节对铃木清和发明的"细胞分裂法"进行了从原理到应用的较为全面的分析和阐述，跑友也不妨试试"细胞分裂法"，用原生速度进行更轻松的训练。

◂◂◂ 第九节　跑步造就最强心脏——跑者心率在训练中的应用 ▸▸▸

跑步作为最受大众欢迎的运动，可以给人体带来诸多健康益处，最为显著的益处就是提高心脏功能。强大的心脏不仅可以保证你长时间工作，也可以帮助你更快消除疲劳，更为重要的是，心脏功能还可以作为预测疾病的指标。如果你心脏功能好，那么你未来发生心脏病、糖尿病、癌症的概率就比较低，而如果你缺乏运动，心脏功能不佳，即使你现在自我感觉没什么异常，未来发生上述疾病的概率也会显著升高。所以，美国心脏协会已经把心肺耐力作为第五大生命体征，与体温、心跳、血压、呼吸并列。这足见心脏健康的重要性。

一、坚持跑步的人安静心率会变低

对于跑者而言，心脏功能好除了表现为跑步可以跑得更快、更远这些间接指标以外，就心脏本身而言，还有两方面最为显著的改变：**安静心率降低和最大心率提高**。

安静心率在60~100次/分都属于正常范围。安静时心率如果低于60次/分通常称为窦性心动过缓（前提必须是窦性心律）；安静时心率高于100次/分则称为窦性心动过速。这里的安静是指静坐时的心率。运动员，包括经常跑步的人群，安静时心率可能在50~60次/分，这是心脏功能增强的表现。但是心率绝不是越慢越好，过慢的心率容易引发房室传导阻滞。通常情况下：熟睡心率<晨起心率<静息心率。

晨起心率也是一个非常重要的评价身体疲劳的指标。晨起心率是指早晨醒来，在起床之前测量自己的心率，它比静息心率低，但比熟睡心率高。如果晨起心率相比以往每分钟增加12次以上，常常表明前一天跑步带来的疲劳没有完全消除或者提示身体过度疲劳。

长期运动能够降低安静心率、增强心脏功能的原理如下。

1. 心脏神经调节机制改善

心脏活动受到交感神经和迷走神经两套互相拮抗的神经共同作用，交感神经主要使心脏兴奋，使心跳加快；迷走神经则抑制心脏，使心跳减慢。运动时，交感神经占优势，心跳明显加快；安静时，迷走神经占优势，心率较低。两套神经互相拮抗，共同作用，使心脏具备较强适应能力，以应付各种情况。

通过经常性的运动，抑制心脏活动的迷走神经张力提高，交感神经活动减弱。因此，出现了安静时心率下降的情况，心脏活动呈现节省化的表现，这是心脏功能改善、神经调节更为灵敏的体现。训练有素的运动员或经常跑步者，由于窦性心动徐缓，心脏的舒张期延长，使得心脏有更多时间回血充盈，为下一次收缩射血做好准备，并且可以让心脏得到充分休息。

2. 心肌收缩力增强

因为系统训练后，心肌纤维超微结构发生适应性改变，心肌收缩力增强，心肌毛细血管密度增加，心脏血液循环加强。这样就使每次心脏搏动时射出的血液更多，即心脏不需要跳那么快，就可以满足全身供血需要，从而导致心率降低。

我们用数学公式简单算一算，跑友就理解了。

心输出量＝每搏输出量 × 心率

如果一个人心输出量每分钟为5000毫升

如果每搏输出量为100毫升，那么

心率＝5000/100＝50次/分

如果每搏输出量仅为60毫升，那么

心率＝5000/60＝83次/分

也就是说，心脏每次收缩更加有力，能够射出的血液更多，心脏自然就不需要那么累，跳那么多次了。

用安静心率评估耐力（男性）

年龄	18~25	26~35	36~45	46~55	56~65	65+
运动员水平	54~60	54~59	54~59	54~60	54~59	54~59
优秀	61~65	60~64	60~64	61~65	60~64	60~64
良好	66~69	65~68	65~69	66~69	65~68	65~68
平均水平之上	70~73	69~72	70~73	70~73	69~73	69~72
平均水平	74~78	73~76	74~78	74~77	74~77	73~76
平均水平之下	79~84	77~83	79~84	78~83	78~83	77~84
差	85+	83+	85+	84+	84+	84+

通过安静心率评估耐力（女性）

年龄	18~25	26~35	36~45	46~55	56~65	65+
运动员水平	49~55	49~54	50~56	50~57	51~56	50~55
优秀	56~61	55~61	57~62	58~63	57~61	56~61
良好	62~65	62~65	63~66	64~67	62~67	62~65
平均水平之上	66~69	66~70	67~70	68~71	68~71	66~69
平均水平	70~73	71~74	71~75	72~76	72~75	70~73
平均水平之下	74~81	75~81	76~82	77~83	76~81	74~79
差	82+	82+	83+	84+	82+	80+

二、坚持跑步的人最大心率较高

这是承受极限负荷能力增强的表现。最大心率是指当人运动到极限强度状态时所能达到的最高心率。我们通常可以用220减去年龄推算本人最大心率，但这都是基于人群的平均水平推算出的结果，对于群体评价是正确的，但对于个体评价，这样的计算误差较大。事实上，最大心率存在很大的个体差异。

通常情况下，最大心率会随着年龄增长而下降，这是心脏功能逐步衰退的表现。而经常锻炼者，例如跑者，最大心率下降更为缓慢，甚至不降反升。也就是说一个40岁的跑者最大心率可能不是180，而是190甚至200。换句话说，经常锻炼者可以长期保持最大心率，不会随年龄增长而下降，这恰恰是心脏功能良好的表现。

为什么坚持跑步的人的最大心率较高？一方面，心率与运动强度存在显著的相关关系，当运动强度增加时，心率必然增加。但是当运动强度较大时，由于乳酸堆积，我们就会感觉很痛苦，无法坚持下去。也就是说你可能还没到最大心率或接近最大心率时，你就已经疲惫不堪，只能停下来休息。而运动能力好的人，可以承受体内高乳酸的环境，这代表承受极限负荷时能力增强。另一方面，当心率显著加快时，由于心脏过于频繁地收缩舒张，导致心脏在舒张充盈期来不及血液回心，同时心脏在收缩射血期也来不及将血液射向血管，这时心脏看似拼命工作，但其实效率极低。而心脏功能好的人，在心跳非常快时，利用良好的心脏收缩舒张能力，还能继续保持一定工作效率。

三、安静心率变慢，最大心率变快的好处——心率储备空间有效增加

所谓心率储备空间，是指最大心率与安静心率的差值，代表了你从安静状态到极限运动状态心率能够上升的空间。具体来说，同样甲、乙两个人，年龄都是40岁，甲是资深跑者，而乙是伏案久坐缺乏运动的人。甲由于经常锻炼，安静心率为55，最大心率为195，那么甲的心率储备就是195-55=140，而乙安静心率为75，最大心率为175，

那么乙的心率储备就仅仅只有175-75=100。这就意味着甲从安静状态到极限强度，心率可以上升140次，而乙只能上升100次，两人如果同时运动，当乙的心率上升了100次之后就筋疲力尽，而甲在此时还能再上升40次，同时可以预见的是，乙在运动时心跳上升更快，而甲上升更慢。或者说，在同等强度下，乙的心跳比甲要更快。

长期坚持跑步，特别是科学地跑步，会使心脏功能显著增强，安静心率呈现下降趋势，而最大心率则呈现上升趋势，这样就有效提升了心率储备空间，这本质就代表了更强的心脏储备功能。

四、了解自己的最大心率很重要

一些资深跑者善于用心率表来把控自己运动时的合理强度。如果你在高心率时没有明显的胸闷气喘，那么心率高一点也没有太大问题。例如，一名40岁的跑者，最大心率如果是180，那么他以90%最大心率跑步，这时心率应该是162，这时你会以为是无氧抗乳酸跑，但如果这名跑者真实的最大心率在195，那么162的心率仅仅相当于最大心率的83%，这个强度其实仍然是有氧跑，心率并不高，所以准确评估本人最大心率对于制订训练计划和设定真正适合本人的心率区间至关重要。

用公式推算自己的最大心率要么可能高估最大心率，要么可能低估最大心率。如果以理论上的最大心率作为依据制订跑步时的靶心率，那么就有可能存在两种情况，要么强度太高，把自己置于过度疲劳的境地，要么强度偏低，达不到训练效果。**这里也提醒广大跑者，由于心率表默认最大心率是220减去年龄，所以如果你知道自己的最大心率，在设定心率手表时一定要手动设置最大心率，这样才能更加准确地设定你的心率区间。**

五、如何准确评估自己的最大心率

方法1：3千米全力测试

场地：正规400米跑道

测试距离：3千米（7.5圈）

测量仪器：心率表

测试内容：

1. 先戴上心率表慢跑一圈检查心率表能否正常工作，同时兼做热身；

2. 在400米跑道上连续跑7.5圈，前5圈在保持第一圈轻松跑的基础上强度逐渐提高，从第5圈开始，每一圈都需要提升速度并观察和记录自己的心跳数值，确认自己的心率持续上升（若心跳没有持续上升需继续提速），并且在最后半圈用最大的速度进行奔跑，冲出自己的最快速度；

3. 记录心率表在最后半圈直到结束后10秒之内的最高心率，此时的数据已经非常接近你目前的实际最大心率。

方法2：多组800米测试

场地：正规400米跑道

测试距离：3~5个800米

测量仪器：心率表

测试内容：

1. 首先进行热身；

2. 在400米跑道上全力跑2圈，即跑800米，记录达到终点时刻的心率；

3. 休息3~5分钟，不要超过5分钟，进行第2个800米全力跑测试，如果第2次心率高于第1次心率，则再进行第3次测试，直到达到最大心率。如果第2次心率不及第1次心率或者与第1次心率齐平，那么这就是你的最大心率。通常情况下，经过2~4个800米测试，就能找到你的最大心率。

六、用最大心率和安静心率直接预测心肺耐力

根据上述原理，丹麦科学家经过验证，得到了评估心肺功能最简单的公式：

$$最大摄氧量 = 15 \times \frac{最大心率}{安静心率}$$

最大摄氧量是评价心肺耐力的最精准指标。当然，最大摄氧量的直接测试通常只能在实验室环境下，借助昂贵的设备，让人佩戴面罩收集呼吸的气体进行测试。因此，科学家发明了很多间接方法进行推算，例如12分钟跑、1.6千米走、2.4千米跑等。

丹麦科学家根据耐力好的人安静心率低，最大心率高这一原理，发明了上述公式，经过验证，精度极高，这也是一种新的测算最大摄氧量的公式。当然，前提是你必须了解自己真实的最大心率和安静心率，而不是用220减去年龄。例如，一名40岁的跑者，最大心率为190，安静心率为60，那么其最大摄氧量=15×（190/60）=47.5毫升/千克/分，其评价见下表。跑者不妨也通过该公式评估一下自己的心肺耐力。

最大摄氧量评价心肺耐力的标准

年龄	低水平	一般水平	中等水平	较好水平	高水平	运动员水平	奥林匹克水平
女性（毫升/千克/分）							
20-29	<28	29~34	35~43	44~48	49~53	54~59	>60
30-39	<27	28~33	34~41	42~47	48~52	53~58	>59
40-49	<25	26~31	32~40	41~45	46~50	51~56	>57
50-65	<21	22~28	29~36	37~41	42~45	46~49	>50

续表

年龄	低水平	一般水平	中等水平	较好水平	高水平	运动员水平	奥林匹克水平
男性（毫升/千克/分）							
20-29	<38	39~43	44~51	52~56	57~62	63~69	>70
30-39	<34	35~39	40~47	48~51	52~57	58~64	>65
40-49	<30	31~35	36~43	44~47	48~53	54~60	>61
50-59	<25	26~31	32~39	40~43	44~48	49~44	>56
60-69	<21	22~26	27~35	36~39	40~44	45~49	>50

七、跑步时准确把握心率，实现最佳运动效果

跑步时心率并不是一味高就好，或者一味低就好，而是要根据不同的目标设定自己合理的心率区间，该高则高，该低则低。如果你希望减脂，那么你在跑步时的心率就不能太高，否则你会很快疲劳，达不到长时间跑步消耗脂肪的目的。如果你在准备马拉松比赛，该进行适当的抗乳酸跑、间歇跑，这时你就必须充分调动你的心率，达到尽可能高的心率才能保证你的训练富有成效。

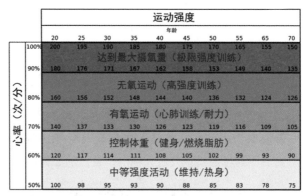

这里有一个极为关键的概念——靶心率，也可以直译为目标心率。这是跑步时用来反映运动强度的核心指标。靶心率就是要根据不同的跑步目的，让自己的心率处于一个最佳区域，这个最佳区域就如同打靶一样，只有心率介于这个靶向区域，才能取得你所需要的最佳跑步效果。心率过高或者心率过低都有问题，费了力气，花了时间，却效果不佳，事倍功半。上表表明了达到不同跑步目标所需要的靶心率区间。

下表所示的5种配速跑中，轻松跑强度最低，马拉松配速跑速度比轻松跑略快，但仍然属于有氧跑范畴，抗乳酸跑和间歇跑速度更快，而冲刺跑是速度最快的跑步方式。这5种速度的训练量则是金字塔组合，速度越慢的所占跑量越大，速度最快的冲刺跑所占跑量最小，不同速度跑有机组合，就能全面发展你的跑步能力。

五种配速跑最佳靶心率区间

	训练强度	训练时间	训练与休息时间之比
轻松跑	65%~78%最大心率	30~150分钟	—
马拉松配速跑	78%~88%最大心率	40~110分钟	—
抗乳酸跑	89%~92%最大心率	20分钟/组，也可4组5分钟	5：1
间歇跑	97%~100%最大心率	3~5分钟/组	1：1
冲刺跑	达到甚至超过最大心率	最长2分钟/组	1：2/1：3

不同跑步内容所对应的心率区间

年龄	最大心率	轻松跑		马拉松配速跑		抗乳酸跑		间歇跑	
		心率下限	心率上限	心率下限	心率上限	心率下限	心率上限	心率下限	心率上限
20	200	130	156	158	168	170	176	178	200
21	199	129	155	157	167	169	175	177	199
22	198	129	154	156	166	168	174	176	198
23	197	128	154	156	165	167	173	175	197
24	196	127	153	155	165	167	172	174	196
25	195	127	152	154	164	166	172	174	195
26	194	126	151	153	163	165	171	173	194
27	193	125	151	152	162	164	170	172	193
28	192	125	150	152	161	163	169	171	192
29	191	124	149	151	160	162	168	170	191
30	190	124	148	150	160	162	167	169	190
31	189	123	147	149	159	161	166	168	189
32	188	122	147	149	158	160	165	167	188
33	187	122	146	148	157	159	164	166	187
34	186	121	145	147	156	158	164	166	186
35	185	120	144	146	155	157	163	165	185
36	184	120	144	145	155	156	162	164	184
37	183	119	143	145	154	156	161	163	183
38	182	118	142	144	153	155	160	162	182
39	181	118	141	143	152	154	159	161	181
40	180	117	140	142	151	153	158	160	180
41	179	116	140	141	150	152	158	159	179

年龄	最大心率	轻松跑		马拉松配速跑		抗乳酸跑		间歇跑	
		心率下限	心率上限	心率下限	心率上限	心率下限	心率上限	心率下限	心率上限
42	178	116	139	141	150	151	157	158	178
43	177	115	138	140	149	150	156	158	177
44	176	114	137	139	148	150	155	157	176
45	175	114	137	138	147	149	154	156	175
46	174	113	136	137	146	148	153	155	174
47	173	112	135	137	145	147	152	154	173
48	172	112	134	136	144	146	151	153	172
49	171	111	133	135	144	145	150	152	171
50	170	111	133	134	143	145	150	151	170
51	169	110	132	134	142	144	149	150	169
52	168	109	131	133	141	143	148	150	168
53	167	109	130	132	140	142	147	149	167
54	166	108	129	131	139	141	146	148	166
55	165	107	129	130	139	140	145	147	165
56	164	107	128	130	138	139	144	146	164
57	163	106	127	129	137	139	143	145	163
58	162	105	126	128	136	138	143	144	162
59	161	105	126	127	135	137	142	143	161
60	160	104	125	126	134	136	141	142	160

八、心率手表的使用以及心率的测量方法

心率测量技术主要有两种，一种是以心率带为代表通过心电信号测量心率，另一种是光电技术测量心率。市面上主流的心率表，例如Suntto、佳明，两种技术的手表都有，产品线很全。目前，两种技术测量心率都是准确的，主要看个人。有的跑者觉得心率带测量的心率更加稳定准确，而有的跑者不喜欢胸前被一根心率带束缚。光电式心率表要求必须紧贴皮肤，表带需要收得紧一些，避免晃动。此外，虽然心率带一般要求佩戴在胸前，但身体任何部位都可以测量心电信号。如果你觉得心率带绑在胸前不适或是限制呼吸，可以适当把心率带朝腹部放一点。这样仍然可以测量心率。

对于没有心率监控装备的普通跑者，简单的搭脉搏方式也很容易测量心率，具体测量方法参照本章第五节。

正确的搭脉搏方式有两种，一种是搭桡动脉，另一种是搭颈动脉。用无名指、中指

和食指触摸前臂外侧，就可以测量桡动脉，这样可以增加接触面积，让我们更容易找到自己的脉搏。只用大拇指搭桡动脉的方式不对。对于脉搏比较弱的跑者而言，可以采用搭颈动脉的方式。由于颈动脉更靠近心脏，所以搏动更强烈。男性在喉结向两边凹陷处很容易摸到颈动脉，女性喉结不明显，在喉咙正中间向两边2~3厘米处就可以摸到颈动脉。特别提醒，颈动脉上有压力感受器，因此不能过于用力地按压颈动脉，否则容易因过度刺激颈动脉压力感受器而引发减压反射，引起晕厥。

九、关于跑步心率的总结

- 经常跑步者安静心率偏低，最大心率偏高，这是心率储备空间增大，心脏功能增强的表现。
- 晨起心率加快是疲劳恢复不及时的表现，这时要注意休息，避免连续给予心脏过度负荷。
- 经常跑步者在同等配速下，心率更低，但在最高速度跑步时，心率更高。
- 如果在身体状态不佳的情况下跑步，通常心率可能比平时更高，但也有可能更低，心率永远不会撒谎。
- 能够按照心率去跑步的跑者，都是真正理解科学跑步的理性跑者。在跑步时要根据不同的跑步目标，设定合理的心率区间，并非越高越好或者越低越好。
- 跑马拉松时如果能全程保持稳定心率，这是耐力良好的体现。通常情况下，在后半程，大多数跑者会出现明显的心率漂移现象。

◂◂ 第十节 跑者如何评估耐力 ▸▸

前面已经介绍过，评价耐力的经典指标是最大摄氧量。该值越大，表示耐力越好。常用的最大摄氧量的测试方法有两种。

第一种方法是通过佩戴心肺测试仪，让人体从安静状态逐步运动至极限状态，用仪器直接测试摄氧量。这种方法被称为直接测试法，该方法客观精确，一般在先进的运动科学实验室才能进行。

第二种是间接测试法，无须佩戴科研级设备。只要在规定时间或距离内，竭尽全力运动奔跑，测试跑步的距离或者按完成规定距离的时间，进而推算出最大摄氧量，或者利用最大心率和安静心率进行测算（详见本章第九节）。

一、最大摄氧量直接测试法

以慧跑教练郑家轩为例，简单讲解最大摄氧量的直接测试法。通过在跑步机上跑步，让受试者运动至个人极限，测定接近精疲力竭时摄入了多少氧气，这就代表着最大摄氧量。这种方法需要运动至极限状态，所以一般用于健康成人和运动员的测试。该测试需要运用能够直接分析气体的科研级设备，所以一般在高校科研院所的运动科学实验室内进行。

测试采用了经典的Bruce跑台测试方案。该方法每3分钟增加一级速度和坡度，也就是说采用了逐级递增运动负荷测试，让受试者从安静状态逐步提高强度，直至力竭。

Bruce跑台测试方案

级别	时间（分钟）	速度（千米/时）	坡度%
1	0~3	2.7	10
2	3~6	4.0	12
3	6~9	5.4	14
4	9~12	6.7	16
5	12~15	8.0	18
6	15~18	8.8	20
7	18~21	9.6	22

测试过程

1. 佩戴心率带及小巧的心肺功能仪。

2. 开始进行测试，第一阶段是上坡慢走。

佩戴设备，低强度测试阶段

3. 第二阶段，依然在上坡走状态，但速度加快，坡度增加。

4. 第三、四阶段，坡度速度进一步增加，郑教练开始进入发力状态，变成上坡慢跑。

中等强度测试阶段

5. 第五阶段，接近极限，开始大喘气。

6. 第六阶段，坚持了1分27秒时，郑教练达到了力竭状态。测试结束，郑教练总共运动16分27秒。

高强度测试阶段

7. 实验结果

观察实验结果，郑教练的最大摄氧量是65.15毫升/千克/分，对照下面的评判标准

149

达到了运动员水平。

Test Information								

Test Duration 00:17:55　　Exercise duration 00:16:22
Ergometer:　　　　　　　Protocol:　　Bruce
Test type:　　　　　　　Reason for Test:
Physician:　　　　　　　Technician:
Reasons for Stopping Test:
Subject's Response:

Spirometry	Pre Ex	Pred	%Pred	Post Ex	%Pre Ex			
FVC (l)	---	4.83	---	---	---			
FEV1 (l)	---	4.09	---	---	---			
MVV (l/min)	---	143	---	---	---			
IC (l)	---	---	---	---	---			

Exercise Testing	Rest	Warm-up	LT	RC	Peak	Pred	%Pred	Recov+2min
t (hh:mm:ss)	---	---	00:16:09	00:16:17	00:16:27	---	---	00:01:27
Load1 (Watt)	---	---	89	89	89	220	40	27
Load2 (Watt)	---	---	20	20	20	---	---	---

Metabolic Response	Rest	Warm-up	LT	RC	Peak	Pred	%Pred	
VO2 (ml/min)	---	---	5268	4983	4832	3072	157	
VO2/Kg (ml/min/Kg)	---	---	75.26	71.19	65.15	43.88	148	
METS (---)	---	---	21.5	20.3	18.6	12.5	148	
R (---)	---	---	1.08	1.10	1.12	---	---	

Ventilatory Response	Rest	Warm-up	LT	RC	Peak	Pred	%Pred	
VE (l/min)	---	---	159.3	148.1	138.7	163.7	84	
BR (%)	---	---	2	9	15	30.00	50	
VT (l)	---	---	2.762	2.690	2.765	---	---	
Rf (b/min)	---	---	57.6	55.0	50.1	50.0	100	
IC (l)	---	---	---	---	---	---	---	
VD/VT (---)	---	---	0.26	0.24	0.25	---	---	

下图显示了郑教练整个运动过程中心率和摄氧量的变化趋势。

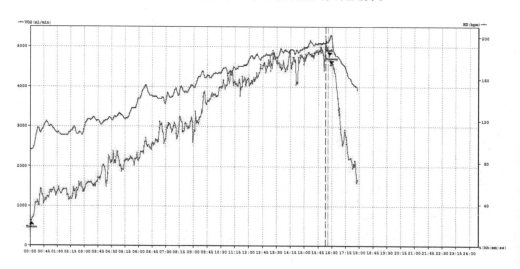

二、最大摄氧量间接测试法

上述测试尽管结果精准，但需要佩戴精密昂贵的仪器才能进行。因此，这种方式一般用于运动科学实验或用于精英运动员测试。对于大众跑者而言，只要完成规定时间或规定距离的走或跑，测试距离或者耗时就可以推算出最大摄氧量。

以下几种测试方式，跑者可以结合各自情况，选择性地进行测试。耐力比较好，有跑步基础的跑者可以选择12分钟跑、2.4千米跑，初级跑者或者体力较差者可以选择强度稍低的1.6千米走进行测试。

测试方法1

- 1.6千米走测试：受试者在水平地面上以最快速度步行1.6千米，测试运动后即刻心率，并通过公式计算：最大摄氧量=132.853−0.035×体重（千克）−0.3877×年龄+6.315×性别−3.2649×时间（分钟）−0.1565×心率（次/分）（男性性别1，女性性别0）。

测试方法2

- 12分钟跑测试：测试12分钟内跑动的最大距离，并通过公式计算：
  最大摄氧量=0.0268×距离（米）−11.3 或
  最大摄氧量=平均跑速（米/分）×0.2+3.5

测试方法3

- 2.4千米跑测试：测试跑动2.4千米需要的最短时间，并通过公式计算：
  最大摄氧量=平均跑速（米/分）×0.2+3.5

以上三种测试方法在普通田径场就可以完成，跑者不妨一测。

三、最大摄氧量与配速的关系

配速不是评价耐力的标准指标，但跑者已经习惯于应用配速。以下就是配速与最大摄氧量对应表，根据这个表可以更好地来评价自己的心肺耐力。

男性，年龄20~29岁

评价	最大摄氧量（毫升/千克/分）	12分钟跑（千米）	2.4千米跑（分钟）	配速（分钟/千米）
极好	61.2	3.25	08:22	03:41
	56.2	3.03	09:10	03:58
	54	2.91	09:34	04:07
	52.5	2.85	09:52	04:13

评价	最大摄氧量 （毫升/千克/分）	12分钟跑 （千米）	2.4千米跑 （分钟）	配速 （分钟/千米）
非常好	51.1	2.78	10:08	04:19
	49.2	2.70	10:34	04:26
	48.2	2.66	10:49	04:31
	46.8	2.59	11:09	04:38
	45.7	2.54	11:27	04:43
好	45.3	2.53	11:34	04:45
	43.9	2.46	11:58	04:52
	43.1	2.43	12:11	04:56
	42.2	2.40	12:29	05:00
	41	2.33	12:53	05:09
一般	40.3	2.30	13:08	05:13
	39.5	2.27	13:25	05:17
	38.1	2.20	13:58	05:27
	36.7	2.14	14:33	05:36
差	35.2	2.08	15:14	05:47
	32.3	1.95	16:46	06:10
	26.6	1.69	20:55	07:16

女性，年龄20~29岁

评价	最大摄氧量 （毫升/千克/分）	12分钟跑 （千米）	2.4千米跑 （分钟）	配速 （分钟/千米）
极好	55	2.94	9:23	04:05
	50.2	2.74	10:20	04:23
	47.5	2.61	10:59	04:36
	45.3	2.51	11:34	04:47
非常好	44	2.46	11:56	04:52
	43.4	2.43	12:07	04:56
	41.1	2.34	12:51	05:08
	40.6	2.30	13:01	05:13
	39.5	2.26	13:25	05:19

续表

评价	最大摄氧量（毫升/千克/分）	12分钟跑（千米）	2.4千米跑（分钟）	配速（分钟/千米）
好	38.1	2.19	13:58	05:28
	37.4	2.16	14:15	05:33
	36.7	2.13	14:33	05:38
	35.5	2.08	15:05	05:46
	34.6	2.03	15:32	05:54
一般	33.8	2.00	15:56	06:00
	32.4	1.95	16:43	06:09
	31.6	1.90	17:11	06:18
	30.5	1.86	17:53	06:28
差	29.4	1.81	18:39	06:38
	26.4	1.68	21:05	07:09
	22.6	1.50	25:17	07:59

男性，年龄30~39岁

评价	最大摄氧量（毫升/千克/分）	12分钟跑（千米）	2.4千米跑（分钟）	配速（分钟/千米）
极好	58.3	3.10	08:49	03:52
	54.3	2.91	09:31	04:07
	52.5	2.83	09:52	04:14
	50.7	2.75	10:14	04:22
非常好	47.5	2.67	10:38	04:29
	47.5	2.61	10:59	04:36
	46.8	2.58	11:09	04:40
	45.3	2.51	11:34	04:47
	44.4	2.48	11:49	04:50
好	43.9	2.45	11:58	04:54
	42.4	2.38	12:25	05:02
	41.4	2.34	12:44	05:08
	41	2.32	12:53	05:10
	39.5	2.26	13:25	05:19

续表

评价	最大摄氧量 （毫升/千克/分）	12分钟跑 （千米）	2.4千米跑 （分钟）	配速 （分钟/千米）
一般	38.5	2.21	13:48	05:26
	37.6	2.18	14:10	05:31
	36.7	2.13	14:33	05:38
	35.2	2.06	15:14	05:49
差	33.8	2.00	15:56	06:00
	31.1	1.89	17:30	06:21
	26.6	1.68	20:55	07:09

女性，年龄30~39岁

评价	最大摄氧量 （毫升/千克/分）	12分钟跑 （千米）	2.4千米跑 （分钟）	配速 （分钟/千米）
极好	52.5	2.83	9:52	04:14
	46.9	2.59	11:08	04:38
	44.7	2.50	11:43	04:48
	42.5	2.40	12:23	05:00
非常好	41	2.32	12:53	05:10
	40.3	2.29	13:08	05:15
	38.8	2.22	13:41	05:24
	38.1	2.19	13:58	05:28
	36.7	2.13	14:33	05:38
好	36.7	2.13	14:33	05:38
	35.2	2.06	15:14	05:49
	34.5	2.03	15:34	05:54
	33.8	2.00	15:56	06:00
	32.4	1.94	16:43	06:12
一般	32.3	1.94	16:46	06:12
	30.9	1.87	17:38	06:25
	29.9	1.84	18:18	06:31
	28.9	1.79	19:01	06:42

续表

评价	最大摄氧量 （毫升/千克/分）	12分钟跑 （千米）	2.4千米跑 （分钟）	配速 （分钟/千米）
差	27.4	1.73	20:13	06:57
	25.5	1.63	21:57	07:21
	22.7	1.50	25:10	07:59

男性，年龄40~49岁

评价	最大摄氧量 （毫升/千克/分）	12分钟跑 （千米）	2.4千米跑 （分钟）	配速 （分钟/千米）
极好	57	3.04	09:02	03:57
	52.9	2.86	09:47	04:11
	51.1	2.77	10:09	04:20
	48.5	2.66	10:44	04:31
非常好	46.8	2.58	11:09	04:40
	45.4	2.53	11:32	04:45
	44.2	2.46	11:52	04:52
	43.9	2.45	11:58	04:54
	42.4	2.38	12:25	05:02
好	41	2.32	12:53	05:10
	40.4	2.30	13:05	05:13
	39.5	2.26	13:25	05:19
	38.4	2.21	13:50	05:26
	37.6	2.18	14:10	05:31
一般	36.7	2.13	14:33	05:38
	35.7	2.10	15:00	05:44
	34.6	2.05	15:32	05:52
	33.4	1.98	16:09	06:03
差	31.8	1.92	17:04	06:15
	29.4	1.81	18:39	06:38
	25.1	1.62	22:22	07:26

女性，年龄40~49岁

评价	最大摄氧量（毫升/千克/分）	12分钟跑（千米）	2.4千米跑（分钟）	配速（分钟/千米）
极好	51.1	2.78	10:09	04:19
	45.2	2.51	11:35	04:47
	42.4	2.38	12:25	05:02
	10	2.29	13:14	05:15
非常好	38.9	2.24	13:38	05:21
	38.1	2.19	13:58	05:28
	36.7	2.13	14:33	05:38
	35.6	2.08	15:03	05:46
	35.1	2.06	15:17	05:49
好	33.8	2.00	15:56	06:00
	33.3	1.98	16:14	06:03
	32.3	1.94	16:45	06:12
	31.6	1.90	17:11	06:18
	30.9	1.87	17:38	06:25
一般	29.7	1.82	18:26	06:35
	29.4	1.81	18:39	06:38
	28	1.74	19:43	06:53
	26.7	1.70	20:49	07:05
差	25.6	1.65	21:52	07:17
	24.1	1.57	23:27	07:39
	20.8	1.42	27:55	08:26

男性，年龄50~59岁

评价	最大摄氧量（毫升/千克/分）	12分钟跑（千米）	2.4千米跑（分钟）	配速（分钟/千米）
极好	54.3	2.91	09:31	04:07
	49.7	2.70	10:27	04:26
	46.8	2.58	11:09	04:40
	44.6	2.48	11:45	04:50

续表

评价	最大摄氧量 （毫升/千克/分）	12分钟跑 （千米）	2.4千米跑 （分钟）	配速 （分钟/千米）
非常好	43.3	2.43	12:08	04:56
	41.8	2.35	12:37	05:06
	41	2.32	12:53	05:10
	39.5	2.26	13:25	05:19
	38.3	2.21	13:53	05:26
好	38.1	2.19	13:58	05:28
	36.7	2.13	14:33	05:38
	36.6	2.13	14:35	05:38
	35.2	2.06	15:14	05:49
	33.9	2.02	15:33	05:57
一般	33.2	1.98	16:16	06:03
	32.3	1.94	16:46	06:12
	31.1	1.89	17:30	06:21
	29.8	1.82	18:22	06:35
差	28.4	1.76	19:24	06:49
	25.8	1.65	21:40	07:17
	21.3	1.44	27:08	8:20

女性，年龄50~59岁

评价	最大摄氧量 （毫升/千克/分）	12分钟跑 （千米）	2.4千米跑 （分钟）	配速 （分钟/千米）
极好	45.3	2.51	11:34	04:47
	39.9	2.27	13:16	05:17
	38.1	2.19	13:58	05:28
	36.7	2.13	14:33	05:38
非常好	35.2	2.06	15:14	05:49
	34.1	2.02	15:47	05:57
	32.9	1.97	16:26	06:06
	32.3	1.94	16:46	06:12
	31.4	1.90	17:19	06:18

续表

评价	最大摄氧量 （毫升/千克/分）	12分钟跑 （千米）	2.4千米跑 （分钟）	配速 （分钟/千米）
好	30.9	1.87	17:38	06:25
	30.2	1.84	18:05	06:31
	29.4	1.81	18:39	06:38
	28.7	1.78	19:10	06:45
	28	1.74	19:43	06:53
一般	27.3	1.71	20:17	07:01
	26.6	1.68	20:55	07:09
	25.5	1.63	21:57	07:21
	24.6	1.60	22:53	07:30
差	23.7	1.55	23:55	07:44
	21.9	1.47	26:15	08:09
	19.3	1.36	30:34	08:49

第五章 没有伤痛才能轻盈奔跑

‹‹‹ 第一节 跑步百利唯伤膝？科学研究给出定论 ›››

医学期刊《美国骨科与运动物理治疗》杂志在2017年6月出版的那一期给出的重要结论与建议是：健身跑者关节炎发生率仅为3.5%，久坐不动人群的关节炎发生率为10.2%，而竞技跑者的关节炎发生率也达到13.3%。总体来说，跑步有利于关节健康，但过量、高强度的跑步可能会引发关节问题。对于大众而言，每周跑量的上限为92千米。这一结论无疑为跑步是伤害关节还是保护关节这一最具争议的话题画上了一个句号。跑步当然是保护关节，有益关节健康的。

一、"跑步百利唯伤膝"缺乏科学依据

经常发现跑者受膝痛困扰，因此人们往往认为长期跑步可能会导致跑者更容易发生关节炎。《美国骨科与运动物理治疗杂志》的最新研究最终揭示了科学结论：跑步总体而言，不仅不会引发关节炎，反而有益于关节健康，跑步是否引发关节炎很大程度上受到跑步的强度和量的影响。简单地把跑步与关节炎画等号没有科学依据，"跑步百利唯伤膝"这样的说法是极大的误导。

二、即使是长期跑步，也不会引发关节炎

大众非常关心的问题是如果把跑步长期进行下去，例如5年、10年、20年，是否在比较久远的将来会引发关节炎？这项研究也回答了这一问题：即使将跑步运动坚持进行15年的跑者，相比缺乏运动者和竞技跑者，发展成为髋关节和膝关节骨性关节炎的概率也并不大。跑步是一项长期安全的运动，它会对膝关节、髋关节健康带来长期的好处，而缺乏运动者未来发生骨性关节炎的概率更高。此外，长期从事高强度、大运动量跑步也会增加未来发生骨性关节炎的可能性。大运动量跑步是指每周跑量超过92千米，月跑量达到368千米是安全跑量的上限。

三、既然跑步有益于关节健康，如何解释3~4成跑者受到膝痛困扰

既然跑步有益于关节健康，那为什么会发生膝痛？根据中国核心跑者调查，的确有30%~40%的跑者受到不同程度膝痛困扰。

首先需要澄清一个概念，本节所探讨的是跑步是否会引发关节炎，与跑步导致的膝痛是两个完全不同的概念，也是两类不同的疾病。

1. 不要把跑步引发的膝痛都理解为是关节炎

膝关节关节炎，又称为膝关节退行性变。关节炎有膝痛表现，但不等于膝痛都是关节炎。膝关节关节炎主要表现为关节软骨面的破坏和继发骨质增生。例如，关节表面软骨剥落、关节面凹凸不平、关节边缘有骨质增生等，这些都是引发疼痛的原因。

而一般跑者发生的膝痛并不在骨性关节炎的范畴。跑者发生的膝痛多种多样，例如髌股关节疼痛综合征、髂胫束摩擦综合征、髌腱炎、鹅足腱滑囊炎、髌下脂肪垫炎、半月板损伤等，这些损伤也有膝痛表现，有些症状跟膝关节骨性关节炎吻合，例如膝痛、关节肿胀，但也有很多与骨性关节炎不同，例如膝痛跑者通常就没有晨起僵硬这样的表现。

2. 跑步引发的膝痛大部分经过合理治疗与康复都可以有效缓解，但如果处理不当则可能引发关节退变

膝关节骨性关节炎的重要病理改变是软骨磨损，那么跑步会导致软骨磨损吗？软骨本身没有神经支配，也就是说软骨即使发生磨损，也感觉不到痛，因此跑者发生的膝痛如果完全用软骨破坏来解释，未必能解释得通。髌骨软骨下方压力增高、静脉淤血、营养障碍等这些因素刺激软骨下方神经，这些才是膝痛的主要原因。

软骨作为生物体，其磨损过程不同于纯粹的物理磨损，这里面包含非常复杂的机制。在膝痛早期，只是表现为软骨退变，弹性较正常减低，此时通过合理的治疗与康复，可以借助软骨修复机制，控制软骨退变，但如果不重视膝痛，也不做任何积极应对，可能会导致软骨继续被破坏，到后期会引发广泛软骨大片脱失，使得只有在老年人身上发生的膝关节骨性关节炎过早发生在中青年跑者身上。

对于跑者发生膝痛的基本建议是：重视休息、明确诊断、合理治疗、积极康复。

四、总结

对于任何一项运动而言，适度和合理非常重要，过量跑步人群发生关节炎的可能性也高于适量跑步人群，这个上限是每周跑量92千米。量力而行、合理跑步、不攀比跑量才能带来长久的关节健康。

◀◀ 第二节　跑者不要盲目挑战极限——信封效应会毁掉你 ▶▶

如果仅仅是把跑步作为健身方式，每周跑步3次左右，每次大约3~5千米，这样的跑量

对于保持健康完全是足够的。盲目增加跑量，频繁跑马拉松，忽视科学运动，随之而来的伤痛会成为跑者最头痛的问题。

一、跑者很容易受伤

根据2015年中国跑者调查显示，只有约15%的跑者没有发生过伤痛，这就意味着跑者伤痛发生率高达85%。

绝大部分跑步伤痛都属于劳损性损伤，即过度使用。既然是劳损和过度使用，显然就和跑量过大有着直接的关系。盲目追求跑量，使跑量超出自己身体承受范围，因此而受伤。这里将引入一个名词——信封效应。

二、什么是信封效应

信封效应是解释过量运动导致伤痛的重要理论。这一理论充分解释了为什么一次过量运动，例如跑马拉松，或者某一阶段跑量明显增加，会导致跑者由原本身体健康到开始出现伤痛。并且这样的伤痛一旦发生，往往长时间都无法彻底痊愈。跑者会陷入时好时坏的情况或者病情越来越糟糕，最终导致无法跑步或者放弃跑步。

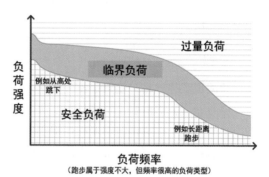

信封效应模型

人体是一个非常精密复杂的机器，一切生命活动都处于动态平衡中，当这种平衡被打破时，人体具备自我调节能力使其再次重返平衡，但是当这种平衡被严重破坏时，人体就无法再次回到平衡了，从而使得生命活动受到极大干扰和影响。

肌肉骨骼系统同样也处于动态平衡中，在进行运动时，肌肉骨骼就会承受、传递、最终消解运动负荷。当运动负荷恰如其分时，身体不仅可以承受，而且还可以变得越来越强壮。但是，当运动负荷达到身体能够承受的极限水平时，就有可能造成损伤，产生不适、疼痛、肿胀等炎症反应，此时身体也会启动修复机制，还有可能康复。但如果运动负荷明显超过了身体承受能力，导致身体结构，例如关节软骨、肌腱等发生实质性损害，修复无法完成，那么这时伤痛就会真正产生。

这就如同一个信封，信封越大，里面能装的东西就越多，循序渐进的运动负荷可以让身体变得越来越强壮（信封越来越大），承受更大的跑量；但是如果信封很小，你却拼命往里面塞东西，自然就有可能把信封撑破，这就如同一次过量跑步（例如平时一次最多跑8~10千米，贸然参加一次马拉松，明显超过平时跑量）就会让身体产生损伤。这也解释了为什么有些跑者在跑完一次马拉松后就出现了伤痛并且伤痛从此缠身。

同样，如果你不是一次跑量过大，而是一段时间跑量增长过快，没有贯彻循序渐进的训练原则，导致这段时间积累了明显超过自己身体承受能力的跑量，也会发生不可逆的运动损伤。而且一旦发生损伤，你的能力将下降（信封变小），能承受负荷的能力也会下降，这就是所谓的越受伤能力越弱，能力越弱就更加容易受伤。

这就是著名的运动损伤信封效应。总而言之，身体承受运动负荷的能力是有上限的，无论是一次过量跑步，还是跑量增长过快，都有可能使运动负荷超过身体承受和修复能力，身体动态平衡被严重破坏，从而导致受伤。

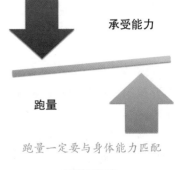

跑量一定要与身体能力匹配

三、不要挑战极限，超越自我

挑战极限往往将自己置于巨大风险之中，信封效应告诉我们，身体虽然具有一定的伤痛修复能力，但前提是负荷是在身体可承受能力范围以内。如果负荷明显超过自己的承受能力，那么修复机制将不起作用，不可逆的运动伤痛极有可能发生在你身上。即使真想挑战自己，也只需要做到接近自己极限即可，但这么做也是有风险的。

四、不要没有准备，贸然参加马拉松比赛

在此提醒各位跑者，没有跑过至少15千米，请不要报半马；没有跑过至少30千米，请不要报全马。跑步是大众运动，人人可参加，但马拉松是极限运动，不建议人人参加。

五、总结

每个跑者的能力都可以比作一个信封，信封有大有小，初级跑者能力差，信封小，能承受的跑量小，资深跑者经过多年跑步，能力强，信封大，能承受的跑量也大。每个跑者都需要守住自己的信封，不要轻易挑战极限，超越自我。

◀◀◀ 第三节　跑步总受伤，可能是因为不够"软" ▶▶▶

肌肉性能在很大程度上决定了运动能力的高低。肌肉富有弹性，既可以收缩变短，也可以拉伸变长。好的肌肉质量表现为肌肉柔软而富有弹性：柔软说明肌肉没有因为运动变得僵硬；富有弹性则说明肌肉张力正常，拉长缩短性能良好，不会因为僵硬而无法被拉长。

一、什么是柔韧性

运动训练学对柔韧性的定义为：柔韧性是指关节周围的肌肉、肌腱、韧带等软组织的伸展能力及弹性，即关节活动幅度和范围的大小。柔韧性涉及两个方面，一是关节本身结构的关系，二是跨过这个关节的肌肉、肌腱、韧带等软组织的延展性。

关节结构、年龄、性别等因素很难通过训练来改变。但拉伸练习等都可以改善柔韧性。此外，环境温度、疲劳程度和心理因素对柔韧性也会有影响。例如，环境温度较高时，柔韧性就好（再次强调跑前热身的重要性）；在疲劳的情况下，柔韧性下降，做适当的调整后，柔韧性会有所恢复；心理过度紧张也会影响中枢神经系统进而影响到人体各部位的工作状态，使神经过程由兴奋转为抑制，也会影响柔韧性。

二、柔韧性与跑步伤痛的关系

1. 缺乏足够的拉伸放松会导致肌肉僵硬

在很多情况下，由于运动较多，肌肉频繁收缩加之代谢废物堆积，同时缺乏足够的拉伸和放松，会导致肌肉弹性下降，僵硬紧张。而这种紧张，往往无法察觉，但其后果就是增加了伤痛的发生。

2. 肌肉僵硬会导致跑步伤痛

对于热爱跑步的跑者而言，因为缺乏拉伸和肌肉放松，而发生跑步伤痛是一件非常遗憾的事情，为什么肌肉僵硬会导致跑步伤痛？以下示意图说明了原因。

例如，最常见的膝前痛，专业术语称为髌股关节综合征（PFPS），很多研究表明膝关节周围肌肉及软组织过紧是导致髌股关节综合征的原因之一。如果膝关节外侧髂胫束及外侧支持韧带过紧，当膝关节屈曲时，髌骨被向外牵拉并同时产生过大的压力，这是导致髌股间作用力增加导致软骨过度磨损引起疼痛的重要原因。

研究发现，大腿前侧股四头肌柔韧性不足也会引起髌股关节综合征，主要原因是由于股四头肌柔韧性不足可导致髌腱、股四头肌腱和膝关节周围软组织产生的张力提高，导致髌股关节间压力增加。皮瓦等学者研究发现，大腿后侧腘绳肌柔韧性不足也会导致髌股关节综合征，其原因是在膝关节运动（步行、跑步、跳跃等）时，由于腘绳肌柔韧性差迫使股四头肌必须克服更大的阻力以更有效完成伸膝动作，所以髌股间压力也会随之增加。此外小腿三头肌柔韧性不足同样可以导致髌股关节综合征，其原因是小腿三头肌柔韧性差可能导致距下关节的过度内翻，从而增加髌股间的压力。所以股四头肌、小腿三头肌和腘绳肌柔韧性均可增加发生髌股关节综合征的风险，所以双下肢肌群的柔韧性不足是导致髌股关节综合征的重要因素之一。

3. 肌肉紧张带来肌肉弹性下降

肌肉的持续紧张将演变为肌肉痉挛，虽然这种痉挛程度很轻，可能仅仅有肌肉发紧的感觉，但始终得不到放松的肌肉将因此丧失弹性，这将成为恶性循环的起点。而认真地做完拉伸、泡沫滚筒放松、按摩棒放松，甚至享受一次推拿后，缓解了肌肉紧张，身体会倍感轻松。

4. 肌肉紧张使身体柔韧性和灵活性大受影响

肌肉如果变得僵硬，那么不仅收缩能力会下降，肌肉伸展性也会大受影响。收缩能力下降表现为为了完成运动，肌肉不得不更加吃力地收缩，自然就感觉跑步很费劲。而肌肉伸展性不足，就会影响动作幅度，也就是说迈不开腿不仅跟力量不足有关，跟身体柔韧性差也有关系。这些都会使灵活性大打折扣。

高水平马拉松运动员跑姿舒展潇洒，这跟他们既有很好的力量，也有很好的身体柔韧性和灵活性有关。此外，柔韧而富有弹性的物体才可以很好地缓冲冲击力。肌肉是实现落地缓冲的重要结构，富有弹性的肌肉可以最大限度缓冲落地所受到的冲击力，而肌肉僵硬将使得在着地时硬碰硬，进而发生伤痛。

5. 肌肉紧张不利于疲劳消除

肌肉紧张还会使得局部压力增高，导致局部炎症因子、代谢废物排出不及时，使得疲劳恢复变慢，身体总带着疲劳进行下一次训练，这样就容易引起疲劳积累而引发伤痛。因此，肌肉僵硬将会埋下劳损性损伤的隐患，时间一长，自然引发损伤和疼痛，而疼痛本身也会导致肌肉保护性痉挛，进一步加剧肌肉紧张，恶性循环如右图所示。伤痛原因众多，但说肌肉紧张是伤痛发生的重要起始原因并不为过。

三、如何测试肌肉紧张度

肌肉紧不紧，最简单的方法是用手摸，但需要找有经验的推拿师或康复师进行检查。本节讲述的方法是通过一些特定动作来测试肌肉紧张度，不仅简单易行也较为准确。

1. 小腿肌肉紧张度自我测试

研究证实，小腿肌肉紧张与跟腱疼痛（跟腱炎）、足底痛（足底筋膜炎）密切相关。小腿肌肉紧张本身也会导致跑步时无法利用跟腱的弹性，小腿受累较多也更容易发生酸胀。

测试方法：膝盖贴着墙壁或柜子等物体，观察自己在脚跟不离地的情况下，脚尖距离物体的最大距离是多少。

评价：如果大于10厘米，说明小腿的柔韧性良好；小于10厘米，说明小腿紧张或脚踝灵活性存在问题。

>10厘米

小腿肌肉紧张度自我测试

2. 大腿后群紧张度自我测试

大腿后群的柔韧性差是男性的通病，大腿后群柔韧性差容易导致肌肉拉伤、迈腿不充分。

测试方法：仰卧于瑜伽垫上，伸直膝盖，上抬整个下肢至最大幅度。

评价：大腿后群柔韧性差，抬起侧脚踝垂线位于膝关节以下。

踝关节垂线

膝关节垂线

大腿后群柔韧性差

165

大腿后群柔韧性尚可，抬起侧脚踝垂线位于膝关节以上、大腿中段以下。

踝关节垂线

膝关节垂线

大腿后群柔韧性尚可

大腿后群柔韧性好，抬起侧脚踝垂线位于大腿中段以上。

踝关节垂线

膝关节垂线

大腿后群柔韧性好

3. 臀肌紧张度自我测试

臀肌是跑步时主要的发力肌肉，臀肌紧张会导致蹬地无力和摆腿不充分，这是跑不快的重要原因。

测试方法：坐姿，跷二郎腿。

评价：臀肌柔韧性良好时，两侧大腿可完全重叠。

臀肌紧张时，两侧大腿无法重叠，只能将一侧大腿架于另一侧大腿之上。

臀肌柔韧性良好　　　　　臀肌柔韧性差

4. 下肢紧张度自我测试

测试方法：该方法可综合测试下肢紧张度，但由于自己无法观察到身体位置，所以需要一名同伴来进行观察评价。需要一张结实的桌子，或比较高的床，臀部坐在桌子或床的边缘。平躺，一侧手用力抱膝，将一侧腿自然放下，主要观察放下一侧腿的位置。

评价：下肢各肌肉紧张度正常时，膝关节低于髋关节，小腿与地面垂直。

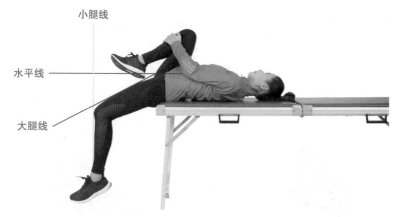

下肢各肌肉紧张度正常

大腿前侧肌肉紧张时，使小腿无法下落至与地面保持垂直。这是因为大腿前侧肌肉紧张拉住了小腿。大腿前侧肌肉紧张是髌骨劳损的重要体征，这块肌肉紧张本身也加剧了膝关节前方的疼痛。

大腿前侧肌肉紧张

髋前部肌肉紧张，使膝关节高于髋关节，大腿无法下落。髋前部肌肉紧张在伏案人群中极为常见，这块肌肉紧张一方面容易引发腰痛，另一方面会使跑步时腿无法后伸，从而使得腿前摆受到极大限制。

髋前部肌肉紧张

从正面看，如果大腿与身体前正中线平行，表明髂胫束紧张度正常。

从正面看，如果大腿向外打开，表明大腿外侧髂胫束紧张，因为髂胫束紧张会拉动大腿向外。

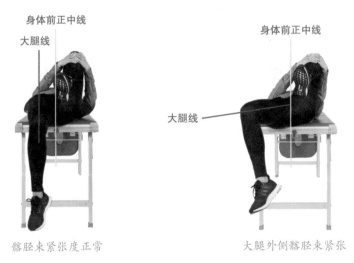

髂胫束紧张度正常　　　　　　　　　大腿外侧髂胫束紧张

四、总结

以上肌肉紧张度测试方法都是相对比较专业的评估肌肉紧张度的测试方法。如果发现肌肉紧张，就要注意拉伸和放松肌肉了，如果不重视，跑步伤痛将会随时发生。

⁜⁜⁜ 第四节　一个动作预测你的跑步受伤风险 ▶▶▶

导致伤痛的原因众多，身体、跑鞋、环境、天气……不一而足，但归根结底，自身能力不足是导致伤痛高发的内在根源。那么究竟是哪方面的能力缺陷导致了跑步伤痛呢？

一、力量弱和柔韧差是导致跑步伤痛的两大重要原因

一切运动的动力都来自于肌肉收缩，跑步也不例外。肌肉收缩产生足够的力量是推

动人体向前的唯一动力。力量差当然跑不快，更易疲劳。此外，力量差减弱了腾空落地时的缓冲作用，导致关节受到更大的冲击力。而柔韧不足，导致身体僵硬、伸展性和弹性差，使得动作幅度受限，不够舒展。

这两大因素加起来大大弱化了人体控制运动的能力，严重影响到跑步的经济性和协调性，导致跑得更费劲、更吃力，加之长期负荷积累，很容易受伤。一言以蔽之，肌肉力量不足且僵硬是导致跑步伤痛的根源。

二、用过头举全蹲测试你的受伤风险

有没有简便的方法预测跑步伤痛？从上述分析可以得知，只要快速地评价力量和柔韧水平就可以从某种程度上预测你是否属于跑步伤痛的高危人群。下面这个经典动作可以比较综合地反映你的力量和柔韧素质。能高质量地完成该动作，说明伤痛没那么容易影响你；反之，如果动作质量不佳，要当心，伤痛很可能正窥视着你。

动作解析

1. 预备动作：双手上举一根棍子（扫把、晾衣竿之类的道具均可），要求棍子在头顶正上方，双脚开立与肩同宽，膝盖自然伸直，挺胸收腹。

2. 缓慢下蹲至大小腿完成折叠（通俗点说就是蹲坑式），同时仍然能够保持挺胸收腹状态，棍子基本上仍然在头顶正上方，同时膝盖不过度超过脚尖，全脚掌踩实地面。

全蹲（正视图）

全蹲（侧视图）

看上去很简单是吧，对着镜子做做看。如果手不上举，相信多数人都可以蹲到底，但是当双手上举时，各种动作缺陷就出来了。这个动作综合反映了人体上肢、腰背和下肢所有关节的灵活性与稳定性，跑步恰恰需要上肢、腰背和下肢的协调运动，灵活性就是柔韧的体现，稳定性则是靠力量实现的。

常见错误动作与预警提示

错误1：能蹲到底，但跟脚无法落地，膝盖过度超过脚尖。

提示：跟腱弹性差，小腿肌肉过紧，足踝灵活性不够，跑步时容易导致跟腱炎、足底筋膜炎、小腿胫骨应力综合征、髌骨劳损。

错误2：无法下蹲至大小腿折叠。

提示：臀肌、大腿肌肉过紧，下肢力量差，跑步时容易导致小腿胫骨应力综合征、髌骨劳损、髌腱炎。该跑者是跑步伤痛的高危人群。

错误3：能蹲到底，但含胸弓背明显，棍子无法保持在头部正上方。

提示：腰腹力量差，上背部僵硬且力量差，肩部柔韧性差，跑步时容易导致躯干不稳，大大降低跑步效率，影响呼吸。

错误1　　　　　　错误2　　　　　　错误3

错误4：下蹲时膝盖内扣。

提示：臀肌力量差，动作模式错误，跑步时容易发生髂胫束摩擦综合征、髌骨劳损等。

错误5：下蹲时无法保持棍子水平。

提示：身体存在旋转、不平衡等代偿现象，跑步中容易出现受力不均。

错误4　　　　　　　　　　　错误5

三、总结

上述5种错误动作要么提示柔韧性不足，要么反映力量差，或兼而有之。这些都会大大增加发生伤痛的可能性。如何纠正这些问题？无外乎加强拉伸以提高身体的柔韧性，加强力量和稳定性训练从而打造强有力的肌肉系统。柔韧性改善了，力量增强了，跑姿自然就会大大改善。

◂◂ 第五节 跑者膝前痛：从治标到治本 ▸▸

膝前痛是跑者最常见的伤痛，因此又名跑者膝。初级跑者往往跑一段时间就会发生膝盖不适，进而出现疼痛；成熟跑者的膝痛则会时断时续。

膝前痛始终是困扰跑者的第一大问题，缓解疼痛的方法不少，但这些方法似乎往往只能治标，无法治本。

一、膝前痛的主要表现

膝痛只是一种症状，很多损伤都可以引起膝痛。与跑步有关的膝痛通常发生在两个部位，一个是膝盖前方，另一个是膝盖外侧。所以，膝前痛和膝外侧痛都可以称为"跑者膝"，其实跑者膝是两种疾病的概称。

膝前痛的学名是髌股关节综合征，又称髌骨劳损、髌骨软骨软化症。主要症状包括：膝盖前方痛但定位不明确；刚开始活动时疼痛明显，活动一段时间后减轻，但后半程又加重；上下楼梯时疼痛加剧，下楼时尤为明显；长期固定于一个位置后，膝盖酸痛。

当然，还有一些跑者会表现为膝盖下方疼痛（常见为髌尖末端病）、膝内侧疼痛（常见为鹅足腱滑囊炎）和膝后疼痛（常见为腘绳肌止点拉伤），但这些伤病的发生率均低于膝前痛和膝外侧痛。

二、大众跑者容易出现膝前痛的原因

1. 跑量过大

对于马拉松运动员而言，可以承受每周100千米以上的跑量，但对于大众跑者而言，将跑量视为成就可能就埋下了伤痛隐患。众多研究一致认为，每周跑量超过64千米，对于普通跑者而言，伤痛率将大幅提高。

2. 跑量增长过快或者准备不足就参赛

突然加大训练量，是导致跑步受伤的重要元凶。可以通过近期跑量与一般跑量的比值来衡量受伤的风险。如果这个比值在1.6以上，即最近一周的跑量比正常情况下一周的跑量增加了60%，那么受伤风险大幅增加。建议近期跑量与一般跑量的比值在1.1左

右，比值超过1.5是一个危险的信号。

此外，一个平时单次跑量只有10千米左右的跑者，在准备不充分的情况下参加全马也会出现膝痛。这说明一次过量运动就足以让你达到疲劳积累引发损伤的临界点。

3. 体重过大

超重或肥胖人士参加跑步运动，相比体重正常的跑者，更易出现膝痛。这显然与体重过大、对膝关节产生了更大的冲击负荷有关。

4. 下肢肌肉过紧，柔韧性差

下肢的众多肌肉如臀肌、大腿前部肌肉、大腿后部肌肉和小腿后部肌肉过紧，都会让膝关节承受的压力增加。因此，下肢柔韧性差是导致跑者膝痛的重要因素。

5. 肌肉力量差

跑步是一项长时间的运动，如果没有足够的肌肉力量和肌肉耐力，那么受伤的风险很大。这也是很多跑者的膝痛出现在跑步中后程的重要原因。因为此时，肌肉力量下降，原本由肌肉承担的一部分负荷被迫转移至关节，从而导致关节的压力增加。

6. 跑姿不合理

力量可以通过训练改善，柔韧性可以通过牵拉改善，但跑姿或许是大众跑者与马拉松运动员最大的差距，也是最难改进纠正的地方。没有合理、良好的跑姿，要想从根本上解决膝痛，难度很大。力量训练可以保养关节，而不合理的跑姿意味着损耗关节，保养再好也赶不上持续的损耗。跑者应当极力避免脚后跟着地、着地点远离重心且膝关节伸直锁死的着地方式，这种跑法对于膝关节伤害极大。

7. 下肢力线异常

"下肢力线异常"是一个专业术语，是指下肢的髋、膝、踝等关节排列不合理，例如O型腿（膝内翻）、X型腿（膝外翻）、膝过伸、长短腿、扁平足和高足弓等，这些因素容易导致髌骨运动轨迹异常，造成不正常的应力作用，从而导致膝痛。

当然，下肢力线异常只是增加了发生膝痛的可能性，绝非意味着100%发生膝痛。对于先天就存在的结构性力线异常，例如O型腿、扁平足，无法改变；但对于后天由于力量不足或者肌肉过紧引发的代偿性力线异常，可以通过合理的训练加以改善。

三、缓解疼痛——跑者膝治标的方法

跑步引起的膝痛自然是一种很不舒服的体验，但疼痛其实是一种重要的自我保护机制，因为这会提示我们膝盖出现了问题，应该休息保养。所以，疼痛看起来不见得都是坏事，但疼痛作为损伤的具体表现，本身又是一种不良刺激，会带来肌肉痉挛紧张、影响代谢和功能异常等问题。如果不做任何

跑者膝的完整解决方案

处理，往往会导致疼痛加重。

针对疼痛，处理的方法有休息、治疗和防护三个部分。

四、跑者膝治标方法之休息

既然跑者膝与跑步有关，那么减少跑步就成为理所当然的处理方法。适当的休息可以给予受伤部位足够的修复时间，人体组织本身具有一定的修复能力，但修复本身需要时间，所以一定的休息是必要的；而在有炎症的情况下坚持运动，就有可能导致损伤加重。

出现膝痛并不意味着一定要完全停跑休息。如果是急性损伤，如肌肉拉伤、韧带扭伤，需要停跑，完全休息1~2周。而跑者膝属于慢性劳损，如果疼痛不是很明显，则不必完全停跑；但一定要减少跑量，减至跑步时和跑步后不引起疼痛为度。跑步过程中如果出现疼痛，要果断停跑，因为越痛越跑的后果往往就是越跑越痛。

五、跑者膝治标方法之治疗

治疗方面，最佳建议当然是咨询医生，因为只有医生才能明确诊断，对症下药。跑者也可以先购买一些非处方药物进行治疗。常用的非处方药物包括中药类和西药类两种。它们都可以发挥消炎镇痛的作用，但作用机理不同。

中药类外敷药物的代表如红花油，其主要作用是活血祛风，舒筋止痛。由于红花油具有活血作用，所以急性膝关节扭伤48小时以内禁止使用，否则反而会加重病情。

西药类外敷药物的代表是扶他林（双氯芬酸），这类药物的专业术语称为非甾体类抗炎药。非甾体类抗炎药能够抑制止痛物质——前列腺素的合成，从而发挥消炎镇痛的作用。像阿司匹林、布洛芬也都是非甾体类抗炎药。这类药物由于起效不是通过扩张血管，所以什么时候都可以使用。

除了外敷药物，其他治疗手段，如关节腔注射、理疗等，均需要医生根据病情进行治疗。因此再次提醒，如果使用非处方药物一周不见效，请及时就医。

六、跑者膝治标方法之运动防护

所谓运动防护，是指在不得不带伤运动的情况下，运用专门的技术和方法，给予受伤部位以支撑保护，以减轻疼痛，防止伤情加重。使用护具就是典型的运动防护，另外，近年来逐渐被跑者了解的肌贴，也属于运动防护的范畴。

膝前痛跑者的护具选择：以膝关节包裹透气型护具最佳。

膝外侧痛跑者的护具选择：以髂胫束支持带最佳。

膝关节包裹透气型护具

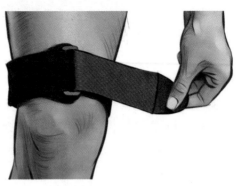

髂胫束支持带

七、跑者膝治本之拉伸放松

经过休息和治疗，以及在跑步中使用护具肌贴，膝痛在很大程度上可以得到缓解，但这仅仅属于治标的方法，一旦跑量恢复或者跑量增加，疼痛很有可能再次出现，因为上述方法本身并无法提高你的能力。当你的肌肉力量不足以支撑长时间跑步，并且错误的跑姿使你的膝关节压力较大时，你难免陷入"跑步–受伤–治疗–再跑步–再受伤"的恶性循环。因此，加强力量和改进跑姿对于跑者膝来说是可以达到治本

效果的方法，再加上全面的肌肉放松和适当的交叉训练（所谓交叉训练就是指除了跑步，也做做别的运动，如游泳、骑自行车等），才能让你从此摆脱膝痛的困扰。

积极地放松肌肉本身也可以很好地减轻疼痛，这是一种非常重要的非药物治疗手段。因为通过拉伸、按摩等技术，有效缓解了肌肉痉挛，降低了肌肉激惹性，肌肉张力下降，从而有利于受伤部位代谢废物排出。这时关节压力得以减轻，疼痛自然大大缓解。

1.缓解膝痛只做牵拉远远不够

要想缓解疼痛，需要对局部进行更加细致化的放松，这时光靠牵拉就远远不够了。牵拉虽然可以放松僵硬的肌肉，提高肌肉弹性，但其对于肌肉由于长时间痉挛所引发的一些扳机点（也就是痛点）作用较为有限，并且身体某些肌肉的拉伸效果较差。而滚揉类按摩技术，在消除肌肉

拉、滚、揉三管齐下
缓解疼痛效果最好

痛点、降低肌肉张力方面的作用相比牵拉更胜一筹。将肌肉牵拉与肌肉滚揉有机结合，可以充分发挥各自的优势，从而最大限度地放松肌肉，缓解疼痛。泡沫滚筒、网球都是放松的好工具。前面的章节已经介绍了泡沫滚筒的放松方法，下面主要介绍如何利用网球进行很好的放松。

2. 膝痛缓解之网球按揉技术

采用网球进行肌肉放松既可以做滚揉，也可以在特别疼痛的位置持续按压30~40秒。重点是放松大腿前侧、臀部及大腿外侧。

大腿前侧肌肉放松

大腿外侧肌肉放松

臀部肌肉放松

小腿前侧肌肉放松

小腿后侧肌肉放松

小腿外侧肌肉放松

小腿内侧肌肉放松

八、跑者膝治本之加强力量训练

不管是膝前痛还是膝外侧痛，加强膝关节周围肌群、臀部肌肉尤其是臀部外侧肌肉、躯干的力量，是

跑者膝康复的三大法宝。如何加强臀部外侧肌肉臀中肌的力量和躯干（核心）力量，在前面的章节已经做了详细介绍；膝痛跑者如何加强腿部力量，比想象的可能更为复杂。

1. 有些腿部力量训练增加了关节压力，并不适合膝痛跑者

最常见的跑步膝痛的专业术语为"髌股关节紊乱"，即膝盖前方的髌骨受到某些因

素的影响（例如股外侧肌强于股内侧肌），不在大腿骨构成的凹槽里平稳滑动，与凹槽的边缘产生摩擦、撞击、挤压，从而导致膝关节的关节面异常受力，软骨下方神经受到刺激而引发疼痛。在没有针对性地纠正髌骨运动轨迹异常的情况下，过多的腿部负重训练，反而使得髌骨与相邻骨面的异常摩擦挤压更加明显，加剧了关节疼痛。

除此以外，以最常见的下蹲练习为例，下蹲练习被认为是腿部和臀部力量训练的经典动作，下蹲幅度越大，训练难度越大，对于肌肉的刺激效果也就越好。对于关节健康的人来说，适当增加一些下蹲幅度，可以提升训练效果，但对于有膝痛的跑者而言，下蹲幅度加大也就意味着关节面压力增加。在关节面本身就存在异常受力的情况下，盲目地像健康跑者那样去下蹲，只会进一步增加关节面的压力，从而加剧疼痛。

有些时候，一些膝痛跑者下蹲幅度大一点就会出现膝痛，有些虽然下蹲时没有明显的疼痛，但往往训练后的第二天感觉膝痛加重，其实就印证了这一点：膝痛跑者并不适合像健康跑者那样去做下蹲。

2. 不适合膝痛跑者的腿部力量训练动作

那些在对抗自身体重甚至更大负重情况下的动作（例如杠铃下蹲），以及要求膝关节有较大屈伸运动幅度的动作，都不太适合膝痛跑者。以下动作均不适合膝痛跑者。

幅度较大的靠墙静蹲：靠墙静蹲是跑者最常用的训练动作，对于健康跑者而言，可以下蹲至大小腿呈90度，但膝痛跑者蹲到这么大的角度，通常会感觉疼痛或者无法承受。

下蹲：普通下蹲通常要下蹲至大腿与地面平行，或者大小腿呈90度，这样的下蹲幅度只适合健康跑者，并不适合膝痛跑者。

弓箭步：弓箭步要下蹲至前腿与地面平行，这会导致膝关节承受较大压力，因此并不适合膝痛跑者。

单腿下蹲：单腿下蹲时会将体重完全压在一条腿上，如果下蹲幅度大，膝关节承受了明显较大的压力，所以也不适合膝痛跑者。

下蹲　　　　　　　　弓箭步　　　　　　　　单腿下蹲

力量训练是康复最重要也是最主要的手段，但力量训练不等于康复训练，纯粹强化力量、面向健康人群的训练方法并不完全适用于试图缓解疼痛的受伤人群。受伤人群需要有特定的训练方法，这才被称为康复训练。

3. 膝痛跑者如何进行正确的康复训练

膝痛跑者需要减少较大负重下大幅度膝关节屈伸练习，即减少下蹲、弓箭步、低位靠墙静蹲练习。但轻负重下的膝关节屈伸练习，例如采用坐姿进行膝关节屈伸练习，甚至幅度较小的靠墙静蹲、下蹲、弓箭步练习，膝痛跑者可以采用。加强大腿前侧股四头肌的力量对于膝痛跑者至关重要，但也不能只是练大腿前侧，大腿后侧及臀肌强化也必不可少。

> 减少较大负重下大幅度膝关节屈伸练习
>
> 轻负重下膝关节屈伸练习是允许的
>
> 强化大腿前侧肌肉力量（开链练习）
>
> 强化大腿后侧肌肉力量
>
> 强化臀肌力量

膝痛跑者应如何康复

4. 针对膝痛跑者的专门性康复训练方法

高位靠墙静蹲： 在保持膝关节微屈情况下做靠墙静蹲是安全的，膝关节压力也较小。保持30~45秒，完成2~3组。

仰卧直腿抬高（负重或非负重）： 该动作看似简单，但要求在大腿前侧肌肉完全绷紧的情况下完成抬腿动作。如果下落时脚跟碰地，那么训练效果会大打折扣。可以在脚踝处绑上一个沙袋进行训练，这样可以提升训练效果又不引起膝关节压力增加。每组16~20个，完成2~3组，注意抬起和放下腿时速度不要太快。

单腿硬拉： 该动作主要增强大腿后侧肌肉力量。大腿前后侧肌肉力量的均衡对于减少膝痛也很有帮助，而大腿后侧肌肉力量训练往往被跑者所忽视。每组12个，完成2组。

仰卧直腿抬高

单腿硬拉

臀桥： 这是一个经典的臀肌训练动作，膝关节压力很小。臀肌发达且充分激活，一方面可以增加跑步的动力，另一方面可分担膝关节所受到的负荷。每组12~16个，完成2组。

臀桥

当然，除了上述康复训练动作以外，臀中肌训练和核心训练也十分重要，具体可参考本书其他章节的内容。

九、跑者膝治本之改进跑姿

没有合理、良好的跑姿，想要从根本上解决膝痛，难度很大，因为跑姿不合理将导致膝关节受到额外的冲击力，从而将好不容易积累的力量训练效果毁于一旦。跑者应当极力避免脚后跟着地、着地点远离重心且膝关节伸直锁死的着地方式，这种跑法对于膝关节伤害极大。

前脚掌着地，膝关节负荷得以减轻，是以脚踝小腿负荷增加为代价的，这就是为什么有些跑者在改进跑姿时，膝痛大大缓解，但继而发生跟腱炎、足底筋膜炎、小腿胫骨应力综合征的原因。解决这一问题，一方面可以通过加强脚踝小腿肌肉实现，另一方面，就是采用全脚掌外侧着地的方式。采用全脚掌外侧着地既避免了脚后跟着地的弊端（膝关节容易受到较大的峰值应力），也避免了足踝小腿肌肉容易紧张疲劳的问题。

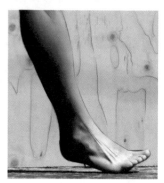

改进跑姿，除了改进着地方式外，还要注意着地位置。

综上所述，对于膝痛跑者，改进跑姿重点是采用前脚掌或全脚掌外侧着地，同时缩小步幅，让着地点靠近重心，在着地瞬间膝关节保持略微弯曲，不要伸直锁死。

十、总结

跑者膝是一种成因复杂的跑步损伤，不管原因如何，适当休息、积极治疗、加强防护对于缓解疼痛都是必要的。但这仅仅属于治标的手段，也是一种被动的方式。要想彻底解决膝痛，还需要积极拉伸放松肌肉、加强力量和改进跑姿，这些主动积极的方式才是跑者膝治本的必由之路。

◂◂◂ 第六节　彻底解决跑步引起的膝外侧痛 ▸▸▸

由跑步引发且只与跑步有关的是膝外侧疼痛，即"髂胫束摩擦综合征"。

一、1个直接原因

首先了解一下膝盖和大腿外侧的重要结构——髂胫束。它是阔筋膜张肌和臀大肌共同沿大腿向下形成的肌腱结构，也是连接骨盆和下肢的强韧有力的结缔组织。

摩擦是导致疼痛的直接原因。膝外侧疼痛的学名为"髂胫束摩擦综合征"。一般认为，髂胫束与股骨外上髁（可以理解为股骨外侧的骨性凸起）的表面不断摩擦，引发了无菌性炎症。当膝关节反复做高强度、长时间的屈伸运动时，髂胫束在股骨外上髁前后来回滑动，这一"摩擦撞击区域"在膝关节屈曲30度时最为明显，这正是脚刚刚触地时。这就是在脚落地时膝外侧最为疼痛、最为明显的原因。

过度的摩擦会使髂胫束充血、水肿，长此以往还可能导致髂胫束挛缩变硬，弹性下降，进一步导致跑步时髂胫束摩擦症状的出现，从而形成恶性循环。跑量大的跑者稍不注意就容易产生髂胫束摩擦综合征。

二、2个典型症状

髂胫束摩擦综合征表现为非常典型的膝盖外侧局限性疼痛，疼痛定位准确，这一点不同于髌股关节综合征的疼痛定位模糊。跑者往往在刚开始跑步时一切正常，但跑一

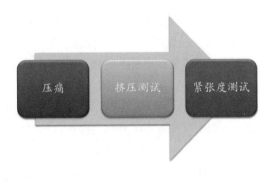

髂胫束摩擦恶性循环模式图

会儿就逐渐开始出现疼痛，并且越来越痛，这也是马拉松比赛中后程时，不少跑者只能选择直腿行走、步态明显异常的主要原因。因为疼痛在膝关节大约弯曲30度、脚着地时最为明显，为了减少疼痛，跑者只好减少弯曲，呈现直腿走路这一异常步态。

髂胫束摩擦综合征非常折磨人，但一旦跑步结束，疼痛很快就会减轻或消失，平日走路也没有不适感，因此这个伤病不大影响日常生活。此外，由于髂胫束下端与髌骨外侧缘和髌骨外侧支持带相连，也有跑者表现为膝盖正中偏外一点的位置疼痛。

三、3个检查方法

如果按压膝外侧关节线上方2~3厘米时会引发疼痛，那么这个点是摩擦最为明显的部位。

挤压测试（Noble测试）：让受试者侧卧，检查者将拇指置于膝关节外上方，另一手轻抓脚踝，使受试者做被动的伸膝动作。若受试者在伸直约30度时再现疼痛，即为髂胫束摩擦综合征。

髂胫束紧张度测试（Ober测试）：受试者侧卧，患腿屈膝90度，外展、后伸，随后下落，直至脚触地。此时，大腿在下落过程中要求膝盖能自然接触地面。如果你感觉大

腿外侧很紧张，拉住了膝盖，导致膝盖无法接触地面，甚至无法超过身体的正中线，这就意味着你的髂胫束太紧张了。

四、4个治疗方式

髂胫束摩擦综合征之所以折磨跑者，是因为一跑步就痛，跑步结束就缓解，但再次跑步又重复出现疼痛。因此，光靠休息无法解决这个问题，即使停跑的时间再长，恢复跑步时仍有可能再次引发膝外侧疼痛。寻求更加积极的解决办法才能有效克服这一伤痛。

在消炎镇痛方面，可以采用涂抹非甾体类消炎药（如扶他林），采用超声、冲击波、超短波、离子渗透疗法等理疗方式消炎镇痛。

除了消炎镇痛，加强髂胫束的放松和臀部肌肉训练是促进康复的最为重要的措施，具体可参照下文。

当然，使用髂胫束保护带也能起到一定的支持保护髂胫束、缓解疼痛的作用。需要注意的是，切不可将保护带勒得太紧。

五、5个放松恢复措施

冰敷具有消肿镇痛的作用，可以用于跑后缓解疼痛症状。但冰敷仅仅用于长距离跑后的应急处理，而不可以作为常规恢复方式，因为反复用冰敷刺激收缩血管不利于患处的修复。

加强髂胫束拉伸可以松解髂胫束紧张，从而减少绷紧的髂胫束和股骨表面的摩擦。如下一页图所示的站姿牵拉方式，许多跑者感觉牵拉感并不强烈。

所以，建议跑者采用泡沫滚筒进行髂胫束滚揉放松。这个动作做不好反而会加剧髂胫束紧张，主要原因是受力过大导致肌肉保护性痉挛。可以用手和一条腿将身体适度撑起，滚揉时切不可认为越痛效果越好，感觉舒适的力度才能放松髂胫束。

网球体积小巧，常常用于痛点的持续按压。如果用网球滚揉大腿外侧时发现某些点（扳机点）特别疼痛，则可以保持网球固定不动，对扳机点进行持续按压，从而消除这些痛点。

站姿髂胫束拉伸

泡沫滚筒髂胫束滚揉放松

同时，还可以利用放松神器——按摩棒对大腿外侧进行按摩放松。

无论是髂胫束牵拉，还是泡沫滚筒放松，从循证医学的角度来看，这些方法均不是髂胫束康复的最佳方法。真正对髂胫束摩擦综合征最有效的方法是加强臀中肌的训练（参阅第三章第四节）。

网球大腿外侧放松

六、6个康复训练动作

造成髂胫束紧张的最主要原因是臀肌，尤其是负责髋外展动作的臀中肌薄弱。臀中肌位于臀部外侧。当臀中肌力量不足时，由于髂胫束也协助髋关节外展，可以在一定程度上弥补臀中肌力量的不足。因此，为了防止膝内扣、稳定膝关节，髂胫束会过度紧张，从而引发疼痛。

加强臀中肌训练特别重要，练好臀中肌可以控制下肢骨骼的运动轨迹、骨盆的位置，并且可以确保髂胫束不会被"拉离"膝盖或过度紧张。只有练好臀中肌，才能从根本上摆脱膝外侧疼痛。

1. 侧卧位直腿上摆

侧卧，将一侧腿向后伸，向上尽可能抬起至最高处，再控制其缓慢下落但不触地。注意保持骨盆不动，脚尖朝前而不能朝上翻转。16次1组，完成2~3组。

2. 侧卧贝壳式

屈髋屈膝并腿侧卧，发力将上腿如同贝壳一样打开。保证脊柱和骨盆不动（小窍门：后背贴墙可以防止骨盆翻转）。16次1组，完成2~3组。

侧卧位直腿上摆

侧卧贝壳式

3. 臀桥

练好臀桥可以有效减轻髂胫束压力。屈膝仰躺于瑜伽垫上，脚后跟靠近臀部，勾脚尖，用上背部和脚后跟作为支撑点将臀部尽量抬高。16次1组，完成2~3组。

4. 跪姿侧桥

跪姿侧躺，肘撑地，臀部发力将躯干抬起至身体呈一条直线，缓慢还原至初始位置但髋部不要触地。保证骨盆的稳定性，同时腰背挺直。一侧完成20次左右，做2~3组。

臀桥

跪姿侧桥

单腿下蹲

5. 单腿下蹲

单腿练习可以有效训练下肢稳定性。缓慢下蹲至膝关节弯曲约45度。同时注意保持腰背挺直和骨盆的中立位。下蹲与站起的动作要缓慢且有控制，并保证下蹲时膝盖方向与脚尖方向一致，切勿内扣。一边完成12次左右，做2~3组。

6. 侧桥外展

这是在跪姿侧桥基础上增加腿外展动作，增加了动作难度，12次1组，完成2~3组。

侧桥外展

七、7个相关因素

髂胫束摩擦综合征的产生除了臀肌力量不足这一重要原因外，还跟7个因素有关。例如长短腿现象。排除结构性问题，长短腿往往与骨盆不正，一高一低有关，因此，加强臀中肌训练本身也具有一定稳定骨盆、矫正长短腿的作用。

两种常见的足形异常，如扁平足和弓形足也是多种跑步伤痛，包括髂胫束摩擦综合征的诱因。因此，选择一双适合自己的跑鞋对于纠正足形异常具有一定意义。

X型腿也是造成髂胫束摩擦综合征的重要原因，女性更加容易出现臀中肌力量不足而加剧X型腿的情况。腿长成什么样，很难完全矫正，但是通过合理的训练可以代偿腿型所带来的膝关节负担过大，并缓解髂胫束摩擦综合征。

当然，频繁的越野跑，特别是下坡跑，跑量过大，突然增加跑量，也是导致髂胫束摩擦综合征的重要原因。对于这些诱因，只有通过减少跑量，减少下坡跑，遵循科学训练原则来加以克服。

最后一点，在塑胶跑道上跑步对于跑友来说是一个不错的选择，虽然绕圈看似枯燥，但田径场跑步有助于减少膝关节冲击，也便于计算里程，是间歇训练的最佳场所。提醒一点，不必总是逆时针沿跑道跑步，时而顺时针，时而逆时针，对于预防膝外侧疼痛也很有帮助。

搞清楚跑者膝的重要类型，你就会早日摆脱跑者膝。

◂◂ 第七节 处理跑步引发的膝内侧疼痛 ▸▸

膝痛一直是困扰跑友的第一大伤痛问题。膝痛的部位不同，原因、症状、治疗、康复也不尽相同。本节和跑友聊聊跑步还有可能引发的膝内侧痛问题。

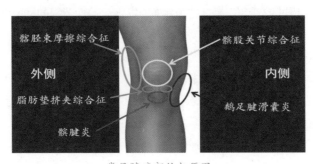

常见膝痛部位与原因

183

一、膝内侧疼痛的最常见原因是鹅足腱滑囊炎

鹅足腱滑囊炎是膝内侧痛的最常见原因。缝匠肌、股薄肌、半腱肌组成的联合肌腱，在膝关节内侧向下止于胫骨处形成的结构因形状酷似鹅足，因此有"鹅足腱"之称。

肌肉收缩会牵拉肌腱，肌腱附着于骨骼，因此拉动骨骼产生了人体运动。为了减少肌腱在拉动骨骼过程中与骨骼表面产生过度摩擦，在鹅足腱与胫骨之间形成了特定的软组织——鹅足腱滑囊。该滑囊壁增厚，并伴随滑囊液过度产生，会导致局部肿胀和疼痛，被称为鹅足腱滑囊炎。

二、膝内侧痛的产生原因

鹅足腱滑囊可以避免肌腱与骨骼过度摩擦，但凡事有利就有弊。像跑步这样的反复膝关节屈伸运动，因为有了鹅足腱滑囊，所以肌腱不会与下方的骨骼发生剧烈摩擦，但是肌腱有可能与下方的鹅足腱滑囊过度摩擦，从而发生鹅足腱滑囊炎。加之鹅足腱滑囊区局部肌腱互相嵌插、排列紧密，当这些肌腱配合协调不一致，容易产生慢性劳损，加剧了鹅足腱滑囊炎。

总体来说，鹅足腱滑囊炎也是一种过度使用伤，其发生原因与高频次的屈伸膝关节、内收内旋小腿高度相关，所以鹅足腱滑囊炎在跑者当中也并不少见。

三、膝内侧痛主要症状

1.膝关节前内侧疼痛，运动后加重，休息后减轻。

2.膝关节内侧关节线下方2~5厘米疼痛、压痛、肿胀。

3.膝关节屈伸、上下楼梯时疼痛加重。

四、膝内侧痛的治疗及康复方法

1. 休息

对于劳损，休息一直是缓解症状的不二法门。当你在跑步过程中觉得膝内侧疼痛时，请及时停下脚步。同时适当控制跑量也是必要的。大量科学研究得出的一致结论是，普通人一周跑量不要超过92千米，超过这个跑量，发生运动性劳损的概率会大幅提高。

2. 治疗

- 对于运动后即刻产生的膝内侧疼痛，可以选择冰敷来缓解。
- 涂抹非甾体类抗炎药，如扶他林、吲哚美辛等（建议使用外敷药而非口服药）。
- 较为严重（肿胀明显，剧痛难忍）者建议尽快就医，遵医嘱进行理疗。
- 对于非急性膝内侧痛，可以到医院理疗科、康复科进行理疗。

此外，也可以适当使用肌贴来增强膝内侧本体感受。

3. 拉伸

当膝关节周围肌肉过紧时，会导致鹅足腱与鹅足腱滑囊摩擦增加。因此，肌肉过紧、柔韧不足，也是鹅足腱滑囊炎的重要诱因。跑步后针对起止于膝关节周围的肌肉都需要进行充分拉伸。

4. 训练

仅靠拉伸是远远不够的，增强膝关节周围（大腿前侧、后侧，小腿后侧）的肌肉力量，加强膝关节稳定性才是治本的方法。

五、总结

鹅足腱滑囊炎是由于过度使用而引起的膝内侧疼痛。常用的处理方法包括休息、冰敷、涂抹消炎药等，较严重者建议就医接受理疗，待炎症消解后疼痛会明显减轻甚至消失。通过拉伸和力量训练来提高膝关节周围的肌肉质量是一种较好的从根本上治疗鹅足腱滑囊炎的方法。

⁴⁴ 第八节　没被了解过的膝后疼痛 ▶▶

膝关节有一个地方的疼痛跑友对其了解不多，但它又确确实实困扰着不少的跑友。这就是膝后侧疼痛！这一节给跑者介绍一下很多人都不了解的膝后侧疼痛。

一、膝后侧的特点

膝盖后侧的"窝窝"有个专业的学术名词，叫作腘窝，指膝后区的菱形凹陷。外上界为股二头肌腱，内上界主要为半腱肌和半膜肌，下内和下外界分别为腓肠肌内、外侧头。有胫神经、腓总神经及腘动脉、腘静脉等**重要神经及血管通过**，所以膝后侧的疼痛千万不能轻视。腘窝部位疼痛只是一种症状，有好几种病症都可能引起膝后痛，下面介绍了膝后痛的几种常见原因。

二、膝后痛之大腿后群肌肉止点性损伤

这是导致跑者膝后疼痛的最常见的原因。大腿后群肌肉又称为腘绳肌，是大腿后群半腱肌、半膜肌、股二头肌三块肌肉的合称。相比大腿前群的股四头肌，跑友们对于大腿后群肌肉知之较少。

大腿后群肌肉是跑步主要的发力肌肉，在跑步支撑腿后蹬及摆动腿提拉的过程中扮演重要作用。因此，**大腿后群肌肉损伤会严重影响跑步时的后蹬及摆腿动作。**那这种损伤是怎么造成的呢？

1. 大腿后群肌肉损伤的机制

大腿后群肌肉的损伤有两种类型：劳损与急性外伤。

劳损一般是由于细微损伤逐渐积累而成的，疼痛多发生在大腿后群肌肉的起点处或止点处，大腿后群肌肉的起点位于坐骨结节处，就是坐在凳子上时屁股尖儿的部位。因此，有的跑友大腿后群肌肉拉伤会表现为臀部不适，而**大腿肌肉止点处劳损，就表现为膝后痛**，因为大腿后群肌肉止点位于膝后腘窝处。

大腿后群肌肉急性拉伤一般是在跑步过程中后蹬发力不当或大腿前摆用力过猛造成的，以大腿后群中段拉伤最为多见，但也有可能表现为大腿后群下段止点处拉伤，这也会造成膝后侧痛。

2. 大腿后群肌肉损伤的诱因

大腿后群肌肉训练不足，力量弱、韧性差是导致损伤的主要因素。一般来说，大腿后群肌肉的力量弱于前侧，如果平时的训练中不注意大腿后群肌肉的力量练习，这种差距会进一步扩大，导致大腿前后侧力量明显失衡。换句话说，不是腿部力量不够强，也不是下蹲练得不够多，而是从未训练过大腿后群肌肉，这也是导致膝痛的重要原因之一。再加上大腿后群肌肉是跑步主要发力肌肉，跑者容易过度使用而导致它僵硬疲劳，柔韧性下降。此外，准备活动不充分、越野跑、跑姿不协调也是导致大腿后群肌肉损伤的因素。

3. 大腿后群肌肉损伤的症状

- 慢性劳损多见于重复某一动作时疼痛，被动牵拉时疼痛。
- 急性损伤因拉伤轻重而不同，轻者仅在重复某些动作时疼痛，休息时不痛；重者走路时都会感觉疼痛。
- 急性拉伤时可能会听到有断裂音，严重者会出现大腿后侧淤血及肿胀。
- 按压痛，屈膝抗阻痛。
- 直腿抬高高度下降，肌肉缩短。

4. 大腿后群肌肉损伤的处理方法

- 急性损伤应立刻冷敷，抬高患肢，加压包扎。
- 大腿后群肌肉急性拉伤往往恢复较慢，应当有足够休息，不可勉强坚持跑步。
- 急性受伤当天可以配合使用扶他林，急性受伤后48小时内不可用红花油，但后期使用可能有较好的效果，可同时配合针灸、按摩、理疗等治疗手段。

5. 大腿后群肌肉损伤的康复方法

改善大腿后群柔韧性

大腿后群柔韧性不足，一方面增加跑步向前迈腿的阻力，降低跑步效率，另一方面也使得大腿后群肌肉容易拉伤。如果拉伤部位发生在大腿后群下段，就容易引发膝后痛的症状。而很多跑者，特别是男性跑者，大腿后群柔韧性普遍不足。因此，加强大腿后群的拉伸对于预防和减少膝关节后方疼痛有一定意义。

加强大腿后群肌肉训练

　　跑友们原来越重视力量训练，尤其是下肢力量训练，这本是一件好事，但只重视是不够的，你还得训练得法。跑者往往做了不少靠墙静蹲、下蹲、弓箭步等力量练习，这些动作当然是好的，但这些动作只能锻炼大腿前群肌肉，大腿后群肌肉通过这些动作是无法锻炼到的。你还得多练专门针对大腿后群的练习。以下动作是训练大腿后群肌肉最常见的徒手训练方法。

单腿硬拉

　　左腿微屈离开地面，以右腿支撑身体，在保持右腿伸直的情况下，身体前倾，在完成动作的过程中，保持骨盆稳定，做12~16次，然后换一侧。完成2~3组。

臀桥

　　做12~16次，完成2~3组。

单腿硬拉

臀桥

单腿臀桥

　　单腿臀桥的刺激比普通臀桥更大，在完成动作的过程中需要集中精力去控制各关节保持稳定以便控制骨盆偏转，做8~12次，完成2~3组。

单腿臀桥

三、膝后痛之腘肌损伤

1. 损伤机制

　　腘肌，位于腘窝底部，是一块重要的屈曲小腿的肌肉，并且有保持膝关节稳定性的作用。腘肌也是屈小腿肌肉中最小、最短且力量最薄弱的一块肌肉，因而受损伤的概率也大。腘肌损伤同样分为急性和慢性两种，慢性损伤大部分表现为膝后钝痛，急性损伤则是剧烈或较剧烈的撕裂疼痛或牵扯疼痛。

2. 症状

- 腘窝深部酸痛，膝关节屈伸不利，过伸膝关节时疼痛加重。疼痛在下蹲、起立、上楼梯时尤为明显。
- 腘窝中央稍偏外下方有明显压痛。

3. 处理方法

- 症状较轻者可适当使用扶他林等抗炎药，同时配合膝关节的过伸以松弛痉挛的腘肌以及针灸、理疗等。
- 疼痛明显者建议及时就医。有研究发现腘肌的损伤多伴有前后交叉韧带损伤、半月板撕裂等损伤。
- 康复可参考大腿后群肌肉拉伤的康复方法。

四、膝后痛之腘窝囊肿

腘窝囊肿，又称Baker囊肿，多发生于腘窝内侧，一般为滑膜疝或滑囊的膨出。

1. 病因

腘窝囊肿主要分为两类：第一类为原发性囊肿，多见于青少年，可能与基因相关；第二类为继发性囊肿，发生于成人，常与半月板损伤及类风湿性关节炎合并发生。另外，膝关节结核、痛风等导致膝关节积液、关节内压增高的疾病可能也会诱发腘窝囊肿。

2. 症状

- 多数无明显痛感，腘窝处可以触及肿物，伸膝时明显。
- 囊肿较大时，可能会出现膝后部酸胀、不适或疼痛，膝关节屈曲受限。

3. 处理方法

一般需要就医手术切除，保守治疗可穿刺抽吸。但如果是其他疾病引发的腘窝囊肿，只是单纯地切开皮肤去掉囊肿而没有找到问题的根源，那治疗之后复发的概率会很高。

五、总结

1. 跑者的膝后疼痛最常见的原因还是大腿后群肌肉止点性拉伤或劳损，但也可能是腘肌损伤、腘窝囊肿甚至是半月板损伤引起的。切不可掉以轻心，**建议首先去医院检查，明确诊断**。

2. 大腿后部肌群训练不足，力量弱、韧性差是导致大腿后群止点性拉伤的主要因素，因此大腿后群的力量及柔韧练习不可忽视！切不可只做靠墙静蹲等锻炼大腿前群肌群的力量练习。大腿后群的力量练习也需要加强，以保证大腿前后侧力量的平衡，这样才能最大限度增加膝关节稳定性，预防膝后痛。

3. 大腿后群肌肉无论是拉伤还是劳损，往往恢复较慢，病程时间长。因此，要给予大腿后群肌肉足够的休息、恢复和修复的时间，不可勉强跑步，同时积极进行以拉伸和力量训练为主的康复训练。

‹‹‹ 第九节 为什么跑步小腿会痛——胫骨内侧 应力综合征完全康复方案 ›››

小腿疼痛和不适是跑者的常见伤痛问题。小腿的问题主要分为两大类：胫骨内侧应力综合征和跟腱病。本节主要讲述胫骨内侧应力综合征的相关内容。

一、发病原因

胫骨内侧应力综合征主要是由于小腿胫骨后的组织反复过度牵拉胫骨，局部应力高引起的。这些应力既来源于外力（缓震不足，冲击过大），也来源于肌肉自身作用力。例如腾空落地时地面的反作用力就是典型的外力，以及肌肉收缩时牵张力共同作用。

跑步时，持续的地面反作用力作用于胫骨，人体会产生自发反应——通过肌肉收缩来减轻这样的应力。跑步时虽然每一次腾空着地受到的冲击力并不大，但是由于跑步持续时间长，这种不大的冲击力经过长时间积累，仍然会产生足够大的破坏力。

为了减轻这样的破坏力，肌肉势必需要更加努力持续地工作才能帮助人体减轻冲击力。一方面，肌肉的疲劳会导致收缩乏力，它们抵消应力的能力大大减弱，这就使得胫骨受到的应力异常增高。另一方面，肌肉的持续工作会使肌肉倾向于比较紧张，肌肉紧张不仅不利于肌肉自身代谢废物的排出，还会造成胫骨应力集中的现象。因为小腿足踝的肌肉基本起自胫骨，肌肉紧张牵拉胫骨势必导致对于胫骨更大的应力。

小腿疼痛恶性循环模式

二、胫骨内侧应力综合征症状

该症状表现为小腿前侧或后内侧中下段（内踝上15厘米区域内）较深层的疼痛，运动中疼痛明显，休息后减轻或消失，按压痛，也有表现为胫骨周边疼痛。

这一点与跟腱炎引起的疼痛区别明显。跟腱炎疼痛位置更低，即在跟腱末端，胫骨内侧应力综合征则主要表现为跟腱靠上位置以及小腿前面疼痛。

及时识别这些症状十分重要。若不注意休息和处理，就会不断恶化，症状加剧，甚至引发骨折。

三、胫骨内侧应力综合征的风险因素

- 经常跑公路（硬地）、上下坡，越野跑。
- 扁平足/弓形足。
- 胫骨后肌过分紧张（小腿前后肌力不平衡）。
- 足踝过度外旋外翻。研究证实，髋外展功能不足导致膝盖内扣和足外翻，也与胫骨内侧应力综合征相关。可以对自己的下肢形态进行评估，看看自己是不是因为髋关节的问题而导致的小腿疼。
- 新手跑者过大或突然增加的训练量/强度。新手跑者增加跑量时不能心急。

四、康复始于肌肉放松

肌肉疲劳紧张一方面不利于肌肉自身新陈代谢和修复，另一方面加剧了胫骨应力集中现象，因此，解决小腿疼痛的第一步是充分放松小腿肌肉。肌肉放松了，不仅有利于肌肉自身修复，也有效降低了胫骨应力。

放松肌肉的方法主要是及时的牵拉和按摩。需要放松的小腿肌肉除了小腿后群腓肠肌和比目鱼肌外，还有小腿前侧（胫骨前肌）、小腿后侧深层（胫骨后肌）和小腿外侧（腓骨长肌，腓骨短肌）等肌肉。这些肌肉相比比较发达的腓肠肌和比目鱼肌肉，更容易疲劳、紧张，导致小腿胫骨应力集中，久而久之，就容易引起慢性损伤。

五、如何进行康复训练

1. 练小腿不能只练小腿后群肌肉

胫骨内侧应力综合征的风险因素之一是小腿前后肌力不平衡。大部分人的小腿后侧肌肉（小腿三头肌、胫骨后肌等）都是相对有力的。对应的小腿前侧的胫骨前肌是弱的，即缺乏训练的。小腿后侧肌肉主要作用是绷脚尖，胫骨前肌与之拮抗，发挥勾脚尖的作用。勾脚尖的力量与绷脚尖的力量一定要相对均衡，才能保持小腿避免损伤。

为了对抗小腿后侧的拉力，维持足踝的前后稳定，胫骨前肌会努力收缩，然而小腿后侧肌群（小腿三头肌、胫骨后肌等）太有力，胫骨前肌无法拉住，就会出现离心性紧张。肌肉又被拉长但又处于收缩状态就是离心性紧张，也就是说当小腿三头肌提踵发力时，胫骨前肌被拉长，但事实上胫骨前肌也会适度收缩从而使得提踵动作受到控制，这就是所谓的肌肉又被拉长又处于收缩状态。这就是为什么大多数跑者跑完后除了小腿后侧肌肉紧张外，前面肌肉也紧张僵硬的原因。光靠牵拉无法解决这个问题，得进行针对性训练。

此外，胫骨前肌本身在跑步中也是不容忽视的角色，由于90%以上的人采用脚后跟着地，需要胫骨前肌把足尖拉起来（勾脚尖），这样才可以让脚掌以滚动方式着地，从而减少缓冲。如果胫骨前肌无力，就会导致脚尖碰地或者缓冲不足，增加对于小腿胫骨的应力作用问题，所以胫骨前肌的力量训练很重要。

2. 练小腿要强化小腿肌肉的离心训练

导致小腿疼痛的关键是缓震不足，这会导致两方面问题：一是落地时骨关节会承受和吸收更多的外力冲击；二是紧接着蹬地离开时需要更大的肌肉向心收缩力，这会使肌肉对骨的牵张力明显增大，最终共同结果是胫骨内侧应力综合征的发生。

缓震则来源于小腿三头肌、胫骨后肌、腓骨长短肌这些小腿肌肉群的离心性力量。跑者一般练小腿主要注重训练提踵能力，其实提踵之后的缓慢放下也很重要，缓慢放下的过程就是离心训练。离心训练动作的关键在于不仅是对抗阻力，还要注意动作还原阶段速度不能快，要缓慢控制。

3. 强化足弓训练

足弓是由足部骨骼、韧带、肌肉一起构成的拱形结构，三者互相影响，形成一个整体。当我们站立负重时，足弓轻度降低，这时重力传导至韧带，韧带被拉紧，同时足部肌肉开始收缩来协助韧带维持足弓，避免足弓塌陷。因此，骨骼构成足弓的第一道防线，韧带是第二道防线，肌肉是第三道防线。

通过正确的足部肌肉强化训练，可以增强足弓弹性，提升足弓功能。也就是说无论是否扁平足，足弓训练都是需要的，足弓训练的本质是训练足部肌肉。当然，需要提醒的是，对于已经塌陷的足弓，足部肌肉训练可能难以纠正，但通过肌肉训练，可以强化足弓功能，代偿足弓作用，弥补足弓塌陷所产生的不良影响。而对于本来就是正常的足弓，足部肌肉训练可以增强脚踝力量，增加脚部缓冲能力和扒地能力，这也是减少小腿伤痛的重要策略。

勾脚练习

4. 胫骨内侧应力综合征必做的康复动作

胫骨前肌训练：勾脚练习

采用站立位，双脚做勾脚尖动作，尽可能勾脚至最大幅度，可重复30~50次，直至小腿前侧有酸胀感。

小腿三头肌离心训练：提踵离心

找一个台阶或者凳子，脚前掌踩在上面，做快起慢落的练习，要求提踵1~2秒，而还原落下6~8秒，要强化动作还原过程，而不是强调提踵过程。也就是说通过小腿肌肉又拉长又收缩来训练跟腱的强度。找一个台阶或凳子的目的是让脚跟悬空，下落时可以让脚跟落至低于脚前掌的位置。

提踵离心

足底肌肉强化：抓毛巾

抓毛巾

足弓提拉训练

在全脚掌不离开地面的情况下，做足由外向内的动作。

足弓提拉训练

5. 单腿落地稳定性练习

双脚站在凳子或台阶上，从凳子上跳下，单脚稳定地落地，落地后膝盖保持一定弯曲。注意落地时用前脚掌落地同时屈膝缓冲，这样可以更好地模拟真实跑步单脚落地的姿态。落地后越快保持身体姿态稳定越好。落地时双手前伸，另一侧腿也是前伸，这样可以增加动作难度。注意落地时膝盖尽可能正对脚尖，同时腰背挺直，不要出现膝盖内扣和弯腰驼背的不良姿态，膝盖也不要过度弯曲超过脚尖，略超过脚尖是允许的。

◄◄◄ 第十节　跟腱疼痛完整解决方案 ►►►

跟腱疼痛是跑者遇到的常见伤痛之一，处理不当往往造成病情迁延，形成顽固性疼痛。

一、概况——粗壮不代表不会出问题

跟腱位于小腿下段，平均有15厘米长，是人体最大最粗壮的肌腱。跑步过程中脚踝的缓冲和扒地动作，全靠这条强有力的肌腱。跑步人群是最容易患此病变的人群。研究显示，跑者的跟腱病发生率在10%左右，并且随着年龄增长，跟腱损伤也有增多的趋势，30岁以上中年跑者更容易出现这一问题。

二、原因——过度使用是根源

跟腱疼痛属于非常典型的过度使用损伤。在跑步过程中，跟腱要承受高达8~12倍体重作用，也就是说跟腱受到了巨大力量的反复牵扯，导致轻微创伤反复发生，引发跟腱力学衰竭，并随之发生结构改变，疼痛自然难以避免。

跑者常常听说的"跟腱炎"这一术语并不准确，事实上跟腱局部并不存在炎症细胞，所以定义为"跟腱病"更为精准，以下均采用更为科学的术语——跟腱病。跟腱病频繁发生在两个位置：跟腱腱体上疼痛（距离跟腱止点近端2~6厘米）；跟腱止点处疼痛。其中，跟腱腱体的疼痛比较常见。本节主要讨论腱体疼痛。

1	概 况
2	原 因
3	风 险
4	症 状
5	诊 断
6	治 疗
7	拉 伸
8	康 复
9	预 防

三、风险——不止于过度使用

某些特定风险因素也会诱发跟腱病。

1. 勾脚尖幅度不足

在膝盖伸直状态下，如果勾脚尖幅度不够，通常被认为跟腱过紧，因此患跟腱病风险增大。

2. 脚踝内外翻活动异常

脚踝除了实现屈伸运动，还具有内外翻运动，有些跑者曾经发生崴脚，这有可能导

致脚踝变得松弛导致内外翻运动增加。这也是跟腱病的诱因。

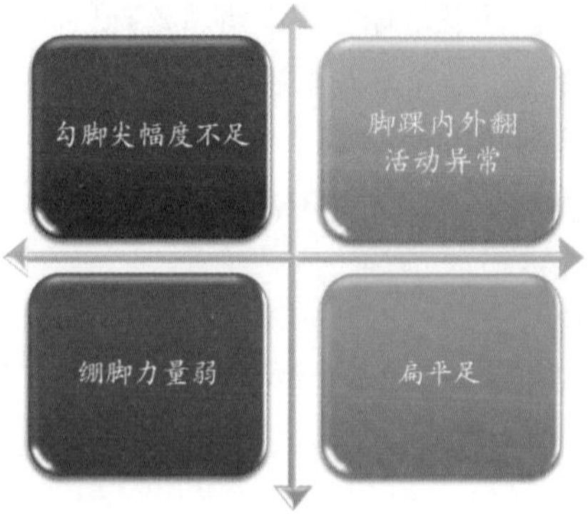

3. 绷脚力量弱

小腿后群肌肉是小腿最主要的一块肌肉，主要功能就是绷脚（学名跖屈）。跑步时脚的扒地动作其实就是靠这块肌肉实现的，所以小腿后群肌肉力量特别重要。当绷脚力量不足时，跟腱往往会承受更大负荷，这样就更易发生跟腱病。

4. 扁平足

如果扁平足同时伴随脚踝力线异常（跟骨轴线与跟腱轴线不成一条直线），会对跟腱造成“鞭打效应”从而导致跟腱异常受力。

上述因素都是跟腱病发生的内在风险因素，外在的风险因素主要包括训练不当、环境因素和跑鞋因素等。跑者的训练不当包括：跑步距离突然增加、强度增加、爬坡训练、停训后重返训练上量过快等。与夏季相比，冬季更易患跟腱病。这可能是由于低温时跟腱和筋膜组织之间摩擦增加所致。

四、症状——跟腱腱体疼痛

跟腱疼痛当然是跟腱病最主要的症状，但是疼痛还有具体表现。

- 长时间不活动（例如睡觉、长时间静坐）之后，跟腱出现局部疼痛并感觉僵硬，活动一下后缓解。
- 刚开始运动时感觉跟腱疼痛，活动开后疼痛减轻，但快要结束时又感到疼痛，也就是活动起始、结束痛，但随着病情进展，疼痛可能伴随整个运动过程，因此对运动造成很大困扰。
- 上下楼梯、踮足行走时疼痛加重。

五、诊断——注意区分腱体和止点疼痛

- 典型疼痛位置位于跟腱腱体上，也就是跟腱附着于跟骨处（跟腱止点）上方2~6厘米处；如果疼痛部位不是在腱体上，而是在跟腱连接跟骨的位置（也就是说疼痛部位更低），那么除了跟腱病，也有可能是足跟滑囊炎、跟骨Haglund畸形等。
- 按压跟腱腱体有疼痛感，跟腱外观可能正常也有可能呈现梭形肿大、有结节感，并伴有跟腱肿胀变粗。
- 站立位做单脚提踵动作时，患侧与健康一侧相比，提踵能力下降。例如，健康一侧可以完成30次提踵，而患侧仅能完成20次。
- 如果病史典型，且经过保守治疗康复有效，通常不需要辅助检查。X线对于诊断

跟腱病没有帮助，超声和核磁共振有助于判断跟腱结构，常用于辅助检查。

六、治疗——不是所有方法都有效

医生和治疗师已经采用大量方法用于跟腱病的治疗。经过严谨的循证发现，有的方法的确非常有效，有的方法则可能有效，还有些方法则存在争议。建议跑者采用最有效的方法，或者咨询专业的运动损伤医生和康复治疗师。

1. 康复训练

康复训练对于跟腱病是最有效的治疗方式，但前提是跑者得把康复训练做正确。跟腱病康复方式主要是离心训练。

2. 理疗

在诸多理疗方式中，低水平激光治疗和离子渗透疗法最为有效，而近两年广为采用的冲击波疗法研究报道存在争议。

3. 拉伸

反复持续的拉伸也有助于改善勾脚尖幅度不足的情况。

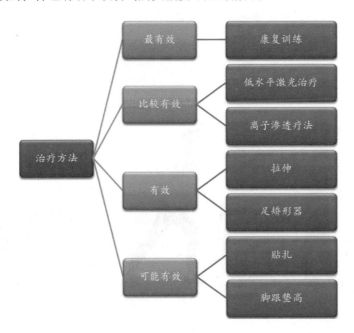

4. 足矫形器

以矫形鞋垫为代表的足矫形器对于扁平足同时伴随脚踝力线异常的跑者有一定帮助，因为这样可以改变跑步时错误的脚踝受力。

5. 贴扎

以肌贴为代表的贴扎可以减少跟腱张力，越来越多的跑者采用肌贴这一可以随意灵活使用的工具。

6. 脚跟垫高

利用特制的脚跟垫将脚跟垫高，可以起到减轻跟腱张力的作用。但不是对每一名跑者都有效。

七、拉伸——做得更到位更充分才有效

拉伸作为最主要的放松方式，同时也是跟腱病的治疗方式，对于改善跟腱弹性，减轻跟腱压力，避免小腿肌肉紧张具有重要意义。对于跟腱病来说，拉伸要做的动作类型更多、拉伸时间更长、更彻底。以下4个动作是跟腱病必做的拉伸动作。要求每个动作做4组，每组牵拉30秒，也就意味着4个拉伸动作就得做16组，这样才能治疗跟腱病。

1. 垫上小腿拉伸是小腿腓肠肌牵拉感最强烈的动作之一。

2. 站姿小腿拉伸是小腿浅层腓肠肌站立位牵拉的2个常用动作。

垫上小腿拉伸

3. 站姿比目鱼肌拉伸是小腿深层比目鱼肌的牵拉动作。要求后脚踩实地面，充分屈膝，感受跟上述动作不一样的牵拉感。

站姿小腿拉伸　　　　　　　　　　站姿比目鱼肌拉伸

八、康复——离心训练是最有效的方式

康复训练是跟腱病真正最有效的康复方式。

1. 最核心的康复方法——提踵离心

在做该练习时，重点不是提踵过程，而是还原下落过程（参阅第五章第九节）。需要

注意的是患跟腱病的跑者往往在提踵还原过程伴随跟腱疼痛。一切康复训练都以不产生疼痛的幅度为度，切不可忍痛训练。

康复目的

提踵离心

2. 勾脚练习

双脚做快递勾脚动作30~50次，直至小腿前方肌肉疲劳（参阅第五章第九节）。小腿前方肌肉与小腿后方肌肉互为拮抗肌群，一方面从肌肉平衡角度而言，不能只锻炼小腿后群肌肉；另一方面增强小腿前方肌肉力量可以降低小腿后群肌肉紧张度。

九、预防——做好跑前跟腱热身

跟腱病经过治疗和康复，有可能时好时坏、病程迁延，所以加强力量，做好跑前热身、跑后拉伸对于

勾脚练习

预防跟腱病非常重要。患有跟腱病的跑者要注意休息，避免过多跑步刺激跟腱。但需要提醒患有跟腱病的跑者，在跑前除了常规热身，也需要对于小腿和跟腱部位进行特定热身，以达到激活肌肉、减轻跟腱牵拉的作用。例如立踵行走、勾脚尖行走，各走15米，每种做一遍，就是很好的跟腱热身。

十、总结

跟腱的英文是achilles，来源于古希腊战神——阿基里斯。其神话故事的寓意是再强壮的人也有薄弱部位。所以不要让看似粗壮的跟腱影响你跑步。

◄◄◄ 第十一节　一网打尽足底痛——来自美国 物理治疗协会的权威治疗指南 ►►►

足底痛，又称为足跟痛，学名是足底筋膜炎，是跑者常见的伤痛之一，对部分跑者造

成不小的困扰。据估计，每年大约有200万美国人患有足底筋膜炎。研究显示，足底筋膜炎在运动和非运动人群中均普遍存在，尤其是在跑步人群中高发，是最常见的足部疾病。

美国物理治疗协会已经在全面总结足底筋膜炎研究文献的基础上，发布了权威的治疗指南。

一、足底筋膜及其功能

人的脚是由众多足骨所构成的一个拱形构架，人在走路或跑步的过程中，足骨自然受到地面很大的反作用力，硬碰硬当然会很痛。所以，脚底覆盖有多层软组织（脂肪垫、筋膜）用来缓冲脚着地时的撞击力。

足底筋膜就是位于足底的软组织，它起自脚后跟处的跟骨，向前止于脚趾。由于脚趾头有5个，所以足底筋膜向前分叉为五束，足底筋膜的主要功能是缓冲，同时也协助维持足弓。

在跑步过程中，脚趾头特别是大脚趾也会背伸用力，在脚离地瞬间再助推一把。脚趾背屈时相当于在足底筋膜远端产生张力，坚硬的足底筋膜就会被动牵拉跟骨，产生"卷扬机效应"，使足弓抬高缩短。

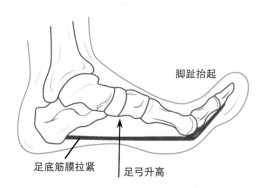

脚趾抬起

足底筋膜拉紧　足弓升高

二、足底筋膜炎不是炎症，而是劳损

所谓炎症，一般有红、肿、热、痛这样的表现，但足底筋膜炎除了疼痛，往往没有肿胀、发红、发热的表现。所以近年来，主流观点认为足底筋膜炎其实并非真正的炎症，而是由于反复的细微损伤、过度紧张引起的足底筋膜劳损和退化。加之足底筋膜不是肌肉，本身缺乏弹性，仅能延长约4%，当足底筋膜受到很大作用力时，例如跑步带来的持续高强度牵拉，难免导致结构受损。

三、足底筋膜炎的典型表现

患有足底筋膜炎会感到足底疼痛，疼痛的具体特点包括以下几方面。

- 最典型症状：早晨醒后下床，脚落地时，脚后跟部疼痛最为明显，走动一会儿后疼痛会有所缓解。
- 典型症状：休息一段时间，例如看电影、久坐后，或者脚在不负重一段时间后，站起行走前几步出现隐隐作痛。
- 疼痛的具体位置是在脚后跟靠内侧处，这里恰恰是足底筋膜从脚后跟发出的起点处，偶尔也有患者会反映疼痛在足底中部。
- 患者在充分活动后，例如行走或跑步后，脚后跟部疼痛减轻，但是在长距离跑步后程，可能再次出现疼痛甚至被迫停下脚步，还有患者夜间脚后跟部疼痛会加重。
- 足底筋膜炎女性更为多见。

四、容易诱发足底筋膜炎的因素

1. 勾脚尖幅度不够

脚踝有足够柔韧性和灵活性对于跑者来说，非常重要。勾脚尖幅度不够，被认为是导致足底筋膜炎最重要的风险因素。你可以坐在床上，双脚并拢同时用力勾脚，观察自己的伤脚和健康一侧脚的勾脚幅度是否相同。勾脚尖不足通常表明小腿和跟腱较紧。

2. 肥胖

超重或肥胖人群由于体重较大，使得足底承受了比较大的压力，自然足底筋膜容易受到过大的体重的牵拉，而导致劳损。

3. 久站的职业工作

长时间站立或行走的人，例如商场营业员，也是足底筋膜炎的高危人群。

4. 突然增加跑量

足底筋膜炎往往发生在近期突然增加跑量、提高跑步强度的跑者身上。此外，越野跑也容易诱发足底筋膜炎。因此，循序渐进仍然是跑者应该遵循的基本训练原则。

5. 扁平足/高足弓

扁平足本身是一种正常现象，许多马拉松运动员也是扁平足，但如果扁平足同时伴随脚踝力线异常（跟骨轴线与跟腱轴线不成一条直线），专业术语称为脚外翻，过度外翻会导致足底筋膜受到更大的负重应力而容易诱发足底筋膜炎。高足弓又称为弓形足，也是足底筋膜炎的危险因素，所以足弓的正常很重要，过高过低都不利。

五、如何检查自己是否患有足底筋膜炎

脚后跟特定部位按压疼痛和晨起下床脚后跟痛，是判断足底筋膜炎的重要依据。此外，跑者可以通过一个被称为"卷扬机试验"的测试来进行自我诊断。采用坐位，握住大脚趾，将大脚趾用力背伸，如果诱发疼痛，则表明是足底筋膜炎。

有跑者到医院检查，拍片后显示有跟骨骨刺（专业术语称为跟骨骨赘），认为足底长

出骨刺所以导致疼痛。其实，骨刺不是导致疼痛的主要原因，骨刺刺激了足底筋膜才是产生疼痛的主要原因，足底筋膜炎治好了，自然疼痛也就消失了，所以对于跟骨骨刺不必过度担心。

六、如何治疗足底筋膜炎

足底筋膜炎治疗方式众多，但真正经得起推敲、效果明显的方法其实并不多。

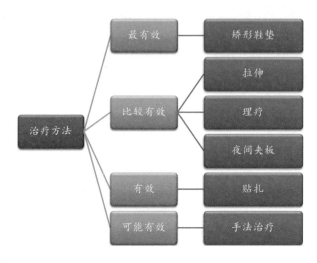

1. 矫形鞋垫

定制适合自己的矫形鞋垫，可纠正不正常的足过度外翻，较快缓解疼痛及改善功能，被认为是效果最佳的治疗方法。需要注意的是鞋垫是个性化的，而非随意买一个放在鞋子里，不合适的矫形鞋垫没有意义。这方面你需要咨询医院康复科矫形支具部门或者专业机构。

2. 拉伸

充分地拉伸小腿和足底筋膜，也是缓解足底筋膜炎的有效方法。因为小腿过紧是足底筋膜炎的危险因素，反复拉伸小腿，对于改善足踝柔韧性，减少足底筋膜张力非常重要。

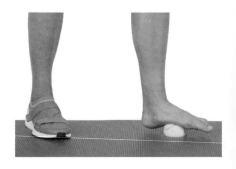

- 足底筋膜拉伸：握住脚后跟，将脚趾头上掰。
- 来回踩网球放松足底筋膜。

3. 理疗

0.4%地塞米松或5%醋酸应用离子导入法局部治疗、冲击波治疗等都可以在短期（2~4周）缓解疼痛。

4. 夜间夹板

在夜间睡眠时，足底筋膜炎患者会发生足底筋膜挛缩，这是导致第二天早上晨起下床时，足底剧痛的直接原因。采用特制的夜间夹板可以防止睡眠时足底筋膜挛缩，对于患该病6个月以上仍无改善的患者，可以使用夜间夹板。

5. 贴扎

跑者还可以在跑步前尝试使用low-dye贴扎法。研究表明，贴扎可使功能得到改善，减轻疼痛。至于手法治疗，跑者还得咨询医院康复科治疗师。

七、加强小腿脚踝训练，预防和康复足底筋膜炎

强有力的小腿和脚踝肌肉，不仅可以增加跑步的推进力，让你跑得更轻松，也可以充分发挥肌肉在腾空落地时的缓冲作用，减少对于足底筋膜的过度牵拉，所以无论是预防，还是更快地康复足底筋膜炎，小腿和脚踝力量训练都十分重要。

八、总结

足底筋膜炎是跑步劳损性损伤发生在足底的典型代表，80%~90%的病例经过积极治疗康复都会预后良好。首先，休息是十分必要的，这样可以给予软组织足够修复和恢复时间；其次，寻求专业的运动医学医生和康复治疗师帮助，可以更有针对性地制订个性化的治疗方法；最后，加强小腿和脚踝肌肉训练必不可少。如果进行治疗康复，仍然不见好转，那么就要从力学或跑步训练方面找原因，看看是不是存在跑姿、下肢力线异常等问题。

◄◄ 第十二节　崴脚最全恢复指南 ►►

跑步由于不涉及身体激烈对抗冲撞，因此绝大部分伤痛都属于劳损性损伤，例如髌骨劳损、髂胫束摩擦综合征、跟腱病、足底筋膜炎、小腿应力综合征等，但这并不代表在跑步过程中就不会发生急性损伤，其中最常见的就是脚踝扭伤，俗称崴脚。跑步时大意、路面不平整、夜跑看不清道路、越野跑都容易发生急性崴脚，加之跑步时速度快，冲击力大，一旦崴脚往往比较严重。

急性崴脚后如果处理不得当，很有可能留下以脚踝反复崴伤（脚踝不稳）和慢性疼痛为典型代表的后遗症，严重影响跑步。本节主要讲解崴脚的恢复。

一、崴脚之后的紧急处理

90%以上的崴脚属于脚踝内翻受伤，即伤到了脚踝外侧的软组织。受伤当时处理是否正确直接关系到后期恢复的快慢和效果。所以，崴脚后正确的急救处理非常重要。

1. 就地休息

崴脚后脚踝立即就会出现疼痛、肿胀等急性炎症，这时的处理就是尽可能控制肿胀和炎症反应，应当遵循经典的"大米"原则，即"RICE"原则。

"R"是指rest，就是休息、停止活动的意思。因为崴脚本质是突然超范围的活动拉伤了脚踝韧带。事实上这时皮下的血管已经破裂，进一步活动只会增加出血量，加剧皮下淤血肿胀。因此，崴脚后就地休息是首先要做的，受伤后忍痛继续跑步是导致伤情加重的重要原因。

2. 想办法冷敷处理

"I"是指ice，就是冷敷，冷敷可以镇痛，同时冷可以使得血管收缩，减少皮下出血，从而减轻肿胀。冬季可以立即用自来水淋脚，而夏季必须要用冰块，现场没有冰块，买一两根冰棒外层包上一层塑料袋也可以应急。此外为防止冻伤，一般也不建议冰块直接作用于脚踝，而是用塑料袋、薄毛巾包裹住更为合适。一次冰敷持续15~20分钟，当天至伤后48小时以内可以一天重复多次。

崴脚后防止局部变肿的最佳办法并不是冰敷，而是立即用大拇指压迫脚踝外侧，这样即使皮下血管破裂，因为压住了破裂处，也不会导致严重的出血肿胀。

3. 冷敷后加压包扎

"C"是指compression，就是对伤处进行加压包扎，做过冰敷就可以进行包扎，包扎可以压迫止血、减少出血和肿胀，同时也可起到稳定脚踝、减轻疼痛的作用。你可以到医院进行包扎，也可以在药店买纱布卷进行包扎，如果有肌贴，可以将肌贴完全拉紧包扎（注意肌贴有弹性，应当将肌贴完全拉紧进行包扎）。包扎的具体方法是绕着脚踝做8字缠绕，加压包扎的意思是包扎时应当适当包得紧一些，起到防肿作用。

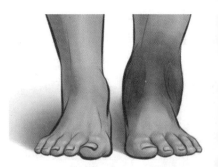

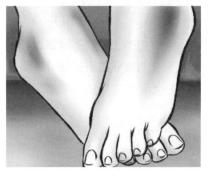

就地休息

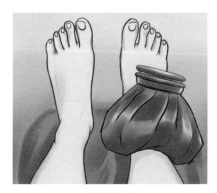

冷敷处理

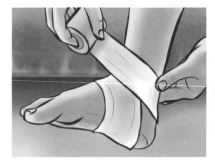

冷敷后加压包扎

4. 睡觉时用被子将脚垫高

"E"是指elevation，即晚上睡觉时用被子将脚抬高，要求高于心脏平面，这一措施可以促进血液及组织液回流，减轻肿胀。受伤当天建议剩下时间平躺休息，减少脚下垂时间，也可以起到缓解肿胀的作用。需要注意的是，抬高伤脚仅仅指的是将脚抬高，有的跑者误以为是将整个小腿抬高，而且往往膝盖一抬高，脚又垂下去了，反而不利于血液回流。

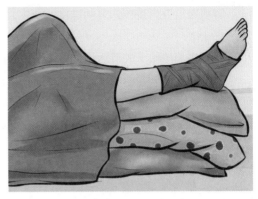

睡觉时用被子将脚垫高

现在，也有人将"RICE"原则改为"PRICE"，所谓"P"即protective，保护受伤部位的意思，其实通过减少活动、冷敷、加压包扎就基本可以起到保护受伤部位的作用。

5. 受伤当天可以用扶他林等西药类外敷药，不要用红花油等中药类外敷药

红花油等中药类外敷药的主要作用就是活血化瘀，在崴脚后48小时以内，皮下淤血，组织液正在渗出，炎症反应正在发生，这时如果用红花油就意味着加重出血和肿胀。

而西药类的外敷药，例如扶他林，其发挥作用不是通过活血实现的，而是抑制疼痛物质产生，从而起到消炎镇痛的作用，可以用于受伤当天以及后期。

二、崴脚之后需要积极地做康复训练

崴脚后正确而及时的处理可以有效减轻炎症反应，为接下来的恢复奠定良好基础。但即使跑者没有按照上述内容进行急救，在经过一段时候后，炎症也会慢慢消退，淤紫肿胀也会逐步减轻，你会发现疼痛好像是减轻了，但似乎有些惧怕跑步，勉强恢复跑步总感觉脚踝没劲儿，不稳，隐隐作痛，似乎总是恢复不到受伤之前的状态。

经过了一段时间养伤，炎症的确是减轻了，但往往会遗留那么一点肿和痛，更要命的是脚踝的灵活性、稳定性、力量都难以通过养伤养好，还需要进行康复训练，被动休息治疗结合主动康复训练才能最大限度恢复受损的功能。

脚踝康复应当按照恢复活动度——恢复力量——恢复平衡能力——恢复爆发力的顺序进行。

1. 康复训练始于关节活动度训练

如果没有骨折等问题，受伤后48~72小时以后，就可以开始进行简单的康复训练。长时间休息不活动会导致脚踝关节粘连、肌肉萎缩、力量下降等一系列并发症。首先需要做的是放松小腿及踝关节附近紧张的肌肉，恢复关节活动度。小腿拉伸放松动作都可以做。

2. 脚踝力量训练

崴脚本身就跟脚踝力量不足有关，最容易发生崴脚的时候是在跑步中后程，这时肌肉疲劳，导致脚踝控制变弱，受伤后长时间休息更会导致肌肉力量进一步下降。因此，恢复脚踝力量是康复最重要的环节之一。脚踝力量练习需要做以下4个练习。

提踵离心

提踵离心

勾脚练习

前文已经对本练习进行了讲解，在此不再赘述。详见本章第九节。

外翻练习

脚踝除了绷脚勾脚动作，还能完成内外翻动作，而崴脚通常都是内翻受伤，所以增加内外翻肌肉的训练，有助于平衡脚踝内外翻运动和增强脚踝控制能力。采用坐姿，握住脚外侧，手给予脚向上的阻力，脚踝做向下发力动作即是外翻练习。重复16次为一组，做2~3组。

内翻练习

采用坐姿，握住脚内侧，手给予脚向下的阻力，脚踝做向上发力动作即是内翻练习。重复16次为一组，做2~3组。

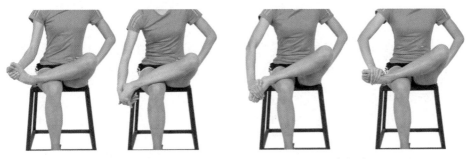

外翻练习　　　　　　　　　　　内翻练习

3. 平衡能力训练至关重要

当脚踝具有了一定力量，接下来就可以进行平衡能力训练。平衡训练本质就是脚踝稳定性训练。稳定要以力量作为前提，它可以增强脚踝适应能力。这种适应能力恰恰是跑步时，脚踝适应凹凸不平地面，不至于崴脚所需要的。

崴脚后，脚踝的平衡功能也会受损，表现为脚踝乱晃不稳，所以平衡训练是脚踝康复训练的重要环节。平衡训练应当遵循逐渐增加难度的训练原则，同时平衡训练本身也充满乐趣和挑战。

需要注意的是，平衡训练本身具有一定危险性，一定是从低难度开始，逐步进阶。

静态平衡训练三级难度

静态平衡1级难度：睁眼双手侧平举单脚站立，目标60秒。

静态平衡2级难度：睁眼双手抱胸前单脚站立，目标45秒。

静态平衡3级难度：闭眼双手抱胸前单脚站立，目标20秒。

静态平衡训练

4.爆发力训练

脚踝是否恢复？何时开始恢复跑步？以能否单脚起跳和稳定落地进行评估依据。跑者也可以想象，脚踝崴伤初期，走路一瘸一拐，十分费劲，而随着脚踝灵活性、力量、稳定性逐步恢复，就可以开始进行最后一步——跳跃稳定性练习。只有脚可以稳定地起跳和落地，才说明脚踝恢复了八九成。当然，这个练习也必须以前面活动度——力量——稳定练习作为基础。

三、总结

崴脚是跑步最常见的急性受伤之一，看似问题小，但由于处理不当和缺乏一定的康复训练，常常发生长期的脚踝不稳和慢性疼痛。脚踝崴伤现场应当以RICE原则进行急救，伤后3~5天就应该开始进行康复训练，这对于加速脚踝康复，能以健康的脚重新跑步是必不可少的。当然，对于脚踝严重崴伤，还是需要及时就医，以排除骨折或者其他问题。

‹‹‹ 第十三节 跑者腿上的肌内效贴布是否有用 ›››

不知道从何时开始，越来越多的受伤跑者使用起了肌内效贴布。在如今大大小小的赛事中，你总能看到五颜六色、贴法天马行空的肌内效贴布出现在跑者身体的各个部位。但是，这种贴布到底有什么实际功效？这种贴布对跑者跑步过程中发生的问题真的有用吗？

一、肌内效贴布的前世今生

肌内效贴布最早由日本的加濑建造博士在20世纪70年代末发明，命名来自于英文"运动学"一词"Kinesiology"的前缀，国内翻译为"肌内效"，国内专业人士多称为肌内效贴、肌能贴、肌贴等。其设计初衷是为了在对肌肉骨骼和关节产生一定保护作用的同时保持一定的关节活动范围。

二、肌内效贴的结构

肌内效贴共分为三层：最外层是透气且有弹性的防水棉布（因此贴布可以在一定限度内拉伸，最大可达130%~150%），中间层通常为丙烯酸酯低敏胶，内层是背亲纸。中间层的胶面呈水波纹状分布（波纹的宽度、间距、波长和振幅都有规定），波纹也是官方宣称使贴布发挥作用的关键技术。合格的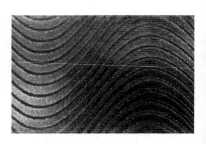
贴布上涂布的胶水应通过生物相容性测试，一般不易引起皮肤过敏且不含有药物成分。

三、总结

最后，总结一下目前国内外关于肌内效贴临床研究的结论。

1. 对于可能增加骨骼肌力量的肌内效贴布应用也许有一定的治疗效果，但不具有临床意义。部分研究中，单个肌肉的峰值力量/峰值力矩有增加，但贴布没有帮助健康成人获得力量的增长。

2. 一项对健康人在相同部位采用不同的肌内效贴贴扎方法的研究表明：不同的肌内效贴法都不能产生易化和抑制作用（也就是不能增加肌肉力量）。

3. 对于支持肌内效贴有作用的人来说，更多来自于心里暗示效应。

4. 肌内效贴布可能有预防损伤的作用，但这些研究没有提供预防损伤的直接测量结果。

5. 在一个研究肌内效贴布缓解疼痛的对比研究中甚至出现了没有临床价值的结果。

6. 在一项关于肌内效贴对于腰背痛症状作用的研究中，应用肌内效贴布适度拉伸在皮肤产生皱褶的方式并没有比不拉伸贴布的方式更有效，这个结果直接挑战了这种疗法的作用机制。

7. 肌内效贴布的合适贴法对于限制关节活动范围有一定的作用。

8. 目前的研究表明：应用肌内效贴布没有在关节运动时产生更高的峰值力矩和增加做功，也并没有缩短健康年轻人运动时峰值力矩的保持时间。因此前人关于肌内效贴布研究的积极结果可以归结为安慰剂效应。

所以，肌内效贴的心理安慰效果大于实际的物理作用。

如果大家要使用这种贴布来减轻肿胀和缓解疼痛或者是部分限制关节活动，一定要掌握正确的使用方法，并且在贴好贴布后让身体适应一段时间再活动。如果贴有贴布的部位出现了痒或者其他不适的感觉，抑或是改变了原有的运动模式，请立刻去除贴布。

⁜ 第十四节　跑者应当警惕长期高强度跑步可能对心脏的负面影响 ▸▸▸

一、跑步是最有益于心脏健康的运动之一，但这是有前提条件的

跑步是典型的耐力性运动，长期耐力运动对于人体的益处毋庸置疑。耐力性运动

可以显著提高生活质量，主要表现在改善人体心血管功能和提高整体健康水平。耐力性运动不仅有益于健康，还可预防和辅助治疗疾病、促进疾病康复。因此，早在2007年，美国运动医学会就提出了著名的观点——Exercise is Medicine（运动就是良医），也就是说运动可以像传统的医学治疗手段一样，有效地防治一些常见的慢性疾病，例如心力衰竭、冠心病、肥胖症、糖尿病、高血压、部分类型癌症和抑郁症等。大量研究也已经证实，坚持耐力运动的人群身体功能障碍的发病率显著低于不运动的人群，而且他们的平均寿命也比不运动的人更长。

那么，多大的运动量才能有益于心脏健康呢？目前主流观点认为每周应当至少积累150分钟中等强度运动，或者每周积累75分钟大强度运动，这个运动量是绝大多数人不用太费力就能实现的运动目标。跑步本质是一种大强度运动，也就意味着每周跑步总时间达到75分钟就足够有益于心脏健康。当然，还有一个重要观点就是运动量相对越多，健康收益越大，这个被称为剂量效应关系。

因此，我们鼓励大家积极投身运动，运动越多，所能获得的健康收效也就越大。但运动量是不是可以无限增加？同时也能带来好处的无限增加？显然不是这样的。正如药物有最大的安全剂量，运动也是如此。超过一定的运动量就会对机体产生不利的影响，抵消运动带来的一部分好处，甚至弊大于利。我们丝毫不怀疑经常跑步、多跑步对于健康的好处，但这不能超越过量跑步的边界。当然，这个最大跑量是多少？并没有统一观点。一般来说，精英跑者能承受的最大跑量大于普通跑者。

也就是说，运动量与健康之间实际上是U型曲线关系，运动不足有害健康，适量运动有益于健康，而过量运动可能又会带来不少对于健康的负面影响。

二、耐力运动员有着强大的心脏，但这也有可能蕴含心脏病的风险

做耐力运动时，机体需氧量持续增加，正常情况下为满足机体对氧的需求，心脏工作能力也会相应增加，运动时心脏工作能力是安静时的5~7倍。当长时间需要心脏以如此大的强度工作就会对心脏造成极大的负荷，为满足如此大的负荷，心血管会产生相应的适应性变化。例如表现为心腔容积增大、心肌增厚、心脏质量增加，我们把这种情况称之为"运动员心脏"。传统观点认为心脏体积大、强而有力能满足高心率下有氧代谢需求，是人体对于大负荷运动产生适应的一种表现。

事实上，越来越多研究发现，这些心脏结构变化并不是全都是好的。例如，高水平耐力运动员退役后，即便几年内不参加比赛及大强度训练，其心脏也不能恢复到正常大小，耐力运动员中有些人会发生心律失常。科学家们因此推测，耐力运动引起运动员形成"运动员心脏"，而这些结构变化又可能为心律失常建立了基础，进而可导致心脏功能障碍。有时，即使是专业的心脏病大夫，也很难区分运动员的心脏增大是适应良好还是已经发生了心脏疾病，所以常常被误诊，这需要细致专业的检查。

普通大众跑者健身性质的跑步不太可能像运动员那样发生"运动员心脏",但那些跑量较大、跑步较多的资深跑者却有可能存在心脏发生某些不良改变的风险。例如,有些跑者安静时心率明显偏低,甚至过低,或者存在心律不齐,而这些往往平时是没有不适表现的。

三、跑马拉松可能导致心肌损伤

耐力运动是健康积极的生活方式中不可或缺的一部分,但马拉松比赛或者为了马拉松备赛而进行的大强度耐力训练却有可能会对心血管造成不利的影响。研究发现,持续超过1~2小时的大强度耐力运动会导致心脏承受过度负荷,这就使心肌过度伸展,造成心肌微损伤。

研究显示,马拉松比赛后心肌损伤的标志物,例如心肌钙蛋白、MB型肌酸激酶、B型脑钠肽上升了50%,这无疑是在提示马拉松这样的极限强度耐力运动导致心肌受到了一定损伤。虽然这一变化在1周内可恢复到基础值,但经年累月的过度大强度运动和重复损伤,可导致心肌纤维化(所谓心肌纤维化是指心肌弹性下降,收缩能力受损),进而引起心律失常。此外,长期大强度耐力运动也会加速心脏"衰老",例如冠状动脉硬化、心室舒张功能障碍、大动脉血管壁变硬等。众所周知,冠状动脉硬化是导致心肌梗塞的主要原因。

四、不重视赛后恢复,频繁参赛让心肌损伤雪上加霜

事实上,大强度耐力运动后心脏标志物浓度上升的意义仍不明确,有学者认为,它完全是一个短暂性的有利变化,反映的是心血管对大强度耐力运动的适应性变化。

一次大强度耐力运动所造成的心脏损伤是可逆的,如果给予充分的恢复和修复时间,这些损伤可以得到修复,这样就会形成一个更健康、更强大的心脏。倘若休息不够,恢复时间不充足,那么,运动对心脏造成的急性可逆性微损伤则会堆积,最终导致心肌纤维化、心律失常等。这就如同大强度跑步引发了膝盖细微损伤,通常都是可以修复的,而反复过量跑步,膝盖就容易出现修复不足和疲劳积累而引发劳损。

五、即使不是跑马拉松,过多的跑步也会引起不利的心脏改变

越来越多的研究结果表明,短期大强度耐力运动和长期大强度耐力运动对心脏有不利的影响。大强度耐力运动时心输出量可增加到安静状态下的5~7倍,要达到如此高的心输出量,心脏的4个腔室会过度伸展,导致心肌纤维撕裂,造成细微损伤,而且运动时应激激素持续升高,再加上运动时,导致细胞损伤的自由基产生增多,两者通过诱发和增加炎症反应来恶化这一损伤,最终形成瘢痕组织,使心血管硬化。

长期大强度耐力运动能引起右心房和右心室的扩张,运动后心脏会恢复原来大小,

但如果心脏伸展和恢复重复出现，就有可能发展成为慢性结构改变，包括心脏扩张，并伴随着心肌纤维化。这些变化可能没有任何临床症状，且累积很多年，但慢慢会变成定时炸弹。

六、总结

对于大众而言，没有人天生就是马拉松高手，有些人富有潜力，跑一跑成绩提升就很快，有些人则经过训练提升也很有限，这都是非常正常的现象，大可不必攀比。请跑者不要忘记自己刚开始跑步时，多数情况下都是为了健康，不要给自己制订不切实际的目标，不重视休息和营养等。不忘初心，健康为本才是每一名跑者需要经常提醒自己的。

第六章　跑者的合理营养

◂◂◂ 第一节　跑者能从《中国居民膳食指南》中学到什么 ▸▸▸

作为专门针对中国居民而制订的科学膳食指导——《中国居民膳食指南》，具有很强的科学性、权威性和实用性，是大众需要了解的膳食基本知识。

作为追求健康生活的一个群体，多数跑者不仅关心怎么跑，也关心怎么吃，那么跑者能从2016版《中国居民膳食指南》中学到哪些有用的信息？

一、食物多样，谷类为主

1. 指南要求

- 每天的膳食应包括谷薯类、蔬菜水果类、畜禽鱼蛋奶类、大豆坚果类等食物。
- 平均每天摄入12种以上食物，每周25种以上。
- 每天摄入谷薯类食物250~400克，其中全谷物和杂豆类50~150克，薯类50~100克。
- 食物多样、谷类为主是平衡膳食模式的重要特征。

2. 解读

食物多样是指米饭面条馒头各种谷类主食、山芋土豆红薯等各种薯类、各种蔬菜水果、各种肉类、牛奶酸奶奶酪、鸡蛋鸭蛋鹌鹑蛋、豆腐、豆腐干、豆浆等各种豆制品、瓜子花生等各种坚果都要吃。膳食种类越丰富，就接近均衡膳食。食物从来就没有垃圾食物一说，任何食物都包含营养成分，但任何食物过量食用或者单一食用都可能产生弊端。因此，没有垃圾食物，只有垃圾的饮食习惯。

最重要的还是主食。该指南要求每天摄入谷薯类主食250~400克，其中含全谷物和杂豆类50~150克，薯类50~100克。谷类和薯类同属主食，在营养价值方面有什么区别？谷类和全谷类又有什么区别？

211

　　下表以100克大米、红薯和燕麦为例，三者分别代表谷类、薯类和全谷类，说明了三者营养成分的不同。显然，大米和燕麦含有更多热量和蛋白质，但红薯除能量和蛋白质不敌大米以外，其他营养成分如膳食纤维、维生素A、维生素E、维生素C含量均远高于大米。大米和燕麦，两者热量差不多，但全谷类因为含有植物的糠皮，所以燕麦的膳食纤维、维生素B$_1$含量远高于大米。

普通谷类、薯类、全谷类营养价值的区别

	能量（大卡）	蛋白质（克）	膳食纤维（克）	维生素A	维生素B$_1$	维生素E	维生素C
红薯	99	1.1	1.6	125	0.04	0.28	26
大米	349	8.3	0.5	0	0.13	0	0
燕麦	367	15	5.3	0	0.3	3.07	0

备注：维生素A、维生素E、维生素C的单位为毫克。

　　分析了主食的营养价值，对于跑者而言，谷类、薯类、全谷类三者之间究竟如何选择？

　　如果目的是跑步减肥，应当需要寻求低热量、高营养价值的主食，建议多吃薯类。因为同样重量薯类所含热量较少，而且薯类还有一个显著优势，因为含较多膳食纤维，所以饱腹感很强，不容易饥饿。但其坏处就是容易腹胀产气，跑步或跑马拉松前不建议多吃。平时吃早饭或晚饭时，吃点薯类绝对是减肥跑者的最佳主食选择。

　　而如果你希望多补糖、快速补糖，你就要多吃米饭。因为米饭热量高。跑马拉松前后多吃米饭就是这个道理。

　　食物多样、谷类为主是平衡膳食模式的重要特征。综上所述，减肥的跑者可以多吃薯类主食；跑量很大，希望最好成绩的跑者则多吃米饭。全谷类兼有薯类和谷类共同优势，既有足够多的热量，又含有丰富的膳食纤维、维生素，但不同全谷类食物所含营养成分并不均衡。所以，几乎没有一种食物含有全部营养素，想要各种营养素均衡摄入，唯一的解决之道就是食物多样。

二、吃动平衡，健康体重

1. 指南要求

- 各年龄段人群都应天天运动、保持健康体重。
- 食不过量，控制总能量摄入，保持能量平衡。
- 坚持日常身体活动，每周至少进行5天中等强度身体活动，累计150分钟以上；主动身体活动最好每天6 000步。
- 减少久坐时间，每小时起来动一动。

2. 解读

"吃动平衡"一直是健康生活的基本要素。

2016版膳食指南除了强调运动的重要性，更进一步提出了对于运动量的明确要求，"5天中等强度身体活动，累计150分钟以上"，这就是一个"身体活动充足"的重要标准。那什么是中等强度？简单来说，就是有点累，例如快走（指南里甚至建议了主动走6 000步）、骑车、游泳以及非正式比赛的各种球类等。

对于跑者而言，以非常慢的速度跑步，例如8:30、9:00配速跑步或者走跑结合，属于中等强度活动，而8:00、7:00、6:00直至更快速度的跑步，都是属于大强度活动，也就是说只要你跑起来，克服体重双脚腾空，就是大强度活动，而不仅仅是中等强度活动。

因此，对于跑者而言，"动"几乎不成问题。既然跑步都是大强度活动，是否还需要实现每周150分钟？活动强度越大，所需要的运动时间就可以缩短；运动强度降低，活动时间则需要延长，二者比例为1∶2。也就是说大强度活动所需要的时间仅为中等强度活动的一半，跑者每周跑步75分钟与快走150分钟的健身效果基本相同，即对于跑者而言，每周跑步3次，每次20分钟左右，就可以实现2016版膳食指南中要求达到的运动量，实现"吃动平衡"。

另外，活动要贯穿日常生活，减少久坐时间，每个小时都要起来动一动。最新研究发现，久坐，例如一坐就是三四个小时的危害用半小时跑步也无法补回来，所以时常提醒自己坐坐动动也是健康生活方式的重要组成。

三、多吃蔬果、奶类、大豆

1. 指南要求

● 蔬菜水果是平衡膳食的重要组成部分，奶类富含钙，大豆富含优质蛋白质。

● 餐餐有蔬菜，保证每天摄入300~500克蔬菜，深色蔬菜应占1/2。

● 天天吃水果，保证每天摄入200~350克新鲜水果，果汁不能代替鲜果。

● 吃各种各样的奶制品，相当于每天液态奶300克。

● 经常吃豆制品，适量吃坚果。

2. 解读

蔬菜要餐餐有，而且要多吃深色蔬菜，因为深色蔬菜通常维生素的含量更高，例如韭菜、西兰花、胡萝卜、西红柿等。

水果也要天天吃。另外，不要以喝瓶装果汁替代吃新鲜水果。因为水果在加工成果汁时，往往会加很多糖。而且很多时候加工果汁的残渣是会被倒掉，那里面有丰富的膳食纤维。而膳食纤维可以让肚子有饱的感觉，不会增加热量摄入，还可以润肠通便。

如果自己打果汁喝，不加糖，连同残渣一起喝掉，当然会好很多。但是，在打果汁的时候，水果会充分与空气接触，维生素就被氧化掉很多。

大豆就是黄豆，黄豆未成熟时就是毛豆。大豆营养价值十分均衡，含有丰富的糖、蛋白质、脂肪、维生素、矿物质和膳食纤维，几乎囊括了主要营养成分，所以其营养不输于蛋、奶等。

但黄豆的利用率其实比较低，吃多了以后会排气比较多，当黄豆加工成豆腐后，吸收利用率会大幅度提高，所以豆制品要每天吃。对于素食主义者而言，可以不吃肉，但不能不摄入蛋白质，大豆及其豆制品就是素食主义者蛋白质的优质来源。当然，豆类除了大豆，还包括黑豆、绿豆、红豆等。

还有一个优质蛋白质的来源，就是奶类，包括牛奶、酸奶、奶酪等。奶类含钙丰富，蛋白质含量表面看起来不高（3%以上），但是因为奶类含水量高，多喝液体没有问题，但多吃东西肚子就难受了。要是你喝牛奶不舒服的话，很可能是因为对其中的乳糖不消化，所以可以通过喝酸奶解决这个问题。

四、适量吃鱼、禽、蛋、瘦肉

1. 指南要求

- **鱼、禽、蛋和瘦肉摄入要适量。**
- **每周吃鱼280~525克，畜禽肉280~525克，蛋类280~350克，平均每天摄入总量120~200克。**
- **优先选择鱼和禽。**
- **吃鸡蛋不弃蛋黄。**
- **少吃肥肉、烟熏和腌制肉制品。**

2. 解读

鱼、禽、蛋、瘦肉，这些都是优质蛋白质，即容易吸收而且利用率高的蛋白质。荤菜也要吃，肉类含有人体所必需的氨基酸（氨基酸组成蛋白质），吃肉没有任何问题。对于跑步而言，长时间肌肉工作，势必带来一些肌肉蛋白的消耗，所以更要注意鱼、禽、蛋、瘦肉等优质蛋白的摄入。

近年来，随着生活富裕、营养过剩问题日益突出，少吃肉，多吃素以其绿色健康的标签大行其道，素食主义更是被标榜为健康的生活方式。少吃肉特别是少吃肥肉是对的。少吃肉，多吃素也是针对我们现在吃肉多，吃素少的膳食问题提出的，有一定科学道理，但少吃肉不等于不吃肉，严格的素食主义会面临蛋白质不足的风险。

所以，素食主义就是一种自我选择的生活方式而已，对大多数人而言，避免绝对素食主义，适当吃肉，避免肥肉更为恰当，这也是2016版膳食指南的要求。

在2016版膳食指南中还特地提到蛋的问题，因为有很多人吃鸡蛋只吃蛋白，而把蛋黄扔掉——怕升高胆固醇。现在看来这样是不对的，蛋黄中虽然胆固醇含量高，但是还有其他营养存在，综合而言，并不太会升高胆固醇。而且，近些年的研究表明，胆固醇和很多疾病的关系并没有确凿证据。所以，在2016版膳食指南中就不再提及胆固醇的限量了。但是这也不是说肥肉就可以放开吃，毕竟肥肉脂肪含量高，高脂饮食可是和很多疾病发生有比较确切的关系。

烟熏和腌渍的食品，通常致癌物质的含量较高，所以还是少吃为好。另外，脱离总量谈这个食物好，那个食物不好，这个食物致癌，那个食物有毒都是没有意义的，任何致癌致毒都需要量的积累，你只要不是天天吃肥肉、烟熏和腌制肉制品，基本没有健康风险。

五、少盐少油，控糖限酒

1. 指南要求

- 培养清淡饮食习惯，少吃高盐和油炸食品。成人每天食盐不超过6克，每天烹调油25~30克。
- 控制添加糖的摄入量，每天摄入不超过50克，最好控制在25克以下。
- 每日反式脂肪酸摄入量不超过2克。
- 足量饮水，成年人每天7~8杯（1 500~1 700毫升），提倡饮用白开水和茶水；不喝或少喝含糖饮料。
- 儿童少年、孕妇、乳母不应饮酒。成人如饮酒，男性一天饮用酒的酒精量不超过25克，女性不超过15克。

2. 解读

油和盐都需要适当控制，因为油和肥胖、盐和高血压都有关系，所以要适当少吃。油的用量控制在25~30克，即最常见的白瓷调羹，3勺。当然如果能买个有刻度的"限油壶"那就更容易把握了。盐的用量控制在6克。世界卫生组织更是减到了5克。

糖也要少吃，一天不要超过50克，最好在25克以下。含糖饮料的含糖量通常在10%，也就是一瓶500毫升的饮料，含糖50克。虽然很多含糖饮料是打着乳饮料的旗号，而实际上乳饮料的蛋白质含量不足真正奶类的1/3，倒是糖的含量很高，所以一定要少喝含糖饮料或乳饮料。

酒呢，也要适当控制。少喝点是可以的，少到什么程度呢？每天15~25克的纯酒精量，折算成白酒，大约50毫升，一小白酒杯；折算成红酒，大约200毫升，一葡萄酒杯；折算成啤酒，大约700毫升，也就是大约一瓶多或者两罐。

其实最好的饮料是白开水和茶水，每天的饮水量应该在1 500~1 700毫升，也就是我们常说的8杯水，这个"杯"就是最常见的一次性纸杯的量。一天8杯其实不多，每一两个小时喝一杯就差不多。饮水的要点就是要经常喝，不要等到口渴才喝，口渴的时候其实身体已经轻度脱水。当然，对于跑者而言，跑步本身会大量出汗，每天饮水量还要超过这个水平，每天最好达到2 500毫升。

六、杜绝浪费，兴新食尚

1. 指南要求

- **珍惜食物，按需备餐，提倡分餐不浪费。**
- **选择新鲜卫生的食物和适宜的烹调方式。**
- **食物制备生熟分开、熟食二次加热要热透。**
- **学会阅读食品标签，合理选择食品。**
- **多回家吃饭，享受食物和亲情。**
- **传承优良文化，兴饮食文明新风。**

2. 解读

一是要珍惜食物，所以备餐的时候要按需准备，宁可少点，不要过多。有研究表明，适当控制总热量摄入，有助于很多疾病的预防和治疗。如果能分餐的话那就更好了，分餐毫无疑问从卫生角度是更合适的。

二是要选择新鲜的食物和合适的烹饪方法。新鲜的食物维生素含量也更高，而且更加卫生，口味也更好。从营养的角度来看，蔬菜能生吃就生吃，不能生吃就急火快炒。肉类则需要充分加热后才能杀灭其中的有害微生物，保证食品安全也更容易消化吸收。

本版指南里还提倡多回家吃饭，这样做的好处是从营养角度而言，可以更加合理地摄入营养，也有利于增进家人感情。外面的餐馆为了让食物更美味，通常会加很多油盐和味精，这样的话很容易造成热量摄入超标。在家吃的话，就可以更好地加以控制。

七、总结

跑者本来就是整个社会中比较健康积极的群体，跑得好当然还要吃得好，这才是跑者的最高境界。

从《中国居民膳食指南》中我们至少掌握以下三个原则：全面、均衡、不迷信。全面指什么食物都吃；均衡指任何食物适合而止；不迷信指不过度迷信那些关于饮食的各种不靠谱的说法。

◂◂◂ 第二节　这些食物的能量高，跑10千米才能消耗 ▸▸▸

怎么计算出跑步能量消耗和食物含有多少能量？

10千米＝

人体脂肪35克

10千米 =

一包奥利奥夹心饼干
每包130克

10千米 =

三碗米饭
每碗200克

10千米 =

五个冰淇淋球
每个55克

10千米 =

三瓶果粒橙
每瓶450毫升

10千米 =

一个半牛肉汉堡
每个200克

10千米 =

一份红烧肉
每份150克

10千米 =

四勺花生酱
每勺25克

10千米 =

两份火腿鸡蛋三明治
每份150克

10千米 =

一份炸鸡排
每份400克

10千米 =

四瓶半佳得乐
每瓶600毫升

10千米 =

一包康师傅3+2饼干
每包125克

10千米 =

大半份烤鸭
每份200克

10千米 =

四罐可乐
每罐355毫升

10千米 =

两杯拿铁
每杯150克

10千米 =

四杯牛奶
每杯300毫升

10千米 =

四瓶半百威啤酒
每瓶348毫升

10千米 =

三个肉包
每份100克

10千米 =

半个大肉粽
每个200克

10千米 =

一份半赛百味
每份250克（六寸）

10千米 =

两个烧饼
每个125克

10千米 =

两根半士力架
每根55克

10千米 =

一包半乐事原味薯片
每包75克

10千米 =

两份炸薯条
每份120克

10千米 =

一包半闲趣饼干
每包100克

10 千米 =

六根香蕉
每根120克

10 千米 =

半杯摩卡星冰乐
中杯（355毫升）

10 千米 =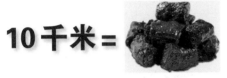

一份鸭脖
每份300克

10 千米 =

六串羊肉串
每串50克

10 千米 =

两碗阳春面
每碗300克

10 千米 =

三根半油条
每根50克

10 千米 =

一块半月饼
每块100克

10 千米 =

半份杂粮煎饼
每份300克

第一步：计算跑步能耗

采用国际通用的跑步能耗计算公式（单位为大卡）：

$$\text{跑步能耗} = \left[\frac{\text{速度（米/秒）} \times 0.2 + 3.5}{3.5} \right] \times \text{体重（千克）} \times \text{时间（小时）} \times 10$$

当然，不同体重的人以不同的配速跑步，消耗的能量也并不完全相同。上述所有图是以60千克体重、6:00配速为例计算的。如果想获得更精确的跑步能耗数据，可以通过下表进行计算。

当然，有些跑者有使用心率手表的习惯。当按个人情况设置过身高、体重等数据之后，心率手表以及相关的跑步软件也会告诉你所消耗的能量。

不同体重和配速完成10千米所消耗的能量（大卡）

配速 ＼ 体重	50千克	55千克	60千克	70千克	80千克
9:00	551	606	661	772	882
8:00	543	597	651	760	869
7:00	535	588	641	748	855
6:30	530	583	636	743	849
6:00	526	579	631	737	842
5:30	522	574	626	731	835
5:00	518	570	621	725	829
4:30	514	565	616	719	822

第二步：计算食物热量

关于食物热量计算，主要参考了中国疾病预防控制中心营养与食品安全所编制的《中国食物成分表》（2009年12月）。

食物热量表

食物名称	一份重量（克）	100克热量	10千米＝份数
香蕉	120.0	91.0	5.8
百威啤酒	348	41.0	4.4
拿铁咖啡	120	220	2.4
赛百味	250	184	1.4
白吐司	35	271.0	6.7
米饭	200	116.0	2.7
奥利奥	130	483.0	1.0
达能闲趣	100	473	1.3
果粒橙	450	46	3.1
汉堡	200	250	1.3
星冰乐	355	300	0.6
红烧肉	500	478	0.3
火腿鸡蛋三明治	150	220	1.9
康师傅3+2	125	452	1.1
可口可乐	355	43	4.1
乐事薯片（原味）	75	532	1.6
肉包	100	227	2.8

食物名称	一份重量（克）	100克热量	10千米=份数
士力架	55	467	2.5
大份薯条	120	298	1.8
阳春面	300	104	2.0
油条	50	386	3.3
粽子	200	495	0.6
花生酱（勺）	25	594	4.3
大脸鸡排	400	657	1
杂粮煎饼	300	336	0.6
月饼	100	399	1.6
烧饼	100	246	2.6
佳得乐	600	24	4.4
羊肉串	80	206	3.8
鸭脖	100	207	3.1
烤鸭	200	530	0.6
冰激凌	55	220	5.2

美食是人的本能需求，完全抗拒高脂高热量美食会丧失很多生活乐趣。合理摄入，吃动平衡才是合理选择。

◄◄◄ 第三节　跑者应该如何补水 ►►►

跑步时会出汗，汗水是咸的。出汗除了导致脱水以外，还导致了电解质，即盐分的丢失。因此，跑步时既要补水也要补盐，所以各种运动饮料、盐丸大行其道，似乎跑步时和跑步后就该喝运动饮料，事实上真的是如此吗？

一、大量出汗对于运动能力的损害

在跑步过程中，跑者会大量出汗，一些跑者会因此发生脱水。脱水会大大增加心血管系统压力，因为脱水使得循环血量减少，心脏不得不加快跳动来维持循环血量和供血供氧，这就造成了心率快速上升，并导致疲劳提前发生。脱水同时限制了人体的散热，使体温升高，更加剧了疲劳，严重时还伴有抽筋、虚弱、定向能力下降甚至晕厥等症状。当然，这里的"脱水"可不是完完全全的水，还包括盐，即电解质，这就解释了为什么汗水是咸的。

电解质就是自带正负电荷的物质，以钠和钾作为代表，它们在身体内产生电流，而人体就像一个巨大的电流系统，电解质的作用就是帮助肌肉接收大脑传递的信号，调节肌肉收缩，保持人体各器官系统正常活动和动态平衡。电解质的丢失会影响到肌肉活动，从而与脱水一起使得人体发生疲劳。

跑步出汗时，水丢失的程度与电解质丢失的程度一样吗？是补水更重要？还是补盐更重要？抑或同样重要？

二、脱水比电解质丢失更严重

当汗液从汗腺分泌出来以后，在经过汗腺导管排到身体表面的过程中，其实大部分盐分被重新吸收回到体内，因此出汗时，水的丢失比盐的丢失要严重。虽然汗水是咸的，但汗液中盐分的浓度比体内盐分的浓度要低一些，换句话说随着水分丢失，体内又干又咸，这在专业上有一个术语——高渗性脱水。

高渗性脱水即水和盐同时丧失，但缺水多于缺盐，又称原发性缺水。当缺水多于缺盐时，尿量减少，目的是维持循环血量，减少水分进一步丢失，同时机体启动口渴机制，促使跑者大量喝水来恢复循环血量。但如果继续缺水，细胞内缺水的程度越来越严重，最后可导致脑细胞缺水并引起脑功能障碍。

在跑步出汗时，一上来就大量喝运动饮料，有可能导致体内盐浓度进一步升高，越喝越渴。运动饮料是碳水化合物和水的混合，有助于补充体内的糖类（糖原）和电解质，加速补液。长时间运动中需要运动饮料的补给，运动饮料成分通常包含碳水化合物4%~8%，钠20~30毫克当量/升和钾2~5毫克当量/升。在超过1小时的高强度运动或是长时间低强度运动中，运动饮料中的碳水化合物有助于维持和提高运动能力。为保持体液平衡，可以每运动1小时摄入0.5~1升运动饮料。一般的运动，只需要补充白水就可以。

三、如何判断是否需要补水

感到口渴时意味着你的身体开始脱水，但是，口渴并不能作为机体是否缺水的指标。检查机体水平衡的方法是在运动前后称重，运动前称重最好在晨起排便后。比较运动前后体重可以预估运动中机体内水分的流失，只有及时补充丢失的水分，才能保持身体机能稳定。

下表显示：体液丢失量占体重1%表示脱水；超过5%表示严重脱水。

体重变化	
水平衡	−1%
轻度脱水	−1%~−3%
中度脱水	−3%~−5%
重度脱水	>−5%

检查机体水平衡的另一种方法是尿液颜色测试。浅色尿液表明体内含水量正常。尿液颜色越深表明体内含水量越低。

四、补水比补盐更重要

因为脱水比脱盐更严重，水既然丢失多就得多补水，而盐分丢失不那么严重，所以也不需要那么着急补盐。当然，需要强调的是，不是不补盐，而是先解决主要矛盾——水。如何科学系统地补水和补盐？

运动前补水

运动前检查机体水合状态，因为机体对补液需求存在个体差异。

- 在运动前至少4个小时，喝450~600毫升的水或运动饮料。
- 在运动前10~15分钟，喝200~350毫升水。

摄入适量的饮料、钠（盐）或点心有助于刺激机体对水的需求，使机体保持水分。

运动中补水

- 运动低于1小时，每运动15~20分钟，喝100~200毫升的水。
- 运动超过1小时，每运动15~20分钟，喝100~200毫升运动饮料（含5%~8%碳水化合物和电解质）。同时，每小时摄入量不超过1升。

运动后补水

对比运动前后体重和检查尿液颜色来估计体液流失情况。一般情况，运动后2小时内须及时补充水分。

- 体重每降低500克，喝550~700毫升水或运动饮料。

当然，以上是美国运动医学会关于补水的指南，可能实行起来并不是太实际，毕竟带着水去跑步并不符合大多数跑者的运动环境，其实可以简单一点这么理解。

1. 1小时以内的运动补水即可

如果每天进行1个小时之内的跑步训练，那么补水就行，即喝白水足矣，不需要单独补充电解质。至于是在运动中每隔一会儿喝点水，还是一鼓作气跑完再喝水，这个并不重要，看个人习惯。

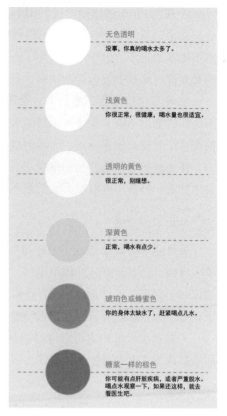

无色透明
没事，你真的喝水太多了。

浅黄色
你很正常，很健康，喝水量也很适宜。

透明的黄色
很正常，别瞎想。

深黄色
正常，喝水有点少。

琥珀色或蜂蜜色
你的身体太缺水了，赶紧喝点儿水。

糖浆一样的棕色
你可能有点肝脏疾病，或者严重脱水。喝点水观察一下，如果还这样，就去看医生吧。

尿液颜色测试

2. 超过1小时的运动，头1小时补水，后面再补充点电解质

如果进行了1个小时以上的高强度训练或者比赛的话，这时出汗量大，盐分丢失虽然不如水丢失多，但毕竟也产生了一些脱盐，这时为了维持电解质平衡，有补充电解质的必要性。这其中首选运动饮料，只有马拉松比赛才需要补充盐丸，但也并非必须。

如果马拉松比赛不吃盐丸，会不会导致后程抽筋？科学研究表明，抽筋的根本原因是肌肉能力不够，是体能不够的表现，也就是说平时跑得少的人参加马拉松比赛才会抽筋，平时注意积累跑量，时不时进行长距离拉练，提高了身体适应能力和肌肉承受能力，体能改善了，自然抽筋就少了。如果平时跑得少，即使一路吃一路喝一路补，照样发生抽筋。抽筋与电解质丢失关系不大。

五、补水不能过量

补水过多可能会造成"水中毒"。水中毒是身体补充太多的水，这会导致乏力、头晕、嗜睡、恶心、呕吐、体重增加、肌肉痉挛、无力、瘫痪，甚至有死亡的风险。所以建议每小时摄入不能超过1升的液体。不过这种情况发生的概率还是不高，大家不必过于担心。大多数跑者只有水摄入不足的时候而没有过量的时候。

一般来说，水中毒可以通过限制液体摄入量，增加食用盐（钠）的摄入量来避免。如果被认为是水中毒症状，建议去医院就诊，及时治疗。

六、总结

汗水虽然是咸的，但不代表盐分丢失就与水分丢失同样严重，其实出汗时脱水更严重。因此对于广大跑步爱好者而言，在日常的运动中要养成补水的习惯，至于补盐，在1小时以上的运动中才有必要，运动饮料不是运动时的必需品。对于减肥人群来说，由于运动饮料含有糖，更要慎选。

◄◄◄ 第四节　对于跑者而言，蛋白质不如糖重要吗 ►►►

谈及跑者营养，最热门的话题往往是补糖和补水。马拉松比赛后半程撞墙跟糖原耗竭有着直接关系，所以马拉松比赛补糖似乎很重要。另外，跑步运动会导致大量出汗，补水自然也受到跑友关注。对于运动爱好者而言，除了比赛补给这个话题，日常膳食其实更为重要，因为运动就意味着更大的消耗，就需要更好的营养补充。蛋白质作为七大营养素的重要组成之一，常常不被一些跑者重视。其实，蛋白质对于跑者非常关键。

一、蛋白质是生命的组成

没有蛋白质就没有生命。人体自身构成除了水以外含量最多的物质就是蛋白质。皮肤、内脏、血液、肌肉等人体组织均由蛋白质构成，代谢必需的酶和大脑中传递各种信息的神经递质，以及抵抗疾病的免疫物质等也都由蛋白质构成。

二、跑者需要重视蛋白质摄入

肌肉所含蛋白质是人体蛋白质总量的50%，蛋白质是肌肉生长的原料。跑步是一项长时间、大强度、全身肌肉参与的运动，这就意味着肌肉质量从某种意义上说，对于跑步起到了支撑作用。

有人说跑步是心肺耐力运动，只要心肺功能好就行。其实，心肺功能的意义在于向肌肉提供足够的供血供氧，但肌肉本身收缩能力就要看肌肉质量，所以肌肉质量对于跑者也非常重要。真正的高水平跑者可能并不需要健美运动员那么大的肌肉块，但这并不代表跑者的肌肉就应该是羸弱的。跑者同样需要符合跑步需要的肌肉线条和肌肉质量。而好的肌肉线条和质量由蛋白质构筑。

以下是蛋白质对于跑者的重要作用。

- 增加肌肉蛋白的合成，增强肌肉力量，有助于提高跑力。
- 蛋白质一般不作为能量供给的主体，能量供给的主体是糖和脂肪，但在马拉松这样的超长时间运动中，蛋白质同样可以提供一些热量。
- 在长时间剧烈运动后，肌肉会有轻微损伤，所以剧烈跑步之后几天内会有肌肉酸痛的现象，蛋白质可以修复和更新肌肉组织，让肌肉变得更强壮。
- 蛋白质可以防止中枢疲劳的发生，马拉松比赛的撞墙现象不仅与糖原耗竭有关，还与中枢疲劳等一系列复杂机制有关，从这个意义上说，赛前补糖和摄入蛋白质都很重要。
- 蛋白质对于保持正常免疫力很重要，一些跑者跑步后容易感冒跟蛋白质摄入不足有一定关联。

三、什么样的蛋白质才是优质蛋白

很多食物都含有蛋白质，我们当然会选择那些蛋白质含量丰富、营养价值高的蛋白质作为优先来源。那么，哪些蛋白质才是优质蛋白质？

蛋白质本身不能被人体吸收，得先分解成更微小的氨基酸，才能被人体吸收，然后重新合成各种蛋白质，以供不同人体组织所用。人体的蛋白质由20种氨基酸构成，氨基酸按不同种类、数量以及组合，来合成各类人体组织必需的蛋白质。在20种氨基酸中，有9种无法由人体自行合成，必须从食物中摄取，这9种氨基酸统称为"必需氨基酸"。因此，蛋白的"优劣"取决于"氨基酸平衡"，食物蛋白质的氨基酸模式越接近人体蛋白质的氨基酸模式，所含9种必需氨基酸越全面，则这种蛋白质越容易被人体吸收利用，这种食物称为优质蛋白质。

如果单从蛋白质含量来看，每100克鸡肉、羊肉、牛肉和虾的蛋白质含量在那些常见蛋白质含量较为丰富的食物中是最高的,这就是为什么运动爱好者首选鸡肉、牛肉和鱼虾为首选蛋白质的重要原因。猪肉脂肪含量较高,而蛋白质含量在肉类中并不算高,当然鱼虾类脂肪含量都远低于畜禽类。

常见食物蛋白质含量(每100克)

名 称	能量(大卡)	水分(克)	蛋白质(克)	脂肪(克)	胆固醇(毫克)
猪肉	395	46.8	13.2	37	80
牛肉	190	68.1	18.1	13.4	84
羊肉	198	66.9	19	14.1	92
鸡	167	69	19.3	9.4	106
鱼	112	77.3	16.6	5.2	86
虾	93	76.5	18.6	0.8	193
鸡蛋	138	75.8	12.7	9	585
牛奶	54	89.8	3	3.2	15
豆腐干	140	65.2	16.2	3.6	0

仅凭蛋白质含量是不足以评价食物中蛋白质质量的,因为还涉及氨基酸模式问题。下列评价指标也常用于蛋白质优劣评估。

用于评价食物中蛋白质质量的指标

指标	含义
蛋白质生物价(BV)	指每100克食物来源蛋白质转化成人体蛋白质的质量。它由必需氨基酸的绝对质量、必需氨基酸所占比重、必需氨基酸与非必需氨基酸的比例、蛋白质的消化率和可利用率共同决定
蛋白质净利用率(NPU)	机体对氮的储留量与氮食入量之比,表示蛋白质实际被利用的程度
蛋白质功效比值(PER)	指体重增加为基础的方法,即一段时间内,平均每摄入1克蛋白质所增加的体重克数
氨基酸评分(PDCAAS)	将被测食物蛋白质的必需氨基酸组成与推荐的理想蛋白质或参考蛋白质氨基酸模式进行比较,并计算氨基酸分

常见食物蛋白质质量(每100克)

食物	BV	NPU(%)	PER	PDCAAS	推荐指数
鸡蛋	94	84	3.92	1.00	☆☆☆☆☆
牛奶	87	82	3.09	1.00	☆☆☆
鱼	83	81	4.55	1.00	☆☆☆☆☆

食物	BV	NPU（%）	PER	PDCAAS	推荐指数
牛肉	74	73	2.30	0.92	☆☆☆☆
大豆	73	66	2.32	0.63	☆☆☆
精制面粉	52	51	0.60	0.25	☆
大米	63	63	2.16	0.59	☆☆
土豆	67	60	—	0.42	☆☆

四、跑者应如何补充优质蛋白质

关于选择优质蛋白质的食物，有以下几点重要参考意见。

- 富含优质蛋白的动物类食物是首选推荐，如鱼虾（低脂肪含量、高蛋白）、鸡蛋（优质蛋白质，消化吸收利用率高）、畜禽肉类等。如果担心畜禽肉类脂肪含量高，食用时尽量选择瘦肉，以及去皮后食用，同时烹饪时减少用油。
- 虽然豆类蛋白质的消化吸收率较低，但可以将豆类加工成豆浆、豆腐等豆制品，提高蛋白质消化吸收率。此外，大豆和玉米搭配，可提高蛋白质在体内的利用率。
- 食物多样化，含优质蛋白食物互补搭配，效果更好。

不同的食物蛋白质中必需氨基酸组成不同，混合食用以后，在人体内重新构成组织蛋白质的时候，可取长补短，从而提高其生理价值，这就是食物蛋白质的互补作用。一般来说，蛋白质食物来源差别愈大，搭配的种类越多，其互补作用就越大。

研究表明，各种氨基酸必须同时摄取才能达到最高的利用率，摄取时间若间隔1~2小时，其利用率将受到一定影响。因为人体所需的9种必需氨基酸的含量必须按一定比例同时存在于血液和组织中，人体才能最有效地利用它们来组织蛋白质。因此，跑者在进行膳食调配时，可以同时摄入几种不同的蛋白质食物，这样混合食用，可以提高其营养价值。

五、素食主义跑者的蛋白质摄入问题

近二十年来，随着缺乏运动和营养过剩导致的高血压、冠心病、糖尿病、高脂血症、肥胖症等"富贵病"发病率的增高，以及为了健康和美体而兴起的减肥瘦身热潮，吃素逐渐成为一种时尚。素食主义成为一种流行的饮食文化，素食主义者不食用来自动物身上各部分所制成的食物。世界各国或不同文化下的素食主义有所不同，有些素食主义者可食用蜂蜜、奶类和蛋类，有些则不可以。

一些跑者本身也是素食主义者，素食主义者由于不吃动物类食物，因此无法从动物类食物中获取蛋白质，但跑步又需要摄入足够蛋白质，其蛋白质来源主要为豆类及其制品。但从植物中获得蛋白质，其吸收率要比从动物类食物中获得的低很多，这意味着素

食跑者获得这类蛋白质更加困难。所以，与非素食主义跑者相比，素食跑者必须更加注意食物种类的丰富性和合理搭配问题，这样才可能获得比较全面的营养。

素食主义者认为素食更加健康，这种观点其实是不对的。与普通人相比，素食者更容易缺乏蛋白质、钙、铁、锌、维生素（尤其是维生素 B_{12}，几乎只能从动物类食物中获得）。素食主义是一种生活方式和饮食方式，每个人都有选择自己生活方式的权利。对于绝大多数大众而言，荤素搭配仍然是国际公认的健康膳食基本原则。

六、跑者是否需要额外补充蛋白粉

健美爱好者常常在训练后补充蛋白粉，那么跑者也需要这么做吗？一般来说，这种做法不是必要的，重视一日三餐膳食比任何营养补充剂都重要，寄希望于靠蛋白粉来补充蛋白质摄入不足很难长期实施。对于那些跑量特别大的跑者，如果要额外补充蛋白粉也是允许的，但建议选择专业的运动营养品牌，而那些面向病患、老年人的普通蛋白粉并不是特别适合运动人群。

七、总结

蛋白质虽然很少参与能量供应，但是蛋白质对于肌肉组织生长和修复、保持人体正常生理功能是至关重要的，跑者一定要重视蛋白质的摄入。同时，应当尽可能选择优质蛋白质，并注意蛋白质的多样化摄取。

◂◂ 第五节　正是那些似有似无的脂肪害了你 ▸▸

随着人们健康饮食意识的提高，人们更加注重控制脂肪摄入，那些显性的高脂食物，几乎已经被很多人唾弃。最常见的显性高脂食物包括油炸食品，如油条、炸鸡腿、炸薯条等，以及红烧肉、扣肉、奶油蛋糕、面包、冰淇淋等。

你是不是已经许久没吃过这些食物了？但是即使我们控制了这些脂肪的摄入，为什么还是减不了肥？因为你控制了显性高脂食物摄入，但你仍有可能摄入过多的隐性高脂食物。其实在日常饮食之中隐藏性脂肪可以占到脂肪总摄入量的一半以上，这些隐性脂肪食物欺骗性很强，我们很难准确地意识到它们的存在，所以也不能很好控制摄入量。常见的隐性高脂食物有哪些呢？

1. 家禽类的皮

鸡肉是营养价值很高，同时脂肪含量很低的高蛋白质食物，但这指的是纯鸡肉，鸡皮就另当别论了。100克鸡皮脂肪含量为42.76克，所以想减肥的你，不管是烤鸡、烧鸡，还是卤鸡、炖鸡，只吃鸡肉，不吃鸡皮才是减少脂肪摄入的正确做法。如果鸡肉连同鸡皮一起吃下，蛋白质是可以保证充分摄入的，但脂肪摄入可能也超标了。鸭皮同样如此。烤鸭皮的确是一道美味，为什么好吃？因为脂肪多！所以，烤鸭皮还是能少吃就少吃吧。

2. 荤汤

骨头汤、鸡汤以美味著称，但荤汤中同样含有较多油脂，特别是漂在汤表面的一层油脂还是相当"触目惊心"，喝荤汤时应当注意撇去表面的油。

3. 菜卤汁

一部分人吃饭时，喜欢用各种菜，特别是荤菜的卤汁拌饭，比如用红烧鱼的卤汁拌饭，卤汁中盐和油脂含量都非常高，用卤汁拌饭，使得原本只摄入碳水化合物（由米饭提供）变成高糖、高油、高盐饮食，是与健康饮食背道而驰的做法。

4. 沙拉酱

生吃各种蔬菜本来是一种非常好的饮食习惯，因为蔬菜在烹饪加热过程，会导致维生素的流失，而生吃则保证蔬菜中的营养成分被人体有效吸收。但生吃蔬菜往往口感不佳且几乎没有任何味道，这时沙拉酱闪亮登场了，用各式沙拉酱拌蔬菜，纵然甜蜜可口，但往往也导致摄入了过多的糖和脂肪。

5. 泡芙

如果只是吃泡芙的皮，那也作罢，但泡芙中塞入了大量奶油，表面看泡芙主要是糖构成，糖毕竟还能提供热量，但其内部填充的各色奶油瞬间使得泡芙成为高糖高油的隐性脂肪食物。100克泡芙含脂肪约为18克，相当高！

6. 火锅调味酱

火锅生根于市井生活，是中国传统美食之一，冬天家人围坐，吃着热气腾腾的火锅，是一幅阖家幸福的美好画面。但你知道吗？吃火锅时我们通常要用各种花生酱、芝麻酱、海鲜酱来拌火锅菜，各色调味酱正是隐性脂肪食物的代表，其中含有的热量和脂肪惊人。

7. 某些坚果

坚果因为含有不饱和脂肪酸而一直受到推崇，但某些类型的坚果仍然含有大量脂肪，甚至是饱和脂肪，如夏威夷果、花生等。坚果再好，多吃也会使得热量和脂肪摄入超标。**坚果每日推荐摄入25g左右，也就是单手自然握空拳一把。**

8. 瘦肉

人们因为控制脂肪摄入而不吃肥肉，这是好事儿，但切不可以为瘦肉中就不含脂肪，瘦肉只是脂肪含量少一些罢了。猪肉、牛肉、羊肉中的瘦肉中也含有一些脂肪，所以即使瘦肉也不可大快朵颐。而白肉，如鱼肉、鸡肉相对来说，脂肪含量低于红色瘦肉，这是为什么鼓励大家吃白肉的原因之一。

9. 方便面

方便面因保存需要，往往需要经过油炸过程，所以看上去干干脆脆的方便面其实饱含油脂，100克方便面的脂肪含量为21.1克，方便面与普通挂面相比，具有一种特殊的香味，加上同样含有很多油脂的调味包，许多人内心深处其实深深地爱着方便面。但正如其名字，方便面作为应急方便使用，切不可作为平时膳食。

10. 饼干

各种黄油蛋糕、面包脂肪自然含量高，而普通的饼干则容易被忽视。饼干在生产加工过程中，会加入大量糖、反式脂肪酸和盐，早上没时间吃早饭，买包饼干对付一下的跑友们要注意了。

除了不吃肥肉、油炸食品，你还得提防那些隐性脂肪摄入。

◀◀ 第六节　跑者如何选择水果 ▶▶

大量研究证实，训练后补糖和补水越早、越及时，越有利于体能恢复和疲劳消除。如果身体无法及时消除疲劳，第二天训练势必带着疲劳训练，就容易出现疲劳积累，引发运动损伤和过度训练。因此，对于跑友而言，跑后及时补糖补水，是促进疲劳消除和体能恢复的重要营养手段。

又补水，又补糖，同时还能适当补盐的东西是什么？没错，你想到的一定是运动饮料，运动饮料就是为运动后身体需求而设计的，但市面上不少饮料并不是真正的运动饮料，只是打着运动饮料的幌子，跑友们很难辨认。运动饮料多少会加入添加剂成分，有没有天然的既能补糖，也能补水，同时也含有一定盐分的食物呢？当然有，就是水果！

运动后吃水果的好处：

- 一些水果含有丰富的糖和水分，可以起到部分替代运动饮料的作用，且天然不含添加剂；
- 水果中的糖主要是单糖（果糖和葡萄糖）和双糖（蔗糖），进入人体后，容易被消化吸收，从而达到快速补糖的目的；
- 水果含有较为丰富的维生素、纤维素等人体所必需的营养成分，而这些有益成分往往是运动饮料所没有的；
- 水果中的有机酸和芳香物质含量高，引人食欲，可刺激消化液分泌，改善胃口，跑后不想吃东西，可以暂时用水果替代；
- 摄入水果后会产生一定饱腹感，有利于防止正餐摄入过多热量。

一、含糖和含水都很丰富的十大水果

1. 香蕉

几乎所有马拉松比赛赛中、赛后补给都会提供香蕉。为什么香蕉是首选而不是别的水果呢？因为100克香蕉含热量91大卡，含水分75克，且便于安全卫生地食用，所以香蕉成为补给之王。

2. 椰子

100克椰子的含糖量几乎是所有水果中最高的，达到了231大卡，含水分52克。100克大米的热量也就340大卡，椰子的热量达到大米的2/3，吃椰子几乎相当于吃主食！

3. 鲜枣

100克鲜枣含122大卡热量，含水67克。鲜枣同样是营养价值极高的水果，富含人体所必需的有机酸、胡萝卜素和微量元素，维生素C含量尤其惊人。在一个说法广为流传："一日吃仨枣、终生不显老"。

4. 波罗蜜

100克波罗蜜含热量103大卡，含水73克。波罗蜜是热带水果，也是世界上最重的水果。波罗蜜中含有丰富的糖类、B族维生素、维生素C、矿物质等。吃波罗蜜时，可将黄色的果肉放到淡盐水中泡上几分钟，以防出现过敏的现象。

5. 人参果

100克人参果含热量80大卡，含水77克。人参果富含糖和多种维生素、氨基酸以及微量元素。

6. 柿子

100克柿子含热量71大卡，含水81克。柿子营养价值很高，含有丰富的蔗糖、葡萄糖、果糖、胡萝卜素、维生素C。所含维生素和糖分比一般水果高1~2倍。

7. 荔枝

100克荔枝含热量70大卡，含水81克。荔枝营养丰富，含葡萄糖、蔗糖以及维生素A、维生素B、维生素C、叶酸、氨基酸等各种营养素。但荔枝因性热，多食易上火。

8. 桂圆

100克桂圆含热量70大卡，含水81克。桂圆含丰富的葡萄糖、蔗糖，含铁量也比较高，桂圆含有多种氨基酸、皂素、甘氨酸、鞣质、胆碱等，是其强大滋补能力的来源。

9. 甘蔗汁

100克甘蔗汁含64大卡热量，含水83克。甘蔗含有丰富的蔗糖、葡萄糖及果糖。此外，甘蔗的含铁量也非常丰富，铁可以帮助血红蛋白合成，从而有利于增加红细胞数量，间接有助于耐力提升。

10. 猕猴桃

100克猕猴桃含56大卡热量，含水83克。猕猴桃的质地柔软，口感酸甜，味道被描述为草莓、香蕉、菠萝三者的混合。猕猴桃营养价值极高，在前三位低钠高钾水果中，猕猴桃由于较香蕉及柑橘含有更多的钾而位居榜首。同时，猕猴桃中的维生素含量极高，为柑橘的5~10倍。

二、含水丰富、含糖较少的十大水果

立志跑步减肥的跑友们不希望吃水果时摄入太多糖，只想补水。推荐含水丰富、含糖较少的十大水果。

1. 黄瓜

100克黄瓜，热量只有15大卡，含水量高达96克，所以绝对是想减肥的跑友们跑步后首选的补水水果。

2. 杨梅

100克杨梅含热量28大卡，含水92克。

3. 草莓

100克草莓含热量30大卡，含水91克。

4. 梨

100克梨含热量32大卡，含水90克。

5. 杧果

100克杧果含热量32大卡，含91克。

6. 西瓜

100克西瓜含热量32大卡，含水92克。人们往往认为西瓜含糖高，其实西瓜含糖并不高，只不过容易吃多，造成糖摄入显得偏多。

7. 杏

100克杏含热量35大卡，含水90克。

8. 柠檬

100克柠檬含热量35大卡，含水91克。

9. 李子

100克李子含热量36大卡，含水90克。

10. 枇杷

100克枇杷含热量39大卡，含水89克。

水果作为运动后补水补糖半替代品是有一定价值的，但是运动后补水仍然是首选。此外，水果本身就是一类食物，即使不运动也应当摄入，减肥人群应当控制糖摄入的总量，包括水果。

第七章 人人关心的话题——如何跑步减肥

‹‹‹ 第一节 更科学才能更持久——献给减肥路上的小白 ›››

为了减肥而运动，是大众的"刚需"。可是，艰苦奔跑真的减肥了吗？无法持久也许是大众跑步的最大痛点，为什么无法持久？

总结起来无非两点：跑得太难受、毫无乐趣。单调枯燥的跑步加上随之而来的喘不上气、迈不开腿，胖小白纷纷倒在励志减肥的路上。

一、一上来就跑步，十有八九会失败

对于立志减肥的胖小白来说，一开始的运动应当是诸如骑车、步行、游泳这样的低冲击运动，这样才是安全良好的开端。一上来就跑步，是不推荐的。因为肥胖人群相比体重正常人群，通常更容易出现下背部和下肢关节问题。一旦开始跑步，往往会因为跑步带来的高冲击力而加重肌肉关节疼痛。而从步行这样的低强度开始，不仅容易接受，而且可以逐步改善体能，为跑步打下基础。

美国一项针对新兵的研究发现，由于有平民转变为士兵，突然增加了运动量（每天2~4小时军事体能训练，每周累计7小时的行军和4小时的跑步），结果，超重新兵运动损伤发生率明显高于体重正常新兵，其中65%的超重新兵发生慢性劳损，35%的超重新兵发生了急性损伤。所以，对于胖小白来说，一开始就跑步会大大增加发生运动损伤的风险。他们需要从低冲击步行逐步过渡到跑步，这才是减肥的做法。更何况胖小白普遍心肺功能较差，跑一会儿就会气喘，这也会大大挫伤运动的积极性。

二、把目标定得过高，是跑步减肥失败的开端

不少小白立下宏图大志要跑步减肥，把目标定为通过数周至数月时间，要减多少斤肉，要完成5千米到马拉松等目标。但事实上，这样的目标并不现实。如果说小白包括那些希望恢复身材的产妇、面临健康危机的中年人、久坐不动的白领们，他们事实上并

不清楚如何开始跑步，更不清楚如何为参加一场比赛而进行准备，一上来就盲目跑步，很容易就发生肌肉或关节损伤，从而被迫放弃跑步。

对于胖小白而言，最初的目标设定应该是预防运动带来的损伤和建立更加积极的生活方式，这将为长期控制体重奠定基础。所以一开始设立的目标不应当过于具体，而应该聚焦三个方面，分别是体重开始呈现下降趋势、避免受伤和享受跑步这一过程。而完成一定距离的跑步或者以一定配速跑步这样的目标应该是第二位的。

三、胖小白如何开始跑步

对于已经习惯于久坐的胖小白而言，跑步面临的最大问题是拖着沉重的身躯，让自己的关节承受很大的负荷，这会大大增加发生关节受伤的风险。事实上，国际上对于肥胖人群如何开始跑步并没有可供循证的步骤和方法。就一般情况而言，最佳方式是从走路开始，慢慢过渡到走跑交替，这样既安全也有利于持久。

四、小步幅快走在最初阶段是一个不错的方法

研究显示，无论在任何速度下，胖小白走路或者跑步的耗氧量、热量消耗值都要大于体重正常的人，因为他们需要付出更多肌肉努力来移动身躯，这对于消耗脂肪来说当然是件好事情。因为速度越快，越有利于消耗脂肪，但是速度越快，关节受到的负荷也就越大，越容易受伤。所以适当减小步幅不失为一个好方法，也就是小步快走。研究显示，将步长缩短15%，可以增加4.6%的能耗，同时还有利于减少关节受到的冲击力。

五、慢速缓坡走不伤膝，是减肥的好方法

假如胖小白无法适应快走或者存在一些关节疼痛，跑步机上坡走或者缓坡爬山也是一种不错的选择。虽然有人会认为爬山伤膝，但是爬山伤膝指的是爬台阶或者在速度比较快的情况下，不是任何爬山都一定意味着增加关节负荷。

有一项研究测试了速度为1.8~6.3千米/时，坡度为0~9度的不同速度、坡度组合对人体产生的冲击力。结果发现，当快走速度为6.3千米/时，坡度为0时，人体所受到的地面冲击力是最大的，以较慢的速度在缓坡上行走反而能减小关节负荷。当坡度达到6度，肌肉用力才开始明显变大，并导致小腿胫骨感觉不适。所以要缓坡慢速步行，建议坡度不要超过6度。这些数据说明，以比较慢的速度在较缓和的坡度上行走，不会伤害膝盖，还有利于减肥。

六、如何实现从走到跑

年轻且没有关节疼痛的胖小白在一段时间步行适应后，如果想要增加运动强度，可以尝试由走到跑的转换，这里的跑在英文中不是running，而是另外一个单词jogging，即

轻快慢速地跑。当由走到跑时，速度选择非常关键，这个速度是自己既觉得非常舒适，又能够坚持的速度。感觉舒适非常重要，一般来说此时配速应不得快于7:00。

研究显示，每周3次，每次30~60分钟轻快慢速地跑，持续6个月，可以使体重减少9%。当然，为了防止劳损，一旦胖小白开始跑步，每跑一次，应当休息一天，也就是隔天跑步最合适。假如存在关节问题或者是严重肥胖者，更要慎重决定什么时候开始由走到跑。可以通过踩单车等方式，同时保证每天热量摄入不超过1 200~1 500大卡，这样坚持3~6个月，等到体重有一定下降且心肺耐力有所提高，再开始尝试由走到跑。对于重度肥胖人群，可能需要通过3~4年的努力后才能确保安全地开始跑步并且不发生损伤。

七、如何持久地跑

已经由走过渡到跑的胖小白，如何让跑持久而健康？

为了减少持久跑步导致的关节负担，至少应当从两个方面加以解决。第一，加强力量。关节周围肌肉力量更强，可以让肌肉承担冲击力从而有效减轻关节负荷。胖小白刚开始跑步时膝关节不痛，跑到中后程出现疼痛，主要就是因为肌肉疲劳后力量下降，丧失了对于关节的保护能力。应当加强力量的部位包括脚踝、小腿、髋外展肌群、大腿前侧和躯干。第二，为了预防损伤，当胖小白可以比较长时间跑步时，不要贸然增加跑量或者提高配速。一个稳妥的增加运动量的方法是每周跑量增加不要超过10%。例如本周累计跑量是10千米，下周跑量最多也就增加1千米，增加更多会让关节处于受伤风险之中。另外，建议隔天跑，以便让肌肉和组织有更多修复和休息时间。这对于预防损伤也很有意义。

八、间歇跑可以更有效地消耗脂肪

胖小白平时大多做的都是持续跑，但事实上，由于体重负担大，持续跑对于胖小白来说不是一个好方法。间歇跑与持续跑不同，间歇跑的好处是可以休息，在跑的过程中可以跑得更快，这样有助于提高摄氧量水平，燃烧脂肪。研究显示，间歇跑在控制体重、消耗脂肪等方面优于持续跑。

有一项研究比较了两种不同跑法对于两组中年肥胖人群减肥的效果。一组是在跑步机上以90%最大心率完成4分钟上坡跑和3分钟休息的循环，总计跑40分钟；另一组是在跑步机上以70%最大心率完成47分钟持续慢跑。在每周3次，总计16周跑步结束后，两组肥胖人群体重下降程度相同，但是采用间歇跑训练的这一组人群耐力水平提高幅度更大。更令人惊讶的是，实验完成时，只有一名跑者发生了关节损伤，其余人都顺利且健康地完成了减肥计划。这也就证明了科学正确的跑步计划不会导致受伤。

九、胖小白跑步如果发生了关节疼痛应立即停下来

一个跑步计划的成功体现在不发生伤痛和令跑者乐在其中，而伤痛会摧毁这一切。胖小白可以将疼痛作为跑还是不跑的一个重要信号，也就是说，如果在跑步过程中出现了疼痛，这时候应该毫不犹豫地停下来并接受治疗。跑完步后，如果有关节疼痛的表现，或者过了24小时后仍然疼痛，这就是肌肉骨骼系统还没有为跑步做好准备的表现。如果因为疼痛发生了步态改变，这样的跑步毫无疑问必须停下来。

十、总结

为了减肥而跑步，是大众的核心"刚需"，但是目前还没有关于肥胖人群应该如何进行跑步的科学指南。胖小白跑步要围绕三点：减轻体重、避免受伤和乐在其中。建议胖小白在跑步开始前先加强力量，这对于增加关节承受负荷的能力、避免受伤至关重要。一上来就错误地跑步是减肥失败的开端，胖小白应当从走路开始，走跑交替也是不错的选择，同时不建议天天跑，而是隔天跑步。如果你对于跑步减肥抱有健康、持久、循序渐进的心态，你的减肥已经成功了一半。

◂◂ 第二节 一次需要跑多久才可以减肥 ▸▸

跑步是不是效率最高的减肥方式？跑步减肥需要跑多久？

一、跑步是一种有效燃脂的运动

众所周知，要将体内多余的脂肪消耗掉，运动是最主要的方式。跑步时每分钟的能量消耗是安静时的8~10倍，跑得比较快时，可以达到安静时的10~12倍甚至更多，即便是强度略低一点的快走，能耗也可以达到安静时的6~8倍，因此，跑步是一项可以充分消耗热量、燃烧脂肪的运动。对于需要减肥的人群而言，跑步就是减脂效率最高的运动之一。

二、为了减肥而跑步的运动量是为了健康而跑步运动量的一倍

作为全球健康运动的风向标，2008年《美国身体活动指南》发布了权威的面向大众的运动建议，其中核心要求是成年人每周应该积累至少150分钟（2小时30分钟）中等强度运动，或者积累75分钟（1小时15分钟）大强度运动。也就是说，每次参加30分钟快走，每周5天；或者每次参加20分钟跑步，每周3天，就能够实现最基本的运动量从而有益健康。

为了健康而跑步，上述运动量完全足够，但对于减肥来说，就显得有些不够。因为

减肥运动需要消耗的是脂肪，但脂肪热量值极高，想要燃烧它，需要更长时间的运动，那么为了减肥而跑步需要跑多久呢？根据美国运动医学会的建议，减肥人群需要在此基础上将运动量增加一倍，即完成至少300分钟中等强度运动或者150分钟大强度运动。

三、每次运动40分钟以上，每周5次是减肥人群需要的运动量

为了消耗足够多的脂肪，减肥运动需要的运动量是健康运动所需运动量的一倍。事实上，减肥成功是一件颇有难度和技术含量的事。一方面你要会运动，另一方面你要会吃。

从消耗足够多的脂肪角度而言，每次40分钟至1小时，每周5次跑步对于减肥人群是必要的。健康跑步的一次跑量达到20分钟足矣，但减肥跑量需要在此基础上增加一倍，时间越长越好，但考虑到疲劳及受伤风险，1小时对于绝大多数减肥人群是上限。同样，每周跑步3次是健康人群的跑步频率，减肥人群则需要增加运动频率，达到每周5次，当然如果能够天天坚持跑步，减肥效果肯定也会更好一些。

四、不是跑步40分钟才开始消耗脂肪，而是为了多消耗脂肪跑步40分钟以上

跑步40分钟以后才开始消耗脂肪是运动健身领域流传最广的谎言之一，其理由是跑步刚开始消耗的是糖，经过40分钟将糖消耗以后自然就开始消耗脂肪，所以为了减肥，跑步至少要跑40分钟以上。如果是为了消耗更多脂肪，减肥跑者可以把跑步时间拉长一些，但要说跑步40分钟以内对于减肥没用，绝对是无稽之谈。

人体体内的糖主要有3个来源，分别是血糖、存储在肌肉中的肌糖原和储存在肝脏中的肝糖原。一般来说，普通人血液内大约有5克的血糖，肝脏中含有100克肝糖原，肌肉中含有400克肌糖原。

$$人体内糖含量=5+100+400=505克$$
$$1克糖分解释放的热量=4大卡$$
$$人体内所有糖含有的热量=505 \times 4=2020大卡$$

假定一名体重60千克的人以6:00配速跑步，6:00配速时，每千克体重每小时可以消耗大约10大卡热量，这就意味着此人跑步1小时，可以消耗600大卡热量。此人如果要完全消耗掉体内所有的糖，需要的时间是：

$$消耗完体内所有糖的耗时 = \frac{2020}{600} \approx 3.5小时$$

这就意味着，如果真要把体内糖消耗完，要足足3个多小时，虽然人体内实际糖消耗可能不如计算结果那么精确，但大体情况就是如此。这恰恰证明了为什么全马比赛时，撞墙容易发生在3~3.5小时，因为此时体内糖原接近消耗殆尽，就会发生明显的体力不支。所以指望用半小时消耗完体能的糖，是不可能的。

　　其次，著名运动生理学研究先驱爱德华·L. 福克斯在《运动生理学》一书中提出，在运动开始半小时以后，的确会有脂肪供能比例增加、糖供能比例下降的现象，但脂肪供能的增加其实是有限的，运动强度才是决定糖和脂肪供能比例的制约因素。

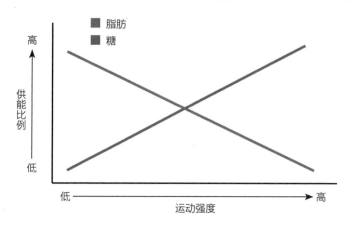

　　事实上，人体主要供能物质糖和脂肪（蛋白质参与供能很少，忽略不计）都是以混合方式工作的，也就是说几乎不存在某种活动只由糖供能，或者某种活动只由脂肪供能。只是供能比例略有差别而已。在低强度活动时，脂肪供能比例相对高，糖供能比例相对低；在高强度活动时，则脂肪供能比例相对低，糖供能比例相对高（详见下表）。所以，我们往往推荐人们参加长时间中低强度慢跑，一方面更易于被人们接受，另一方面低强度慢跑可以有效促进脂肪分解，但这跟半小时没关系，只要一开始运动，就会消耗脂肪。

五、减肥时跑步速度不要快，这样才能既消耗脂肪体验又好

　　减肥时，跑步速度不要太快，以中低速慢跑就好，这样一方面可以促进脂肪燃烧，另一方面不至于太累，获得更好的跑步体验。运动时能量供应的基本原理指出，你跑得比较快时，尽管很累总能耗也比较多，但由于脂肪供能比例低，其单位时间能耗可能还不如中低强度运动。

在不同运动强度下糖和脂肪供能比例

最大摄氧量	心率范围	脂肪供能（大卡/分）		糖供能（大卡/分）	
		脂肪供能	比例	糖供能	比例
40%~50%	111~137	3.9	68%	1.8	32%
50%~60%	140~153	5.9	67%	2.9	33%
60%~70%	145~163	5.5	60%	3.7	40%

续表

最大摄氧量	心率范围	脂肪供能（大卡/分）		糖供能（大卡/分）	
		脂肪供能	比例	糖供能	比例
70%~80%	164~171	5.8	53%	5.1	47%
80%~90%	172~177	5.1	41%	7.3	59%
90%~100%	178~185	4.3	31%	9.6	69%

从上表可以清楚地看到，如果跑步时速度较慢，强度较低，心率介于140~153之间时，脂肪供能比例为67%，糖供能比例为33%；而如果跑步时速度较快，强度较高，心率介于172~177之间，脂肪供能比例降为41%，糖供能比例增加至59%。那么这是不是意味着心率较低的慢速跑步脂肪消耗就一定多呢？未必。

当我们以较慢速度跑步时，脂肪供能比例虽然高，但由于强度低，总能耗有限，所以使得由脂肪分解提供的能量其实也是有限的，每小时仅仅消耗39克脂肪，而如果我们以较快速度跑步，虽然脂肪供能比例低，但由于总能耗多，使得由脂肪分解提供的能量也并不比慢跑少多少，每小时消耗34克脂肪，仅仅比低强度慢跑少5克。

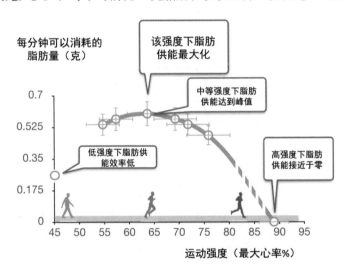

当然，低强度慢跑有一个显著好处，就是能够被多数人所接受，而以较快速度跑步，很多人很难坚持很长时间。因此，准确的说法应该是低强度慢跑脂肪供能比例高，但消耗少，需要较长时间才能产生足够的能量消耗。这就是为什么为减肥而进行的跑步需要较长时间的根本原因。

也就是说心率介于60%~70%最大心率区间时，脂肪燃烧最为充分，这时是有一定强度，但也不至于胸闷气喘，体验较好，可以保持长时间的跑步。至于具体配速方面，由于每个人心肺耐力不同，无法规定一个具体的配速。但一般来说，减肥跑步的配速建议保持在7:00~8:00之间，耐力比较好的人可以在6:00~7:00，超过6:00的配速不建议减肥人群采用。

六、不要为了一段时间体重没有变化而灰心丧气

很多人倒在减肥路上，要么是无法坚持，要么是方法不正确。对于减肥人群来说，当然最希望看到的结果是一开始减肥就有效，恨不得立竿见影，但遗憾的是凡是抱着短期内减肥希望的人，往往希望越大则失望越大。

在减肥初期，人体代谢需要一个适应的过程。人体在千万年进化过程中，具备了优良的储存脂肪的能力，所以人容易长胖，而一旦你开始运动，给机体的信号就是你开始消耗脂肪，人体此时会增强对于脂肪的吸收利用同时降低安静时基础代谢（不单单是节食才会导致基础代谢下降）从而储备脂肪以应对脂肪含量下降。而如果你坚持运动，机体会认为这是一个常态，让运动时脂肪供能比例增加，从而帮助脂肪燃烧。同时，在减肥初期肌肉含量还会有所增加，这就抵消了减脂带来的体重下降，所以此时体重可能没有明显下降，甚至不降反升。这就让希望立马看到减肥效果的人大失所望，从而放弃跑步。其实你只要继续坚持下去，接下来你的体重会出现比较明显的下降。

七、总结

减肥人群绝对是跑步人群中最大的。既要消耗足够多的脂肪，又要避免过多跑步带来的伤害。建议每周运动5次以上，每次40~60分钟。只要开始跑步，糖和脂肪都会参与供能，供能比例与运动强度高度相关，低强度慢跑脂肪供能比例高，但不代表其实际脂肪消耗量就大。我们是为了多消耗脂肪才跑步半小时以上，而不是跑到半小时才开始消耗脂肪。

◂◂◂ 第三节　跑步与控制饮食，哪个更重要 ▸▸▸

想要减肥得靠运动，但是也有人认为"三分靠练七分靠吃"，那减肥时到底哪个更重要？

一、脱离能量平衡原则的减肥都是空谈

想要知道减肥效果哪个好，必须得知道减肥的原理是什么。物理学中的能量守恒定律同样适用于身体内的能量转化。

- 当我们通过食物摄入的热量与我们消耗的热量相同的时候，我们就会维持现有的体重，这称之为能量平衡。

- 当我们摄入的能量高于我们消耗的能量的时候，多余的热量就会堆积在我们体内变成肥肉，这个称为能量的正平衡，也就是我们体内的总热量一直在增加。
- 当我们摄入的能量低于消耗的能量的时候，就形成了一个热量缺口，而这个缺口就需要我们身体中原来就储存的能量去填补，这称之为能量的负平衡。这样就可以消耗我们体内多余的能量，慢慢地减肥成功。

二、如何进行能量消耗

我们一天的能量消耗包括基础代谢的能量消耗、进食效应、身体运动的能量消耗。

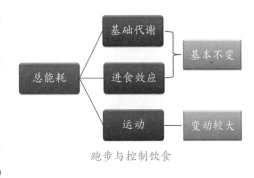

跑步与控制饮食

- 基础代谢是指身体为了维持人体的基本功能，例如心跳、呼吸这些基础的生理功能所消耗的热量。这部分能量消耗占我们一天能量消耗的一大部分。男性每天基础代谢消耗的能量大约 2 000 大卡，女性略低些，大约 1 500 大卡。
- 进食效应是指人体由于吃东西而额外增加的能量消耗，除了夹菜、咀嚼这些看得见的动作，还有对食物消化吸收这些体内活动。这一部分消耗的热量比较少。
- 身体运动的能量消耗。这一部分除了大家熟知的跑步、健身，我们把平时生活中的走路、做家务也都算在其中。在日常生活中，基础代谢和进食效应所占的能耗比较固定，只有运动部分是变动最大的部分。

三、运动减肥效果有多大

运动不仅可以帮助我们消耗更多的热量，达到减肥的效果，最重要的是运动还可以带来其他更多的好处。例如心肺能力的提高、心情变好等。

运动减肥虽然优点多多，但光靠运动减肥有一个绕不开的缺点，那就是，通过运动造成的热量缺口太小。通过跑步减肥的朋友可能都会关注跑步软件上关于热量消耗的数值。费力地跑半个小时消耗的热量基本上在 300 大卡左右，大概也就是基础代谢的六分之一，可能也就是一天热量摄入的十分之一。最惨的是，300 大卡差不多就是一瓶可乐、半袋奥利奥饼干的热量，很容易就会吃回来。所以单靠运动减肥虽然好处多多，但见效真的很慢。

四、节食减肥效果有多大

节食就是指那种试图通过严格控制食物的摄入来减肥的方法。常见的方法主要是不吃早饭、午饭、晚饭中的一顿或几顿。正常人一天的热量消耗一般在2 000~2 800大卡，少吃一顿或几顿，热量缺口明显变大，身体只能通过消耗原来储存的能源来维持正常的生活。

每天少吃一顿，大概能少摄入600~800大卡的热量，明显高过跑步消耗的热量。这些热量相当于150~200克糖或蛋白质，65~90克脂肪。有学者进行试验，让受试者断食6天，平均减重6.1千克。

五、节食减肥见效快，但伤害大

由于热量摄入不足，此时机体的生理活动维持在一个较低的水平上，人会觉得无力、反应迟钝、头昏眼花，严重的还会由于低血糖而晕倒甚至休克。用这种方法极易减成厌食症，而且极易大量丢失肌肉，造成基础代谢的明显降低。

用这种方法减肥很快，但是体重反弹时常发生。而且这种方法也容易造成体内的一种或某几种营养元素的缺乏，导致一些疾病。

六、控制饮食比节食减肥效果更好吗

控制饮食是适当控制热量的摄入，并且注重合理的饮食结构，例如减少食用油和饮食中过量糖分的摄入。这样不仅能造成不小的热量缺口，对于身体的伤害也没有节食这么大，但并不意味着它就没有缺点。

单纯控制饮食也容易造成基础代谢的降低。因为我们的身体会因为能量摄入减少而相应地减少能量的消耗来保证有足够的能量支撑身体的机能。

脂肪和高糖饮食会让人觉得幸福、有安全感，这是基因决定的。控制饮食意味着你将远离这类食物，因此容易造成脾气不好。

七、运动加控制饮食才是减肥的王道

运动加控制饮食才是减肥的正确选择。

首先，运动加控制饮食造成的能量缺口巨大，减脂效果堪比节食。假设你今天跑了半个小时，消耗了300大卡热量，然后又没有喝可乐吃炸鸡，又少摄入了400大卡热量，这样你今天造成的能量缺口就有700大卡。所以，运动加控制饮食，减肥效果会倍增。

其次，保持健康的同时还能够减肥，才是最好的。虽然控制饮食对身体的伤害很小，但也容易造成基础代谢下降。但是，运动特别是力量训练可以保持甚至增加基础代谢。所以，控制饮食加运动不一定能让你的基础代谢增加，但至少能保证它不下降。

虽然控制饮食容易让人脾气暴躁，但是运动可以让人分泌愉快因子使人心情愉悦。所以，运动加饮食控制，不仅可以收获较好的减肥效果，而且没有太大副作用。

八、总结

运动和控制饮食都可以减肥。虽然运动可以提高体适能水平，但由于运动的能量消耗相比于一天的能量摄入只是很小的一部分，通过运动实现消耗大于摄入十分困难，所以单纯靠运动控制体重效果有限；控制饮食可以明显减少热量摄入，但这并不意味着节食。单纯控制饮食往往也会带来情绪不稳定等一系列问题，也是不可取的。运动加控制饮食才能得到最佳的减肥效果。

◀◀◀ 第四节　高强度间歇运动减肥效果更好吗 ▶▶▶

《2015年中国跑步方式调查报告》中显示，有39%的跑者希望通过跑步来减肥塑形，显然，减肥是很多跑者跑步的主要目的。理想情况是，一方面消耗了脂肪，减轻了体重，达成了目标；另一方面，则是渐渐喜欢上跑步，把跑步视作自己的生活方式，从而成为一名真正的跑者。

当然，只有达成了前者，才有可能实现后者，跑步减肥效果好不好、有没有用，很大程度上会决定有多少比例的人会把跑步坚持下去，最终成为一名跑者。

一、低强度慢跑的减肥依据

传统观点认为，跑步减肥要采用中低强度长时间慢跑，跑步时间要达到30分钟以上，才能充分燃烧脂肪。原因如下：

（1）肥胖者体重大，中低强度跑步对于身体的负担相对较轻，更易接受；

（2）中低强度跑步脂肪供能比例高，特别是跑步30分钟以后，脂肪供能比例更是明显提高，有利于脂肪燃烧。因此，中低强度慢跑更减脂，但持续时间要相对长一些。

二、高强度间歇训练

高强度间歇训练就是运动时把强度提高，大大高于中低强度，但由于高强度运动很快就会使人疲劳，因此高强度运动一会就要安排休息，也就是间歇，但间歇时间不能太长，即休息一下就要进行下一组练习，这样不断循环往复，始终使心率保持较高水平。

对于跑步而言，高强度间歇训练就是间歇跑，例如1000米×4组、800米×5组、400米×6组等，每组之间安排一定间歇，这种跑法与低强度持续跑（LSD跑）相对应。

三、间歇跑与LSD跑的减脂效果比较

下表是运动生理学教科书上经过科学实验得出的不同强度运动时，能耗状况以及糖和脂肪供能比例，是下文分析内容的主要依据。

不同强度运动时糖和脂肪供能比例

最大摄氧量	心率范围（次/分）	脂肪燃烧		糖燃烧		合计	消耗脂肪（克/小时）	消耗糖（克/小时）
		脂肪供能（大卡/分）	脂肪供能比例	糖供能（大卡/分）	糖供能比例	总能耗（大卡/分）		
40%~50%	111~137	3.9	68%	1.8	32%	5.7	26	27
50%~60%	140~153	5.9	67%	2.9	33%	8.8	39	44
60%~70%	145~163	5.5	60%	3.7	40%	9.2	37	56
70%~80%	164~171	5.8	53%	5.1	47%	10.9	39	77
80%~90%	172~177	5.1	41%	7.3	59%	12.4	34	110
90%~100%	178~185	4.3	31%	9.6	69%	13.9	29	144

假定跑者甲和跑者乙体重相当，体型中等。

跑者甲以7:00配速跑步1小时，心率在111~137之间，跑者甲1小时跑了约8.5千米。

跑者乙以5:00配速跑了4组1000米，即1000米×4组，每组之间休息4分钟，心率在172~177之间，跑者乙总计用了32分钟完成4千米间歇跑（含20分钟跑，12分钟累计间歇）。

跑者甲跑8.5千米可以视作低强度慢跑，而跑者乙跑4千米可以视作高强度间歇跑，跑者甲的用时、跑量基本比跑者乙多一倍。

1.低强度慢跑1小时消耗多少脂肪

从上表中可以清楚地看到，以7:00配速低强度慢跑1小时，心率相对较低，介于111~137次/分之间。在低速慢跑中，脂肪供能比例较高，占总能耗的68%，而糖供能比例较低，占总能耗的32%，证实了低强度慢跑可以促进脂肪燃烧。在该强度下慢跑，每分钟可以消耗5.7大卡热量，以该比例计算，来自脂肪的热量消耗为3.9大卡，来自糖的热量消耗为1.8大卡。

慢跑1小时消耗的热量=5.7×60=342大卡

来自脂肪的热量消耗=342×68%≈232大卡

来自糖的热量消耗=342×32%≈110大卡

1克脂肪可以提供9大卡热量，1克糖可以提供4大卡热量

脂肪实际消耗量=232÷9≈26克

糖实际消耗量=110÷4=27.5克

2.高强度间歇跑32分钟消耗多少脂肪

从上表中可以清楚地看到，以5:00配速完成4组1000米间歇跑，心率较高，介于172~177次/分之间。以该速度跑，脂肪供能比例明显下降，占总能耗的41%，而糖供能比例升高，占总能耗的59%，说明在快速跑中糖供能比例增加。

在该强度下跑步，每分钟能耗明显增加，每分钟可以消耗12.4大卡热量，以该比例计算，来自脂肪的热量消耗为5.1大卡，来自糖的热量消耗为7.3大卡。而慢速跑时，来自脂肪的热量消耗仅为3.9大卡。

间歇跑20分钟消耗的热量=12.4×20=248大卡

来自脂肪的热量消耗=248×41%≈102大卡

来自糖的热量消耗=248×58%≈146大卡

脂肪实际消耗量=102÷9≈11.3克

糖实际消耗量=146÷4=36.5克

通过以上对比得出，慢跑1小时大约消耗26克脂肪，而高强度间歇跑20分钟（不含12分钟间歇休息）消耗11.3克脂肪。单从跑来说，间歇跑脂肪供能比例下降，但间歇跑每分钟脂肪的消耗量是增加的。由于间歇跑的时间短，只有20分钟，总计只消耗了11.3克脂肪，只有1小时慢跑脂肪消耗量的一半不到。

四、跑步减脂要考虑强度、脂肪供能比例和时间

按照上述方法计算，高强度间歇跑更加减肥的说法并不成立，这里有三个因素：运动强度、供能比例和总时长，脱离一个或两个因素谈另一个因素都存在缺陷。因此，高强度间歇跑运动强度大、脂肪供能比例低，但每分钟脂肪消耗量相比慢速跑多，决定脂肪消耗量的另一个重要因素就是运动时间，正是因为高强度间歇跑强调短时高效，所以短时间内，即使每分钟脂肪消耗量是增加的，但总的脂肪消耗量也是有限的。

五、运动结束后能耗仍然较多是间歇跑减肥效果好的原因吗

上述计算方法漏掉了一个重要问题：过量氧耗。运动后过量氧耗是一个运动生理学专业术语。运动除了本身会引起摄氧量增加外，在运动停止后，机体的呼吸也会引起摄氧量增加。摄氧量短时间内没有恢复到安静水平，由于机体的能量消耗由摄氧量决定，所以机体的能量消耗在运动结束后仍然维持较高水平。这种运动后恢复期摄氧量高于安静状态下摄氧量的现象称为运动后过量氧耗。运动时，呼吸加快，摄氧量增加，用以满足运动时糖和脂肪分解供能需要（糖和脂肪分解需要氧气参与）。因此，呼吸越快，摄氧量越高，糖和脂肪分解供能越多，能耗也就越大，人体能耗计算的最科学方法就是连续测量呼吸，根据摄氧量和二氧化碳排出量进行计算。

简而言之，运动停止后机体依然有较高能量消耗，并且高于安静状态下的能量消耗。有研究称高强度间歇运动的过量氧耗会持续

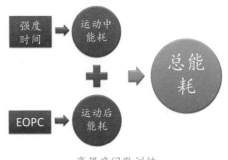

高强度间歇训练

24~48小时，说明高强度运动后相当长一段时间的能量消耗都会高于安静水平。也就是说，运动后即使躺着，也会比运动前安静状态下消耗更多能量，这就解释了高强度间歇训练为什么是减脂利器的原因。高强度间歇训练在运动时，能耗明显增加，但毕竟运动时间短，能耗有限，更多能耗可能来自于运动后过量氧耗。而中低强度持续运动，运动时间长，能耗主要来源于运动中，虽然也有一定的运动后过量氧耗，但其持续时间较短，研究显示低强度运动过量氧耗会持续12小时。当然，也有研究显示，高强度间歇训练是减脂利器不能光用运动后过量氧耗解释，还有一系列复杂的内分泌调节机制发挥作用。

六、科学理性地看待间歇跑和中低强度慢跑的减脂价值

虽然间歇跑具有很好的燃脂效果，但是跑者不要过分地依赖、迷恋间歇跑，因为间歇跑强度高，对跑者的心肺功能要求苛刻，跑者需要更大的毅力才能坚持进行间歇跑训练，并且如果跑者没有达到一定的体能水平，很容易造成身体损伤。

因此，间歇跑不适合初级的、体重过重的跑者，中低强度慢跑训练更适合初跑者和减肥初期的跑者。但如果总是进行中低强度慢跑，也会带来身体适应和长时间跑步造成膝关节劳损性损伤的问题。所以，当具有一定心肺基础后，中低强度慢跑与间歇跑训练有机结合，发挥各自不同的燃脂机制，可能更加有利于突破瓶颈，更快、更好地实现减肥效果。

◂◂ 第五节　跑多远才能消耗0.5千克脂肪 ▸▸

跑多少才能消耗大约0.5千克脂肪？这需要依据脂肪消耗原理，用数学的方式进行计算。

问题1：0.5千克脂肪含有多少热量？

回答：1克脂肪含有9大卡热量，0.5千克脂肪为500克，那么：

$$0.5千克脂肪含有的热量 = 500 \times 9 = 4500大卡$$

问题2：跑步1小时可以消耗多少热量？

回答：跑步所能消耗的热量由三个方面决定：时间、速度和体重。跑步时间越长，速度越快，所消耗的热量也就越多。此外，体重越大，消耗的热量也越大。

例如，一个体重60千克的人，以6:00配速跑步，每千克体重每小时可以消耗10大卡热量，那么他跑步1小时所能消耗的热量为：

$$60 \times 10 \times 1 = 600大卡$$

问题3：跑步1小时消耗的热量有多少来自脂肪？

回答：速度相对越慢，脂肪供能比例较高；速度相对越快，脂肪供能比例较低。跑步前半小时脂肪也会分解供能，半小时后脂肪供能比例会有所增加。

以6:00配速跑步，心率介于145~163，此时脂肪供能比例为60%，糖供能比例为

40%。那么，一个体重60千克的人，以6:00配速跑步1小时，消耗的600大卡热量中，来自脂肪的热量为：

$$600 \times 60\% = 360大卡$$

问题4：跑多长时间才能消耗0.5千克脂肪？

回答：一个体重60千克的人跑步1小时可以消耗600大卡热量，其中360大卡来自脂肪，那么要消耗0.5千克脂肪所包含的4500大卡热量，就意味着需要跑：

$$4500 \div 360 = 12.5小时$$

问题5：为什么减肥那么难？

回答：通过上述计算，我们可以很清晰地看到每天跑步1小时，期间没有一天休息，也要跑将近2周，也就是累计跑12~13个小时，才能消耗0.5千克脂肪。

有些观点认为，每周减体重的量不宜超过0.5千克，超过0.5千克就有损健康。如果按照这个观点计算，每周跑步要达到12.5小时才能实现这一目标，这就意味着几乎每天要跑步1小时45分钟，一周跑量累计达到125千米，才有可能实现减脂0.5千克的目标，这个跑量即使是资深跑友也不是很容易就能达到。

问题6：消耗0.5千克脂肪需要跑12.5小时准确吗？

回答：这样的结果是以一个体重60千克的人以6:00配速跑步计算所得出的，根据不同体重、不同速度去跑步，还会有所变化。

不同速度走/跑1小时消耗的热量（大卡）

不同速度走/跑	体重（千克）			
	50	60	70	80
散步，3.2千米/时	140	168	196	224
走路，4千米/时（配速15:00）	150	180	210	240
走路，速度4.5~5.1千米/时	175	210	245	280
走路，速度5.6千米/时（配速11:00）	215	258	301	344
快走，速度6.4千米/时（配速9:20）	250	300	350	400
快走，速度7.2千米/时（配速8:20）	350	420	490	560
快走，8.0千米/时（配速7:30）	415	498	581	664
跑步，6.4千米/时（配速9:20）	300	360	420	480
跑步，8.0千米/时（配速7:30）	415	498	581	664
跑步，8.4千米/时（配速7:00）	450	540	630	720
跑步，9.7千米/时（配速6:15）	490	588	686	784
跑步，10.8千米/时（配速5:40）	525	630	735	840
跑步，11.3千米/时（配速5:20）	550	660	770	880
跑步，12.1千米/时（配速5:00）	575	690	805	920

续表

不同速度走/跑	体重（千克）			
	50	60	70	80
跑步，12.9千米/时（配速4:45）	590	708	826	944
跑步，13.8千米/时（配速4:20）	615	738	861	984
跑步，14.5千米/时（配速4:00）	640	768	896	1024

不同速度走/跑，消耗0.5千克脂肪所需的运动总时长（时）

不同速度走/跑	体重（千克）			
	50	60	70	80
散步，3.2千米/时	47	39	34	30
走路，4千米/时（配速15:00）	44	37	32	28
走路，速度4.5~5.1千米/时	38	32	27	24
走路，速度5.6千米/时（配速11:00）	31	26	22	19
快走，速度6.4千米/时（配速9:20）	30	25	21	19
快走，速度7.2千米/时（配速8:20）	21	18	15	13
快走，8.0千米/时（配速7:30）	18	15	13	11
跑步，6.4千米/时（配速9:20）	25	21	18	16
跑步，8.0千米/时（配速7:30）	18	15	13	11
跑步，8.4千米/时（配速7:00）	17	14	12	10
跑步，9.7千米/时（配速6:15）	15	13	11	10
跑步，10.8千米/时（配速5:40）	17	14	12	11
跑步，11.3千米/时（配速5:20）	16	14	12	10
跑步，12.1千米/时（配速5:00）	16	13	11	10
跑步，12.9千米/时（配速4:45）	19	16	14	12
跑步，13.8千米/时（配速4:20）	18	15	13	11
跑步，14.5千米/时（配速4:00）	18	15	13	11

体内能量消耗过程非常复杂，没有数据计算得那么简单，但上述计算也是有科学依据的。跑多少才能减去多少脂肪不见得能找到非常标准的答案，但至少可以给出一个参照，帮助人们了解自己减肥不成功的原因。

总结

消耗0.5千克脂肪，一般需要跑12~13小时。当然，这只是一个理论推算。如果你虽然跑了，但吃得也很多，没有实现热量负平衡，结果当然是减肥不成功。

第八章　如何健康无伤地参加一场马拉松比赛

‹‹‹ 第一节　如何判断自己的心脏能否承受马拉松 ›››

一、不适合参加马拉松的人群

马拉松比赛是一项高强度长距离的极限运动，也是一项高风险的运动，对参赛者身体条件有较高的要求。参赛者应身体健康，有长期参加跑步锻炼或训练的基础。参赛者可根据自己的身体状况和能力，在全程马拉松、半程马拉松、10千米、迷你马拉松或其他距离比赛中选择一个项目报名参赛。

有以下情况者不宜参加马拉松比赛：

1. 先天性心脏病和风湿性心脏病患者；

2. 高血压和脑血管疾病患者；

3. 心肌炎和其他心脏病患者；

4. 冠状动脉病患者和严重心律不齐者；

5. 哮喘、肺炎及其他呼吸道疾病患者；

6. 血糖过高或过低者；

7. 比赛日前两周内患过感冒者；

8. 从未跑过（或走跑交替）20千米或以上距离者；

9. 其他不适合参加比赛者（如孕妇、赛前疲劳者、过度饮酒者等）以及现代医学上其他不适合此类运动的疾病患者。

二、确保健康参赛的身体检查

1. 马拉松猝死概率极低，但危害极大

马拉松比赛中有人猝死时有报道。其实，猝死是一个极小概率事件，但其后果十分严重，很多类型的心脏疾病平时并无症状，猝死是首发症状，所以必须重视它。对于越来越多参加马拉松比赛的跑者，在开始备赛马拉松之前都有必要判断一下自己的心脏能

否承受这种赛事。

2. 猝死多源于潜在心脏病

在跑马拉松时，跑累了、跑不动时，并不意味着这个时候容易出状况。客观来说，只要你的心脏是健康的，那么累了跑不动只是疲劳而已，慢下来缓一缓，不适感就会过去。跑马拉松30千米出现撞墙更多是跟糖原耗竭导致能量供给效率下降有关；抽筋则是缺乏足够训练，肌肉疲劳加之电解质丢失的表现。

而如果你本身存在潜在的心脏疾病，那么累了跑不动时就可能诱发致死性心律失常。一般来说，不存在无缘无故的猝死，猝死的根源往往都是心脏本身患有疾病，长距离跑步只是诱因。

高强度长时间剧烈运动会增加所有人发生猝死的风险，但如果经常性运动，这恰恰形成了对于猝死的预防。也就是说，平时缺乏训练，贸然参赛的人更加危险，而如果你训练系统，那么跑马拉松发生猝死概率极低。

三、快速评估自己的运动风险

以下内容就是国际通用的运动风险评估问卷（简称PAR-Q）。

- 医生是否告诉过您仅能参加医生推荐的体力活动？
- 医生是否告诉过您患有心脏病？
- 医生是否告诉过您的血压超过160/100毫米汞柱？
- 近6个月以来，当您进行体力活动或运动时，是否有过胸痛或严重憋气的感觉？
- 近6个月以来，当您进行体力活动或运动时，是否曾因为头晕失去平衡、跌倒或发生晕厥？
- 您是否存在因体力活动或运动加重的骨、关节疼痛，或功能障碍？
- 您是否知道您不能参加体力活动的其他原因？

如果你的答案均是"否"，那么一般来说，你跑步都是安全的。如果你存在暂时的疾病如感冒、发热，请等彻底痊愈、身体恢复良好状态时，再开始跑步。

如果你的答案有一个或多个"是"，那么建议在马拉松备赛前进行体检，或者在跑步开始前咨询医生，这样可以最大限度防患运动风险，排除某些潜在的疾病因素。

四、哪些心脏检查可以最大限度确保安全参赛

1. 12导联心电图检查

心电图是反映心脏兴奋的产生、传导及恢复过程的客观指标，其检测结果可以有效地反映出心脏的基本功能，心电图不仅可以鉴别诊断各种病理性的心律失常，同时也可以反映心肌受损的程度和心脏各腔室的结构功能状况。在运动训练中，其作为一种廉价有效的监测工具对于运动性猝死的预防和筛查有着重要意义。

意大利为了减少运动性猝死事件的发生，在法律中明文规定，在全国范围内要求12~35岁的运动员在从事运动之前必须接受正规的心血管疾病筛查，其中就包括标准12导联心电图，这一措施使得意大利运动性猝死事件的发生率得到显著下降，取得明显成效。

2004年和2005年，欧洲心脏病学会及国际奥林匹克委员会相继模仿意大利建立了运动前心血管疾病筛查标准化方案，其中也包括标准12导联心电图。

许多马拉松比赛要求参赛者必须提供心率、血压和心电图检查报告，因为这三项指标能够以比较低的成本和较为客观的方式评价你的心脏风险。

2. 运动平板测试

运动平板测试是心电图负荷试验中最常用的一种，它是目前诊断隐匿型冠心病以及其他心脏疾病最常用的一种辅助手段。许多心脏疾病患者，尽管心脏储备能力已下降，但静息时往往没有心肌缺血现象，心电图完全正常。此时，通过运动的方法给心脏以负荷，增加心肌耗氧量，诱发心肌缺血，从而出现缺血性心电图改变，这就是心电图运动试验，目前采用最多的是运动平板测试。

在进行运动平板测试时，通常以最大心率或亚极量心率（85%~90%的最大心率）为负荷目标，前者称为极量运动试验，后者称为亚极量运动试验。运动中持续监测心电图改变，运动前、运动中每当运动负荷量增加一次均记录心电图，运动终止后即刻及此后每2分钟均应重复心电图记录直至心率恢复至运动前水平。进行心电图记录时应同步测定血压，有时还会监测摄氧量，以评价最大摄氧量水平。

3. 24小时动态心电图

普通心电图检查有时难以捕捉到有效的诊断依据，但患者又有明显自觉症状，这时会做24小时动态心电图。该项检查要持续24小时，在胸前部粘贴多个电极片，电极片越多则记录得越全面，一般在10个以下。从各个电极片上要连接导线到一个记录盒。这个盒子上有背带，连接好后斜肩挎上，并不影响正常生活。

这么长时间的检查主要是为了捕捉日常生活中心电图的改变，也能整体分析一天中心率变化规律，从而更全面客观地评价心脏健康状况，捕捉普通心电图检查发现不了的问题。

4. 超声心动图

超声心动图是利用超声的特殊物理学特性检查心脏和大血管的解剖结构及功能状态的一种无创测量技术。超声心动图可以比较清晰地分辨心脏解剖结构，同时还可以观察血流灌注情况，评价心脏功能。超声诊断技术已经成为无创诊断心血管疾病的重要手段，越来越引起临床的重视。它包括M型、二维、频谱和彩色多普勒等技术。

5. 心脏磁共振成像

心脏磁共振成像已经发展成为临床心脏常规检查之一。磁共振技术具有多平面成像、高软组织分辨率、可重复性强、无辐射等优点。心脏磁共振成像一次检查即可以获得心脏的解剖、功能、灌注、代谢及冠状动脉分布等综合信息。

五、如何选择检查方式

心脏检查有多种方式，并不是说为了确保以健康的心脏参加马拉松比赛，需要将这些检查都做一遍。一般来说，标准12导联心电图可以作为基础的筛查手段，如果安静心电图有异常，往往需要在医生指导下做进一步检查，上述检查手段也各有侧重，彼此并不能相互替代。除12导联心电图外，运动平板测试对于运动人群具有较大健康评估价值，可以作为参加马拉松这样极限强度运动前的一种高级筛查手段。

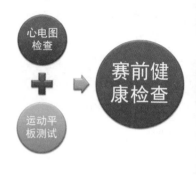

六、总结

猝死是极小概率事件，跑者不必过度恐慌。但为了自己和家人，从主观（问卷）和客观（心率、血压和心电图）两个方面了解自己的心脏健康程度，防患于未然非常有必要。跑步的终极目标不是参加马拉松比赛，而是健康。

◂◂ 第二节　大众跑者是否需要赛前减量训练 ▸▸

参加马拉松比赛需要有足够的准备。在经过了比较系统和认真的训练后，你基本具备了参赛所需要的身体素质，但在赛前一周如何更好地训练，以便消除疲劳，让身体以最佳状态迎接即将到来的比赛也是成功参赛的关键，否则过度疲劳、甚至感冒腹泻，将严重影响参赛。

赛前减量训练就是通过减量训练，消除前期训练带来的疲劳，促进身体机能超量恢复，从而让身体以最佳状态迎接即将到来的比赛。可是，你真的需要赛前减量训练吗？

一、赛前减量训练

赛前减量训练，又称为再生循环训练，在运动训练学中被称为赛前调整。减量训练的主要目的就是要消除生理上和心理上的疲劳，同时继续提高通过之前训练获得的身体适应，促使跑者适时达到高峰竞技状态。

二、赛前如何减量

减量主要是减训练总量，即减少周总跑量，但跑步配速不变甚至还会有所提升，最好采用马拉松比赛时的配速进行训练，以适应比赛时期的节奏。如果平时还有力量训练的习惯，可以适当减少总训练内容，此时的力量训练主要是避免做一些新的训练动作，应当做自己最熟悉最习惯的训练动作，以避免产生较为明显的延迟性肌肉酸痛。

三、赛前减量训练适合什么样的跑者

赛前减量训练有着严格的适用条件，主要针对高水平运动员或者为了重要比赛，进行了长达6个月系统训练和准备的高水平业余跑者。因为他们平时维持了很高的训练量和训练强度，存在一定的身体疲劳，所以有必要通过合理和恰当的减量训练来消除疲劳，促进身体状态达到最佳水平。

四、对于多数跑者，赛前无须减量训练

减量训练主要针对专业选手和高水平业余选手，对于训练缺乏系统性、跑量积累不够的跑者，不仅不需要减量训练，适当增加一些训练，尤其是学会以正确的方式进行训练更重要。

五、平时缺乏足够训练的跑者赛前要加紧训练，但进行正确的训练更重要

大部分跑者都是职业人群，都有着自己的工作，难免因为忙碌导致训练不系统。如果贸然加大训练量，超过身体承受能力，则非常容易出现伤痛问题，这是赛前训练的大忌。

赛前应该如何训练才能尽可能强化耐力，事半功倍？你需要更多马拉松配速跑训练。也就是说，以你计划的马拉松比赛时的配速进行训练，这样有助于找到适合自己的马拉松比赛的节奏，增强信心。

- 赛前每次的训练时间控制在40~110分钟。关于赛前是否需要进行一次30千米拉练问题，对于多数跑者来说，赛前2~3周不适合进行这样的训练，因为30千米对于普通跑者往往意味着3个小时的训练，这样的训练量过大，容易导致身体严重疲劳和长时间无法有效恢复，这不仅达不到赛前适应的目的，反而导致真正比赛时，身体处于透支状态。如果距离赛前1个月甚至更长，则30千米拉练是有必要的，这样有助于身体和心理上的适应。
- 心率控制在储备心率的75%~84%。
- 当然，也可以采用配速来控制强度，在真正的马拉松配速区间进行训练。
- 单次训练控制在周跑量的15%~20%。
- 在马拉松配速训练基础上，还应当适当进行轻松跑和抗乳酸跑训练，这样一方面不至于让身体过度疲劳，另一方面也可以起到赛前最大限度提升耐力的作用。

不同水平跑者马拉松配速跑参考配速

5千米成绩	10千米成绩	半马成绩	全马成绩	马拉松配速跑
≥30分钟	≥63分钟	≥2小时21分钟	≥4小时49分钟	7:03/千米
27分钟	57分钟	2小时04分钟	4小时16分钟	6:10/千米
24分钟	51分钟	1小时50分钟	3小时49分钟	5:29/千米

续表

5千米成绩	10千米成绩	半马成绩	全马成绩	马拉松配速跑
21分钟	43分钟	1小时36分钟	3小时21分钟	4:46/千米
18分钟	39分钟	1小时27分钟	3小时01分钟	4:10/千米

六、总结

赛前减量训练一般针对运动员和坚持系统训练的高水平跑者，对于大部分跑者而言，本身跑量就相对不足，减量训练意义不大。因此，多数跑者需要的不是减量训练，而是可以适当增加训练量，并且这一般也不会导致身体过度疲劳，就方法而言，赛前3~4周，最佳的训练是马拉松配速跑训练。

⧉ 第三节　最详细的马拉松参赛指南：从赛前24小时到成功完赛 ⧉

经过了或长或短的备赛，在赛前最后一天平稳愉快地度过，以最佳状态参加比赛，不出现任何状况，同时有策略地应对比赛，是跑者应该做的功课。本节将详解从赛前24小时到成功完赛的种种细节。

一、比赛前一天：轻松愉快

1. 装备领取与检查

比赛前一天领取参赛包的人较多，如果你是当天领取参赛包，做好长时间排队的思想准备，不必急躁。领取参赛包后应当核对物料是否齐全，特别是计时芯片、号码布、参赛指南等是否都在里面，如有缺漏及时与赛会工作人员取得联系。同时，仔细阅读参赛指南。

2. 比赛前一天是否需要跑步

比赛前一天跑步通常来说是不必要的，你需要的是足够的休息和身体状态的调整。如果你已经习惯每天跑步，那么跑一跑当然也没有坏处，但比赛前一天的跑步不是为了临阵磨枪，而仅仅是保持状态，时间一般30分钟足矣，不建议超过45分钟，可以以比赛计划的配速跑步，找到该配速下跑步的感觉。

3. 不要以补糖为由吃得过饱

总体而言，比赛前一天最好的做法是吃自己最习惯的食物，切不可暴饮暴食，或者吃得过于油腻，生冷海鲜也不要多吃，以防消化不良，食物过敏。这时如果发生腹泻，将严重影响参赛。此外，赛前不可饮酒，准确来说，比赛前两周左右就应该绝对禁止饮酒。

赛前要适当增加碳水化合物的摄入，以达到补糖的目的，这是合理的，但如果比赛前一天的晚餐因此吃得过饱，其效果反而适得其反。比赛前一天晚餐吃到七八成饱即可，晚餐吃得过饱反而影响睡眠。

4. 晚上十点前入睡

由于比赛日当天需要一大早起床，所以为了保证睡眠，建议晚上十点前入睡。在晚上临睡前，应当仔细检查第二天参赛的所有装备，包括运动服、运动裤、压缩装备（压缩衣、腿套等）、袜子、跑鞋、腰包、护具、肌贴、心率手表、能量补给、遮阳帽、号码簿、计时芯片、别针、创可贴（保护乳头）、凡士林（涂抹腋下等易摩擦部位）等，应当将这些物料集中摆放，避免比赛当天早起时，忙中出错，遗忘装备。另外，黑暗和较低的房间温度有助于向人体发放睡觉的指令。

二、从比赛当天起床到比赛发枪：吃对早餐

1. 几点起床

几点起床取决于比赛检录及开始时间，和你去往起点的路程时间消耗，基本原则是早餐和发枪时间之间最好间隔2小时，至少也应当间隔1.5小时，目的是有足够的时间消化早餐。众所周知，如果饱腹感很强，跑起步来相当难受。因此，如果比赛发枪时间是7点至8点之间，通常需要在5点至6点之间起床。要预留去往起点的时间。

2. 早餐吃什么

赛前早餐很重要，这基本上是赛前最后一次补充能量，但又不能过度增加胃肠负担。所以，应该选择容易消化的食物，赛前饮食的基本要求是三少一多。所谓三少是指产气食物少、食物体积小、食物中油脂和纤维素含量少；一多则是指含热量多。按照这一标准，稀饭、馒头、普通面包（油腻型面包不可）、面条（不可过咸和过于油腻）、少量水果等通常是最佳选择，而豆类、玉米、红薯、油炸食品通常来说不是太理想。

当然，除了早餐，晨起后也应当摄入足够的水，赛前让身体充分水合，对于推迟跑马拉松时身体脱水很有意义。

3. 吃过早餐则无须再补糖

一些跑者怕早餐摄入热量不够，在发枪前还会喝点运动饮料或吃点食物，这种做法可以，但一般来说没有必要这样做，主要看个人习惯。此时喝点运动饮料是允许的，但不要吃士力架之类的高能量食物，这会增加饱腹感，且不易消化。也不要在赛前吃能量胶，会导致起跑时不太舒服。可以吃半根或1/3根香蕉。

三、从发枪到冲过终点

1. 发枪时你可以激动不已，但还要保持一份理性

当几万人拥挤在赛道等待比赛发枪时，那种激动人心的场景会让人心潮澎湃，跑者往往会感觉自己状态奇好。在发枪后，也忘记了自己的能力，随着人流拼命往前跑，加

之沿途热情的观众不断加油鼓励，更使得参赛选手容易失去理智。在比赛中，拼命跟着别人跑，而不是按照自己的节奏，结果就是很容易导致体能迅速消耗。起跑时，要注意压住自己的速度，坚定地按照自己计划的配速奔跑。

2. 逢站必进，少量多次，补水补盐

对于多数选手而言，遇到补给站点应当逢站必进，但每次不应当喝太多，每次喝水或者喝运动饮料100~200毫升，大约2/3纸杯或者1纸杯，少量多次。在跑马拉松第一个小时，补水即可。比赛开始1小时后，由于出汗量大，盐分也产生明显丢失，这时为了维持电解质平衡，有补充电解质的必要性，首选运动饮料。同样逢站必进，也可以每次饮用一半水，一半电解质饮料。

3. 如何补糖

马拉松比赛中补糖对于弥补体内糖原消耗、减少饥饿感、推迟疲劳出现具有重要意义。补糖的基本策略是10千米以后，逢站必进。赛中补糖不是以吃饱为目的，吃饱会明显增加胃肠不适，应当少量多次。

4. 能量胶如何吃

每隔8~10千米，可以补充自备的能量胶或能量棒。在补充能量胶（棒）时，要注意与适当补水一起进行，因为能量胶（棒）含糖量极高，进食后反而导致吸收变慢，而通过进食补给与补水同时进行，可以达到稀释糖分的目的。大部分能量胶最合适的用水量在200~300毫升，相当于普通矿泉水瓶的一小半。注意，士力架等食物并不适合比赛补给，马拉松比赛得吃专业的能量胶。

5. 配速策略

首先根据自己的能力制定一个目标，例如全马比赛是5小时完赛，还是4小时完赛，然后按照一定配速去跑就可以。完赛时间和配速是跑者制定跑马策略的主要依据，但配速是一个绝对强度指标，在某种配速下，如果你的心率过高，跑5千米、10千米是没问题的，但想要以高心率完成马拉松基本不可能。所以，以平稳配速完成比赛最佳。如果无法保证全程匀速，先快后慢，先跑后走也是允许的。

四、跑马拉松时紧急情况的应对

1. 抽筋

如果发生抽筋，最简单直接的方法就是做肌肉反向持续牵拉，直至疼痛感消失为止。跑马拉松时最容易抽筋的部位是小腿、大腿前侧与大腿后侧。当然，一旦开始发生抽筋，基本上就意味着后面会不断抽筋，你只能降低配速，边跑边走、边抽筋边拉伸。所以，不要贸然跑马拉松，要经过充分准备才参赛。

2. 岔气

以下是预防和应对岔气的处理方法：发枪前进行充分的热身活动，即使热身后开跑，也不建议一上来就猛冲。跑步时呼吸节奏很重要，适当控制呼吸频率，加强呼吸深度，并且呼吸要与跑步动作配合，两步一吸两步一呼，三步一吸三步一呼均可。当发生岔气时，降低跑步速度，加深呼吸或者停下并按压痛点，一般能有效缓解疼痛。实在不行，只能停下休息或者寻求医疗点的帮助。

3. 撞墙

撞墙是肌肉疲劳、神经疲劳、体内糖消耗殆尽等多种因素共同作用的结果。面对撞墙，只能选择降速，跑走结合，多吃补给，慢慢缓过来。

即使已经做到了非常精细化地补糖，撞墙仍有可能发生。撞墙与抽筋一样，本质是跑力不够的一种体现。因此，想要从根本上消除撞墙，系统科学的训练才是根本，而补糖主要起到锦上添花的作用。

五、临近终点冲还是不冲

距离终点还有一两千米或者看到终点大拱门时，跑者都会感觉精神为之一振，因为看到了胜利的曙光，这时跑者虽然身体已经极度疲乏，但往往都会加快速度，奔向终点。临近终点的冲刺有风险吗？

如果你在比赛中一直保持平稳的速度，那么心肺是以非常稳定的节奏工作，风险其实很小，危险容易发生在突然提速的时候，因为心脏在几个小时的比赛中一直处于高负荷工作状态，比赛后半程心率往往比前半程高就说明心脏已经出现了疲劳，这时提速，呼吸被迫迅速加快，突然的刺激使得心脏更加不堪负荷。而冲刺结束后，缺乏慢跑或者走路缓冲，心脏负荷突然消失，这样的大起大落很有可能出现风险。所以，跑者最好以平稳的速度通过终点。

如果冲刺不可避免，那么你能做的就是冲过终点后不要马上停下来，而是降低速度再慢跑或者快走一段距离，让心肺逐渐从激烈状态回到平静状态，让肌肉继续发挥挤压血管、促进血液回流的作用。

六、总结

对于初级跑者而言，需要多学习跑马拉松的攻略。对于资深跑者而言，则应不断总结过去跑马拉松的经验。随时评估自己的状态，量力而行，健康完赛才能确保安全。

◂◂ 第四节　马拉松比赛顺利跑完的秘诀 ▸▸

很多跑者号称自己跑完马拉松了，但相当一部分跑者在马拉松后半程由于体力衰竭，采用走或者走跑结合来进行，又或者因为疼痛、抽筋被迫减慢速度甚至停下来，走走停停。这样即使勉强完成马拉松比赛，实际上仍不具有"从头到尾跑完马拉松的能力"。事实上，相当比例的跑者不是"跑完"马拉松，而是"熬完"马拉松。

怎样才能顺利平稳地跑完马拉松？第一，加强平时跑步训练，提高耐力水平；第二，采用正确的比赛策略。

只有平时多跑步，认认真真积累跑量，才能从根本上提升耐力，让你的身体能够承受马拉松那样的极限运动量。而跑马拉松的关键策略就是按照适合自己的配速去跑，即**以守住自己的心率的方式去跑**。

一、全程心率过高是导致跑马拉松时跑崩溃的主要原因

心率是衡量运动强度的一个重要个体化指标，在同等配速下，例如6:00配速下，心率低则说明身体对于该配速适应良好，跑起来很轻松，可以坚持很长时间或者继续提升配速。如果心率高，则说明身体对于该配速适应不佳，身体反应很大，跑起来比较吃力，很难坚持很长时间。

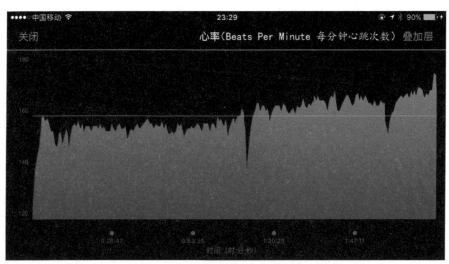

一位跑者参加半马的心率数据图：越到比赛后半程心率越高

同时，马拉松比赛时间超长，由于疲劳、大量出汗导致身体脱水、体温升高等因素，越到比赛后程，心率越高。这种现象又被称为"心率漂移"，也就是说在马拉松比赛后半程，即使配速不变，心率也会随着时间推移而缓慢上升。

而在高心率下，心脏由于收缩期和舒张期明显缩短，特别是舒张期的缩短使得心脏得不到休息，回心血量不足，导致心脏搏出量下降，这就意味着心脏拼命跳动，但其实效率已经明显降低。

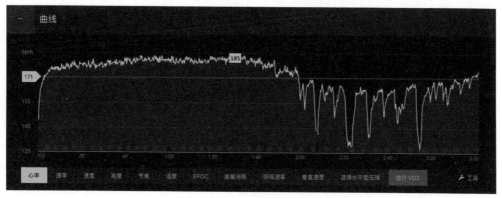

前程心率过高导致后程表现下降

　　心率过高是跑者疲劳、脱水、电解质紊乱、糖原耗竭等的集中表现。因此，跑马拉松时心率过高成为跑者跑崩溃的重要原因。

二、跑马拉松时应该依据心率去跑，而不是按照配速去跑

　　如果跑者按照配速跑马拉松，为了维持配速，心率从比赛一开始就处于较高的状态，后程由于"心率漂移"导致心率更高，从而直接导致身体崩溃。因此，安全理性跑马拉松的一个重要策略是按照心率去跑，始终把心率控制在一个合理水平，当心率和配速冲突时，应当优先考虑心率。例如，如果你跑马拉松时计划配速为6:00，但是当配速达到6:00时，你的心率已经超过85%最大心率，你就应该把配速降低，例如降为6:30甚至更慢，从而让自己的心率降下来。当然，在这种情况下，意味着你无法按照预定配速完赛，你的完赛时间将长于计划时间，但这样可以避免引发安全问题，至少可以让你跑完马拉松，而不是到了后程走走跑跑，熬完马拉松。

三、跑马拉松时心率应保持在多少最为合适

- 如果你只是把跑马拉松作为体验，并不追求成绩，你可以按照轻松跑的心率区间去跑，即把心率控制在最大心率的65%~78%。
- 如果你平时训练有素，有一定成绩追求，或者希望在这场比赛中实现个人最好成绩，那么你应该按马拉松配速跑的心率区间去跑。所谓马拉松配速跑是指比轻松跑心率稍高，但又不会明显引起乳酸堆积的跑步配速，此时心率相当于最大心率的79%~84%。
- 专业马拉松选手一般会按照马拉松配速的最高心率去跑，即使是他们，也不会贸然让自己的心率长时间处于抗乳酸跑的心率区间（相当于最大心率的85%~90%）。
- 不建议跑者在比赛中心率超过最大心率的85%，即使超过，也仅仅是由于"心率漂移"现象，在最后5~8千米允许超过一点。

259

例如，一名40岁的跑者，假定最大心率为180次/分，那么他跑马拉松的心率区间应该介于142~151次/分，该跑者比赛全程心率不应超过151次/分，如果长时间超过151次/分，达到160次/分，那么这名跑者应该通过主动降低配速，让自己的心率降至151次/分。即使这名跑者在心率达到160次/分的时候仍然感觉良好，仍然要让自己配速降下来，因为此时虽然感觉还不错，但再跑10千米、15千米，心率还将进一步上升，心率过高时，乳酸堆积、疲劳将不可避免，进而会出现撞墙、抽筋等状况。

当然，对于资深跑者而言，心率区间可以适当放宽，且允许后半程呈现一定"心率漂移"。一方面由于资深跑者基础较好，可以承受相对更高的心率水平，另一方面，资深跑者本身最大心率随年龄增长而下降的幅度较小。

心率漂移值=（B−A）÷A×100%，这样就可以得出心率上升的比率。下表给出了一定的比率等级用以判断目前基础体能水平，只要能够维持在10%之内就算是优秀，在5%之内就能够达到精英级别。

等级	0	1	2	3	4	5	6
心率漂移（%）	25%	20%	18%	16%	15%	14%	13%
等级	7	7.5	8	8.5	9	9.5	10
心率漂移（%）	12%	11%	10%	7%	5%	3%	1%

四、总结

众多跑马拉松策略都只是起到锦上添花的作用，最为关键的是要守住自己的配速，守住自己的心率，让自己的心率始终保持平稳，不超上限，这样才可以让自己安全、顺利地跑完马拉松。

‹‹‹ 第五节　马拉松比赛一路吃喝可以预防抽筋吗 ›››

在马拉松比赛中，特别是后半程，肌肉抽筋是常见的现象，发生率非常高。不仅初级跑者、准备不足者容易抽筋，一些多次跑马拉松的资深跑者在比赛中仍然可能出现肌肉抽筋的状况。

传统观点认为抽筋是由于水分和盐分随着大量出汗丢失所致，医学界和普通大众往往对于这种说法也深信不疑。甚至92%的运动员教练认为，脱水或电解质丢失造成了肌肉抽筋。因此，在马拉松比赛中，非常强调补水补盐，例如多次喝运动饮料、吃能量胶、吃香蕉或其他固体食物，甚至是吃盐丸。马拉松比赛中一路吃喝可以起到预防抽筋的作用吗？本节将以精确的数学计算的方式告诉你真实结果。

一、一场全马比赛随汗液丢失了多少盐

一场全马比赛对于大众跑者而言，需要花4~5小时，那么在长时间剧烈运动中，你大概丢失了多少盐分（钠）？研究显示，在跑步这样的剧烈运动中，每小时出汗量可以达到1升，而1升汗液含钠2.7克。如果以4小时计算，一名跑者在一场全马比赛中的钠丢失量为10.8克，即将近11克。

二、喝运动饮料可以补充盐分丢失吗

如果采用最佳的补水方式，即逢站必进，少量多次，那么一场比赛下来，你可以补充多少水分和盐分？以每2千米一个补给站点为例，42千米的全马比赛补给站点大约为21个，如果每个站点都喝200毫升运动饮料（这是美国运动医学会建议的运动中少量多次补水的上限），那么一场比赛下来你喝了4 200毫升运动饮料。

那么这4 200毫升的运动饮料含有多少钠？以运动饮料的代表——佳得乐来计算，每100毫升佳得乐含钠45毫克，那么喝了4 200毫升佳得乐后，相当于摄入1 890毫克钠，约等于2克钠。显然，只靠少量多次喝运动饮料并不足以补充丢失的电解质。

三、比赛中吃能量胶能可以补充多少盐

既然比赛中光喝运动饮料不足以补充盐分，那么就得靠别的方式进一步补充盐分，吃能量胶是跑者常采用的方式。除了在补给站点拿点香蕉或其他固体食物，跑者一般也会自备几袋能量胶。那么，能量胶可以补充多少盐分？以最有名的GU能量胶来计算，一袋普通GU能量胶通常重32克，含有热量100大卡，其中钠的含量为55毫克。一般来说，马拉松比赛中每8~10千米补充一个能量胶，也就是说一场全马比赛需要补充能量胶4根，即一场全马比赛吃4个能量胶可以补充钠220毫克，也就是0.2克。显然，能量胶不是补盐的最佳方式。

四、比赛中吃盐丸可以补充多少盐

既然喝运动饮料和吃能量胶都不足以补充丢失的盐分，那么就剩最后一个武器——盐丸，即专门补充电解质的药丸。以最有名的品牌saltstick来计算，一粒saltstick盐丸含有钠190毫克，按照使用建议，每10千米补充盐丸1粒，一场马拉松最多吃4粒盐丸。这样计算，通过吃盐丸能补充的钠为760毫克，即不到0.8克，同样不足以补充丢失的电解质。

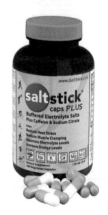

五、运动饮料、能量胶、盐丸三者之和都不足以补充丢失的盐分

上文分析结果如下。

一场马拉松比赛会因为出汗丢失约11克盐。

少量多次喝运动饮料可以补充约2克盐。

吃能量胶可以补充约0.2克盐。

吃盐丸可以补充约0.8克盐。

运动饮料、能量胶、盐丸总计可以补充3克盐。

综上所述，按照最科学、最规范的方式，在全马比赛中，逢站必进，每次喝运动饮料200毫升，全程吃4个能量胶和4粒盐丸，看上去已经吃下去不少东西，但相比盐分的丢失量，补充量显得远远不够。当然，这是在不考虑其他食物的情况下计算出的结果。如果在比赛过程中，你还吃了很多固体食物，例如香蕉、各种点心甚至榨菜，那么盐分补给量就更复杂了。有咸味的食物才是我们日常摄入钠的主要渠道。在比赛结束后进食，它们才是补充电解质丢失最主要的渠道。

运动时，特别是在马拉松这样的极限强度运动下，的确会有电解质丢失和身体脱水现象，但如果胡乱补充，反而会加剧电解质紊乱，甚至引发更危险的情况发生，因为某些电解质紊乱或者乱补电解质有致命危险。尽管无法足量补充丢失的盐分，但是在全马比赛中，逢站必进，每次喝运动饮料200毫升，全程吃4个能量胶，吃4粒盐丸已经是足够正确的补给方式。

六、肌肉抽筋不仅仅只是脱水脱盐所致，疲劳和个人体质才是罪魁祸首

正如前文所述，即使按照最科学的方式进行补给，我们仍然不足以补充丢失的电解质，那么真的是电解质丢失导致肌肉抽筋吗？当跑马拉松时出现肌肉抽筋，最快最有效的缓解方式是拉伸。如果是电解质丢失和脱水引起的肌肉抽筋，拉伸应该没有效果，因为拉伸根本不会增加体内电解质含量或电解质浓度，但拉伸的确是跑马拉松时解决抽筋的唯一办法。

科学研究显示，那些曾经发生肌肉抽筋的人在马拉松比赛中更容易抽筋。是否发生抽筋与脱水、电解质丢失关系不大，也就是说，即使一路上不断补水补盐，也无法完全避免抽筋。是否发生抽筋更取决于你的个人体质、肌肉能力和体能水平。

七、一路吃喝都比不上好好训练，提高能力

事实上，抽筋是肌肉过度疲劳时的反应，脱水和电解质丢失最多只是诱因，而不是直接原因。体能水平是决定是否抽筋的根本原因。当经过系统训练后，你的肌肉承受能力提高，体能改善了，抽筋自然出现得少了。当然这并不是说比赛时不需要补水补盐，只是说平时跑得少，即使一路吃一路喝，照样发生抽筋。另外，抽筋跟个人体质也或多或少存在关系。

八、总结

跑马拉松时，补给是重要的，因为可以部分补充丢失的电解质和水。但不要过度相信盐丸等补给品，它们不可能起到预防抽筋的作用，其心理作用大于实际作用。扎扎实实地训练，有准备地参赛，才是顺利完赛、享受比赛、避免抽筋的真谛。

‹‹‹ 第六节 最详尽的马拉松赛后恢复指南 ›››

马拉松到底对人体有什么影响？赛后如何促进恢复？

一、马拉松比赛对身体的影响

在马拉松比赛中，身体的肌肉、肌腱、韧带甚至是身体每一部分都面临生理学方面的严峻挑战。多数情况下，你可以坚持到终点，可是你的身体实际上一直顶着巨大的压力。

1. 肌肉损伤

一项科学研究调查了马拉松比赛中小腿肌肉的损伤程度。赛后小腿肌肉会发生明显的局部炎症，这些都会明显地影响肌肉的爆发力和耐力，并产生严重的肌肉延迟性酸痛。这项研究清楚地揭示了马拉松会导致肌肉变得非常虚弱，这就需要足够时间进行恢复。让身体休息一段时间是为了接下来更有效地再次投入训练。

2. 细胞损伤

细胞损伤的标志物被称为肌酸激酶（CK），通过对CK的测量，可以精确地测定马拉松比赛后的细胞损伤程度。损伤程度越严重，血液中CK浓度就会越高。有研究表明，在马拉松比赛后的7天里，血液中CK的含量持续升高；另一项研究则表明，肌红蛋白（另一项代表肌肉损伤的标志物）在马拉松比赛后3~4天一直保持较高水平。细胞损伤已经发生，要让受损细胞完全恢复，只能通过休息。与肌肉酸痛感不同的是，这些体内生化指标的变动并不会有明显的感觉，跑者往往以为没有酸痛感就代表完全恢复了。其实此时细胞损伤仍然存在，因为细胞修复所需时间明显长于肌肉酸痛感消失的时间，没有酸痛感并不意味着身体已经恢复。

3. 免疫系统

马拉松比赛后人体的免疫系统也会受损，这就是为什么长时间剧烈运动后人容易发生感冒的原因，这被称为"开窗理论"。免疫系统因为受损而为病原体侵入人体提供可乘之机，如同为病原体打开窗户。过度训练使免疫系统被抑制，带给你的不会是更好的成绩，而是脆弱的身体。

二、马拉松比赛后不宜马上做拉伸

右图显示了跑者在马拉松比赛后半程中，身体和肌肉发生的一些变化。刚开始，主要表现为配速下降,提示肌肉疲劳已经开始发生,这时你当然会继续坚持比赛,慢慢地你会感觉迈腿动作已经变成机械动作,再往后你会逐渐感觉腿脚似乎已经失去知觉,或者腿脚有麻木感,此时提示的不光是肌肉疲劳,神经疲劳也在进一步发展,肌肉是受神经控制,所以接下来,你会感觉肌肉局部隐隐抽搐,类似半痉挛状态,最终可能演变为较为明显的肌肉抽筋。

速度变慢
↓
腿部机械动作
↓
腿脚麻木
↓
肌肉半痉挛
↓
抽筋

马拉松比赛后半程
肌肉发生的变化

1. 跑马拉松后很多跑者肌肉处于半痉挛状态

完赛跑友中,从肌肉疲劳角度来看,无非可以分为两种情况:一种是发生抽筋,一路坚持到终点;另一种则是没有发生明显抽筋,但到达终点后肌肉其实已经处于半痉挛状态,即腿脚基本已经不太利索。

2. 跑马后立即拉伸并不是最佳选择

平时跑完步后进行拉伸,无疑是正确的做法,跑后拉伸可以达到消除肌肉紧张、缓解疲劳的作用,但跑完马拉松后,肌肉处于半痉挛状态下,如果立即进行拉伸,反而可能引发抽筋,造成不良后果。

肌肉是弹性体,当肌肉被拉长时,会导致肌肉反射性收缩,目的是对抗被拉长。被拉长的幅度相对越大,肌肉自身产生的对抗拉长的力量也就越大,这种生理现象称之为牵张反射。

跑马拉松结束时,肌肉已经处于半痉挛状态,也就是说处于半强直收缩状态,此时如果立即进行力度较大的拉伸,就会引发肌肉进一步收缩,从而诱发明显的抽筋。这也解释了为什么有些跑者跑马拉松时没有发生抽筋,而在赛后拉伸或接受拉伸服务时,反而发生抽筋。

3. 冲过终点后需要做什么

综上所述,跑马拉松结束后,没有必要忙着拉伸,可以原地走走,或者轻轻抖动双腿,让肌肉逐渐从长时间激烈运动状态回到安静状态。半小时后,待身体给予肌肉的信号是运动已经结束该放松时,就可以进行拉伸了。

三、比赛当天多管齐下才能促进恢复

比赛当天认真做好恢复不仅能够快速有效地消除疲劳,减少各种跑后不适,还可以在一定程度上降低运动损伤的发生概率。马拉松对于人体造成的疲劳很深,所以也应该"多管齐下",尽可能做好赛后恢复。

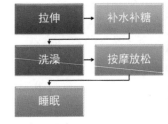

赛后恢复五部曲

1. 跑马拉松后先放松走跑一会儿,然后就地拉伸

跑步结束后,不要立马进行拉伸,而是以很慢的速度跑15~20分钟,或步行30~60分钟待心肺从非常激烈的状态缓过来时再进行拉伸,这样也可以预防突然停止运动后发生重力性休克。

2. 跑马拉松后尽早补糖补水有助于疲劳恢复

跑马拉松结束后，体内糖亏空，身体也基本处于脱水状态，消耗很大。大量运动营养学研究证实，运动结束后尽早补糖补水有助于纠正电解质紊乱，消除疲劳，其效果远远优于运动后过一段时间再补糖补水。

虽然在比赛中已经注意不断补糖补水，但在跑步过程中，为了减轻肠胃负担，一般不会大吃大喝，而采用少量多次的方式进行补给，也就是说比赛中的补给不足以补充身体消耗，赛后身体仍然处于脱水和能量亏空状态，所以还需要在赛后更积极地补给。喝水、喝运动饮料、吃香蕉、吃能量棒、吃甜点等都可以。

一般来说，赛后尿液从黄色变成澄清透亮的颜色才说明你已经从脱水状态完成了水合过程。如果尿液一直是黄色，你就需要不断补水。

当然，赛后吃饭也属于补糖的过程。由于跑马拉松时，血液集中供给于肌肉，肠胃长时间处于缺血状态，赛后一般胃口并不会太好，你可以先吃点能量胶或面包以补充能量，运动结束后一小时待肠胃功能恢复再吃饭。当然最好选择营养均衡的饭菜，多吃主食，例如米饭、馒头、面条以及蔬菜等。强调赛后大吃一顿并不可取，这在某种程度上只会增加机体的负担。赛后就餐应当选择清淡、易于消化的食物，减少油腻食物的摄入，适当摄入优质蛋白质，如鱼虾类。

3. 洗澡是消除疲劳的重要方式

洗澡是消除疲劳的重要方式，但跑后不要立即洗澡。因为跑步结束后的一段时间内四肢肌肉仍然会保持较高的血流量。如果此时洗澡，当热水冲向身体时，会进一步增加皮肤和浅层大肌肉群的血流量，进而导致身体其他部位血流量不足，尤其是大脑和心脏，容易引起晕厥。

正确的洗澡时间和方法如下。

（1）一般来说当跑步结束后45分钟到1小时，人体体温基本恢复正常，汗液不再产生，这时是相对科学和安全的洗澡时间段。

（2）水温调至温水最为适宜，一般来说，冬季水温不要超过42℃，夏季水温保持37℃最佳。

（3）洗澡时间不建议过长，一般不超过20分钟。洗澡时间过长，血液流向全身，回心血量不足，容易引发晕厥。长时间在相对较热和密闭的环境中也容易造成缺氧和眩晕。

4. 洗完澡后用放松工具做按摩放松

跑马拉松后肌肉疲劳程度较深，光靠牵拉显然远远不够，应用泡沫滚筒、按摩棒等滚揉按摩工具，它们在消除肌肉痛点、降低肌肉张力方面作用更胜一筹。将肌肉牵拉与肌肉放松有机结合，可以充分发挥各自优势，进而最大限度放松肌肉。

5. 充足的睡眠很重要

睡眠是消除疲劳最重要的方式之一，但这一点往往被跑者所忽视。大部分跑者都是职业人群，都有自己的工作，如果跑量很大，又睡得很迟，就很容易导致睡眠不足而使得疲劳得不到及时清除。在专业运动队里，至今仍施行定时熄灯制度，其目的就是要保证运动员有足够的睡眠时间。避免睡前兴奋、保持黑暗环境、调低房间温度，这都有利于帮助身体进入睡眠状态。

当然，有些时候，在极度疲劳时，如跑马拉松结束后，虽然感觉身体很累，但往往睡眠反而变差，这主要是由超长时间剧烈运动导致大脑疲劳所致。

6. 强化恢复措施

有条件的跑者可以采取更多强化措施来恢复体力、消除疲劳。这些措施如下。

冰水泡脚：将双腿短时间浸在冰水中，是前女子马拉松世界纪录保持者拉德克里夫的常胜秘诀。时间不要过长，10~15分钟即可。但是冰敷对于消除疲劳的作用并没有被研究所证实，冰敷所引发的血管收缩、血流减慢反而可能不利于机体修复过程，所以跑者还是根据自己实际感受选择性使用。

足疗：通过对双脚的经穴、反射区施以手法按摩，可以达到放松小腿、消除疲劳的作用。

压缩袜：研究发现，运动之后24小时继续穿着压缩袜的受试者，主观肌肉酸痛感也减轻，说明压缩袜具有加速恢复、更快消除疲劳的作用。所以，跑者不仅跑步时可以穿压缩袜，跑完步后，特别是跑完马拉松后也可以再换一双干净的压缩袜，这样可以加速消除疲劳。

四、比赛结束后何时恢复跑步

1. 关于恢复时间的科学证据

科学证据支持马拉松比赛后要进行足够的恢复，许多精英马拉松运动员也是这么做的。美国奥运选手德斯瑞达维拉就曾在接受采访时透露，自己在比赛后安排了一个月的恢复期，其中前两周彻底放松，接下来的两周以非常轻松的训练量逐渐开始恢复。

最大摄氧量反映的是运动时运输和利用氧气的最大能力，它是评价跑者能力的最佳指标之一，这个指标也常常用来评价停止训练后，耐力的下降程度。最近的研究表明，训练有素的运动员在停止跑步6~7天后最大摄氧量几乎没有减少（只下降1%~3%）。甚至两周不跑步后最大摄氧量也仅仅减少6%。既然指标下降不明显，跑者可以放心休息，耐力略微下降带来的是焕然一新的身体，过不了多久，你的最大摄氧量又会回到正常水平。

一名优秀跑者如果5千米耗时为20分钟，那么这个成绩所对应的最大摄氧量为49.81毫升/千克/分。假设这名跑者休息了7~10天，他的最大摄氧量从49.81下降至48.49，那么他再跑5千米时间为20分30秒，也就是说休息7~10天使得成绩只下降了30秒，几乎可以忽略不计，所以一定的休息并不会导致耐力明显下降。此外，耐力的轻微下降会很快借助恢复训练而迅速提高。只要再经过3~4周训练就可以重回最好耐力水平。

梅布恐怕是说明运动员回到巅峰状态到底有多快最好的例子。在2012年的纽约马拉松比赛后，梅布由于意外的足部感染被迫休息3个月。在仅有70天准备2012美国奥运马拉松预选赛的情况下，梅布的身体快速地恢复并拿到了通往伦敦奥运会的门票。梅布的故事还没结束，在备战伦敦奥运会期间，他又因为伤病被迫休息了两周，结果再次恢复训练的他获得了伦敦奥运会马拉松比赛第四名。

2. 需要多长时间才能恢复训练

大多数教练和精英运动员建议在跑马拉松后应该进行至少一周到两周左右的休息。如果对跑步太过渴望的话，可以尝试很轻松的慢跑甚至散步，注意这里的慢跑不是排酸跑。一周后，可以开始进行为期两周非常轻量的赛后训练。马拉松比赛后恢复跑步应该是一件需要谨慎对待的事情，这对于长期健康的跑步是必需的，因为让你的身体恢复和得到充分休息将为你下一段训练的开始奠定良好基础。

五、总结

马拉松所具有的超长时间、超大强度特征决定了一场比赛会给身体带来很强烈的疲劳感，你需要在赛后重视恢复，并采取更多积极的恢复措施。没有疲劳就没有训练，没有恢复就没有提高。重视恢复既是科学理念，也需要方法和技巧。

‹‹ 第七节　马拉松比赛后需要做排酸跑吗 ››

因为马拉松比赛强度大、时间长，导致乳酸堆积在体内，所以跑马拉松后第二天肌肉感觉明显酸痛，这时通过慢跑，排出体内的乳酸，即为排酸跑。

一、排酸跑的来历

很多年以前，人们对于运动的认识还比较肤浅，多数的观点来自于人们的感性认知。因为剧烈运动会导致肌肉产生明显的酸胀感，运动强度越大，这种酸胀感越明显。由于运动时的酸胀感主要是由于乳酸堆积引起，因此，乳酸就成为这种朴素认知的起点。

人们发现，除了剧烈运动本身会引发肌肉酸痛外，在参加完一次超出平时正常活动量的运动后，接下来几天，肌肉仍然会表现得十分酸痛。人们就自然地认为乳酸一直堆积在体内，为了克服酸痛，只能继续运动，直至乳酸彻底排出为止，排酸跑由此而来。

二、无论运动多剧烈、时间多长，乳酸都会在运动后半小时内消失

运动时的酸胀感的确是乳酸堆积引起的，这种酸胀感还是导致身体疲劳的重要原因

之一。但无论运动时间有多长、运动强度有多大以及运动后是否做拉伸，运动时体内堆积的乳酸都会在运动结束后半小时内被完全清除。

首先，这些乳酸大部分会被彻底分解为水和二氧化碳并释放能量；其次，还有一部分乳酸在肝脏重新转变成糖存储起来（这一过程专业术语称为"糖异生"）。乳酸清除的过程需要5~10分钟，最多不超过30分钟就会完成。

三、什么原因引起跑马拉松后第二天肌肉酸痛

这种运动后当天肌肉反应不明显，在运动后第二天出现明显肌肉反应的现象称为延迟性肌肉酸痛。通常来说，延迟性肌肉酸痛会在运动后几小时或一夜之后出现，所以具有延迟出现的特征，同时，这种症状消失得比较缓慢，短则两三天，长则3~7天才能完全恢复。

目前主流观点认为，运动后的肌肉酸痛现象主要是由肌肉细微损伤引发。也就是说，由于运动量超过平时正常能承受的负荷量（例如跑马拉松、挑战新的距离、挑战新的配速），机体不适应，从而导致肌肉的细微损伤。肌肉在修复过程中，引发了炎症反应，导致肌肉酸痛。这样的细微损伤不同于肌肉拉伤，肌肉拉伤是肌肉较大面积的急性损伤，立马会出现肿胀甚至淤青，而延迟性肌肉酸痛主要发生在微观层面，肉眼根本看不见。

而且，延迟性肌肉酸痛虽然被称为酸痛，但其实主要是痛，而不是酸，运动时的肌肉酸痛则主要是酸，而不是痛。

四、既然无酸可排，跑马拉松后第二天接着跑步有意义吗

乳酸不可能长时间堆积在体内，自然也就不存在排酸的概念，因此，排酸跑本身是一个错误的说法。

跑马拉松后特别是初次跑马拉松后，肌肉的细微结构已经受伤，机体这时会启动修复机制，你需要做的就是休息，继续跑步容易刺激肌肉，导致修复延迟，甚至加重损伤。这就是为什么排酸跑后第二天很多跑者仍然反映肌肉酸痛的原因。有些跑者甚至错误地怪自己排酸跑跑得太短，没有达到排酸的效果，并进一步加大运动量，这时就会导致肌肉反复细微损伤，并引发更为严重的炎症反应。所以，排酸跑不是跑马拉松后的标配，跑马拉松后进行休息才是最好的恢复措施。

五、为什么有些跑者觉得排酸跑有效果

既然跑马拉松后第二天应该休息，但为什么有些跑者觉得排酸跑后的确肌肉酸痛感减轻了？在肌肉酸痛很明显时，中低强度运动具有即刻缓解酸痛的效果，但这样的效果持续时间非常短暂，一两个小时后酸痛感又会再次来袭；对于那些资深跑马者而言，跑

马拉松第二天肌肉只是有些轻微酸痛，到了第三天也就自然消失了，这不是来自于排酸跑，而是来自于肌肉自然恢复过程，如果恰恰在跑马拉松后第二天进行了排酸跑，这样就会误以为是排酸跑在起作用。

所以，排酸跑最多可以理解为积极性恢复。所谓积极性恢复是指在大强度运动后，再进行一些较小强度的运动以促进恢复和消除疲劳。但目前没有足够证据证明，恢复性跑步有助于消除延迟性肌肉酸痛现象。

六、跑马拉松后的肌肉酸痛其实没有措施可以有效缓解，提高能力是根本

跑马拉松后第二天出现的肌肉酸痛会带来很不舒服的感觉，甚至影响工作生活，例如无法下楼、行走困难。但越来越多的研究证据表明，运动后拉伸并不能有效防止或减缓延迟性肌肉酸痛症状（但运动后拉伸可以改善肌肉弹性）。

冰敷、按摩、针灸等措施在经过严格测试和研究后发现，对于缓解疼痛的效果都很微弱。当然，上述方法多管齐下也许可以轻微缓解肌肉酸痛。但即使轻微缓解了酸痛，也没有证据表明这些方法可以加速机体恢复到正常功能，仅仅只是缓解症状而已。因为疼痛减轻并不代表机体恢复，深层肌肉损伤和功能降低仍在持续，而完全恢复功能需要1~2周。

也就是说，跑马拉松后第二天肌肉酸痛现象就是身体对于负荷不适应的一种正常现象，它难以从根本上消除，即使不做任何处理，过几天身体也可以自行恢复，并且恢复后身体会变得更加强壮。

这也是为什么初次跑马拉松时肌肉反应剧烈，而在参加第二个、第三个马拉松比赛时，肌肉反应就会明显减轻。因为肌肉已经形成记忆并且练就得更为强大。能力得到提升，可以应付马拉松，延迟性肌肉酸痛现象自然就出现得越来越少。

七、总结

跑马拉松后第二天出现的肌肉酸痛是正常现象，无须进行任何处理，过几天会自然缓解，这时积极地通过拉伸按摩等方式加速酸痛消除也许能获得一点心理安慰。

如果酸痛很明显，你需要的是完全休息，给予肌肉足够恢复和修复的时间；如果酸痛感比较轻微，不是不能跑步，但不要把酸痛消除归结为排酸跑，只不过是肌肉自然恢复让你误以为是排酸跑在起作用。

在线视频访问说明

本书提供部分动作的在线视频，您可通过微信"扫一扫"，扫描书中的二维码进行观看。

步骤1　点击微信聊天界面右上角的"+"，弹出功能菜单（如图1所示）。

步骤2　点击弹出的功能菜单上的"扫一扫"进入该功能界面，扫描右边的二维码。

微信"扫一扫"

步骤3　如果您未关注微信公众号"动动吧"，扫描后会出现"动动吧"的二维码。请根据说明关注"动动吧"，并点击"资源详情"（如图2所示）。进入视频目录（如图3所示）后，选择您想观看的视频即可。

如果您已关注微信公众号"动动吧"，扫描后可直接进入视频目录。